PROPAGANDA ELEITORAL

E O PRINCÍPIO DA LIBERDADE DA PROPAGANDA POLÍTICA

CARLOS NEVES FILHO

Antonio Lavareda
Prefácio

PROPAGANDA ELEITORAL

E O PRINCÍPIO DA LIBERDADE DA PROPAGANDA POLÍTICA

(Incluindo a Lei nº 9.504/1997 e a
Resolução TSE nº 23.370/2011)

Belo Horizonte

EDITORA Fórum

2012

Luís Cláudio Rodrigues Ferreira
Presidente e Editor

Coordenação editorial: Olga M. A. Sousa
Revisão: Marcelo Belico
Bibliotecária: Izabel Antonina A. Miranda – CRB 2904 – 6ª Região
Indexação: Paloma Fernandes Figueiredo Santos – CRB 2751 – 6ª Região
Capa: Milu Megale
Projeto Gráfico: Walter Santos
Diagramação: Karine Rocha

Av. Afonso Pena, 2770 – 15º/16º andares – Funcionários – CEP 30130-007
Belo Horizonte – Minas Gerais – Tel.: (31) 2121.4900 / 2121.4949
www.editoraforum.com.br – editoraforum@editoraforum.com.br

N513p Neves Filho, Carlos

Propaganda eleitoral: e o princípio da liberdade da propaganda política / Carlos Neves Filho; prefacio de Antonio Lavareda. Belo Horizonte: Fórum, 2012.

179 p.
ISBN 978-85-7700-564-2

1. Direito eleitoral. 2. Direito constitucional. 3. Direito público. 4. Ciência política. 5. Publicidade e propaganda I. Lavareda, Antonio. II. Título.

CDD: 342.07
CDU: 342. 8

Informação bibliográfica deste livro, conforme a NBR 6023:2002 da Associação Brasileira de Normas Técnicas (ABNT):

NEVES FILHO, Carlos. *Propaganda eleitoral*: e o princípio da liberdade da propaganda política. Belo Horizonte: Fórum, 2012. 179 p. ISBN 978-85-7700-564-2.

À minha esposa Milu, a quem devo bem mais do que a inspiração desse livro.

E aos nossos filhos Igor e Malu, pela alegria e orgulho.

Agradeço a Milu, Igor e Malu, pela compreensão das horas a menos que dediquei e o carinho a mais que recebi. Aos meus pais Carlos e Anna, pelo esforço e carinho na minha formação. A minha grande família: minhas queridas irmãs Luciana e Adriana, e todos os sobrinhos, tios, tias, primos, cunhados, sogra, todos incentivadores do meu trabalho, em especial ao meu avô, ex-presidente do Conselho Federal da OAB, José Cavalcanti Neves, que me ensinou o gosto pelo Direito. Aos amigos Leucio Lemos, Marcio Alves e Geraldo Neves, pelo aprendizado proporcionado nas parcerias na advocacia eleitoral. Ao amigo Antonio Lavareda, pelo incentivo a investigar a propaganda eleitoral. Ao amigo Duda (Eduardo Pugliesi), amigo de todas as horas, idealizador e entusiasta dos que fazem a CMP advogados nossa segunda casa, junto com nossos demais sócios-amigos André Coutinho, Renato Canuto, Roberta Fernandes, José Neto. Aos meus alunos, aos amigos que fiz na Ordem (OAB), em Pernambuco e no Brasil, enfim, a todos mestres, amigos e amigas que de uma forma ou de outra participaram e participam de minha vida.

SUMÁRIO

Especialistas, formadores de opinião e congressistas deveriam se perguntar quem sai ganhando com a cornucópia de leis, resoluções e portarias que procuram "normatizar" a propaganda eleitoral.

Afinal, essa é a questão de fundo que precisa ser respondida com clareza, quando se discute a necessidade de uma reforma política incluindo mudanças nas regras eleitorais. Suspeito que o atual emaranhado normativo, cheio de contradições e, porque não dizer, de aberrações que saltam aos olhos na leitura deste livro, foi se constituindo pouco a pouco como um universo Kafkiano, no qual os seus dispositivos, ao contrário do que deveriam — ajudar os cidadãos a adquirirem informações para realizarem boas escolhas eleitorais — fazem exatamente o contrário: restringem e tutelam o fluxo de informações, a pretexto de "proteger" o eleitor.

Dois supostos se escondem sob esse manto de normas mal tecido. Ambos anacrônicos. O primeiro deles é a desconfiança em relação à comunicação política. Antigo como o conceito de "mistificação das massas pela propaganda política", título do livro de Serge Tchakhotine, de 1939, que confunde a eficiência da propaganda nazifascista com a causação do regime totalitário. Proposição tão absurda quanto supor que a máquina de propaganda bolchevique seria capaz de explicar o desfecho da Revolução Russa de 1917. Ou ainda, dando-se um salto no tempo e chegando ao Brasil, supor que a vitória de Collor, em 1989, deveu-se basicamente à qualidade de sua campanha eleitoral. Em bobagens como essas só acreditam marqueteiros pavões ou legisladores ingênuos.

O segundo equívoco é supor que, limitando-se a duração da campanha e restringindo-se os instrumentos disponíveis, está-se a combater o uso do poder econômico e da assimetria de recursos. Quanta ingenuidade. O principal item do orçamento das campanhas majoritárias é o absurdo horário eleitoral na TV e no Rádio. Que de gratuito não tem nada. É só calcular o custo dessa produção diária durante 45 dias ininterruptos, apenas no primeiro turno. Não há exemplo em outros países de tanto tempo de produção de TV em campanhas, mesmo naquelas que atravessam meses, como nas eleições norte-americanas.

Carlos Neves, um dos maiores especialistas brasileiros em Direito Eleitoral, faz uma crítica original e corajosa do nonsense de parte significativa da legislação que disciplina a propaganda eleitoral. Seu livro nos permite concluir, respondendo a questão do título desse prefácio, que a judicialização abusiva do processo eleitoral, que resulta diretamente desse arcabouço normativo, não serve aos candidatos, não serve aos eleitores, não serve à Justiça Eleitoral. Enfim, não serve à democracia.

Antonio Lavareda

Sociólogo e cientista político. Doutor em Ciência Política pelo IUPERJ. Mestre em Sociologia pela UFPE. Foi professor e coordenador da Pós-Graduação em Ciência Política da UFPE e pesquisador visitante na Universidade da Califórnia (Berkeley). Atualmente é diretor-presidente da MCI Estratégia. No Instituto de Pesquisas Sociais, Políticas e Econômicas (IPESPE) é presidente do Conselho Científico e membro do Conselho Diretor do NeuroLab. Na FGV Projetos é membro do Laboratório de Neuromarketing. Publicou sete livros na área de opinião pública e comportamento eleitoral, sendo os últimos *Emoções ocultas e estratégias eleitorais* (Objetiva, 2009); e *Como o eleitor escolhe seu prefeito* (FGV, 2011).

INTRODUÇÃO

Quando a Editora Fórum, por intermédio de Luís Cláudio e do amigo Gabriel Lira, fez o convite, vi a possibilidade de realizar um desejo antigo — desejo esse que eclodiu, após anos lidando com o Direito Eleitoral e diante da escassez de livros voltados à propaganda política, e, principalmente, com a convivência com publicitários (com minha esposa Milu e o pessoal *do meio*, como eles se autodenominam), o que aguçou ainda mais essa visão de que a propaganda não deve ser combatida, mas sim deve ser o retrato da liberdade de expressão política.

Esse livro, então, vem, na contramão do excesso de regulamentação da propaganda política no Brasil, pregar a liberdade da manifestação do pensamento — é em minha tentativa de provar, àqueles que insistem em tolher a criatividade humana, que quando ela quer expressar seu pensamento, ninguém pode segurar, em especial, quando o pensamento é político — *é água correndo pro mar!*

Assim, creio que um livro que aborde propaganda eleitoral não pode avançar sem, primeiro, analisar o conceito de propaganda política como mecanismo de convencimento do eleitor de que se tem a melhor proposta, dentre todas apresentadas em um ambiente democrático, e por isso, parte integrante da liberdade de expressão — liberdade fundamental protegida em nossa Constituição, no catálogo de direitos e garantias individuais e coletivas.

Após, de forma franca e direta, utilizando-se dos estudos sobre direitos fundamentais, busco afirmar que a liberdade de expressão, enquanto liberdade fundamental, tem como destinatários passivos todos em geral, inclusive e principalmente o Estado, só podendo sofrer limitações, após analisado o direito a ser assegurado, e a prevalência desse sobre aquela.

Definida a linha de argumentação, busca-se entender (e enfrentar) a excessiva regulamentação da propaganda política, no Brasil, analisando-se cada uma das suas quatro espécies incorporadas ao ordenamento jurídico brasileiro: a propaganda partidária, a propaganda intrapartidária, a publicidade institucional e a propaganda eleitoral;

com destaque especial a esta última, cujo excesso de regulamentação tem levado ao engessamento da expressão política.

Neste ponto, faz-se a análise detida dos temas da propaganda eleitoral, com um viés prático-teórico, mas sempre sob o olhar da liberdade de expressão, buscando apontar normas e decisões restritivas dessa liberdade fundamental, não justificadas e, por isso, inaceitáveis em nossa ordem constitucional.

Contrariando os paradigmas de publicações de livros jurídicos, tenta-se fazer uma digressão pelos temas da propaganda eleitoral, sem apego a formalismos e a linguagens exageradamente jurídicas, com a licença poética que o tema permite — afinal, livre é a manifestação do pensamento, esteio da Democracia, e livre é a criatividade humana, sustentáculo da nossa corriqueira vida.

E, mais, o tema da propaganda política, é como o da própria representação política, "dos que se resolvem mal — ou que não se resolvem — se não se tem a coragem de ser 'interdisciplinários', de seguir todo o percurso que vai da política ao direito e vice-versa"[1] — e é o que se tenta.

Por outro lado, não se pretende reduzir o tema ao mero "pode ou não pode", "permitido ou proibido", nem tampouco esgotá-lo — não se tem essa pretensão, nem poderia, diante da ilimitada criatividade humana; mas, sim, tenta-se dar um novo olhar sobre a questão: é livre a propaganda política e, ao limitá-la, há de se justificar qual o direito que está a prevalecer sobre ela.

Não se trata, também, de comentário à lei ou de como anda a jurisprudência eleitoral — o que não afasta o uso destas fontes para dar sustentação ou se confrontar a tese adotada — assim, tentando deixar o texto mais leve e solto, notas fazem referência à legislação e à Jurisprudência, e, em anexo, segue a Lei das Eleições (Lei nº 9.504/97, atualizada pela Lei nº 12.034/2009) e a resolução do TSE sobre propaganda para as eleições 2012 – Resolução nº 23.370/2011.

Por fim, este livro pretende diminuir um pouco a escassez de livros jurídicos sobre o tema e, trazendo um novo olhar sob a propaganda política, contribuir com o trabalho dos colegas advogados (iniciantes e iniciados no Direito Eleitoral), magistrados, promotores, serventuários da Justiça Eleitoral, jornalistas que cobrem as eleições, e

---

1 SARTORI. *A teoria da representação no Estado representativo moderno*, p. 140. E completa Sartori: "todos aqueles que enfrentaram o problema da representação política fechados no recinto das respectivas competências e especializações (e são a maioria), formam-se — ousaria dizer por uma necessidade lógica — uma visão unilateral e monocorde".

todos que trabalham em campanhas eleitorais, em especial os políticos e seus publicitários, pois são estes que são tolhidos em sua liberdade e criatividade, pelo excesso de regulamentação da propaganda política no Brasil, que, ao fim, acaba por limitar o direito à informação do eleitor.

A LIBERDADE DA PROPAGANDA POLÍTICA

1.1 O conceito de propaganda política

Nenhum sistema político é mudo.[2] Assim, não se pode ingressar no tema da propaganda política sem demonstrar o vínculo essencial entre a propaganda e a política — parafraseando o conhecido brocardo jurídico *ubi societas, ibi jus* (onde há sociedade, há direito), pode-se afirmar que onde há sociedade, há política e onde há política, há propaganda.

A propaganda busca criar estados emocionais que possam exercer influência sobre as escolhas das pessoas — deve estar presente sempre o elemento intencional, "o propósito deliberado de influir na opinião ou na conduta alheia".[3]

Ora, não há ambiente mais favorável a ela do que a política. A propaganda política tenta justamente criar estados mentais favoráveis a um projeto político — é ela o conjunto de propagandas utilizadas pelos políticos para chegarem ao poder ou nele se manterem, como bem asseverou Jean-Marie Domenach.[4]

Desde o início da humanidade, fez-se necessário o convencimento. Mesmo quando há força bruta e a vontade humana não está livre, busca-se persuadir alguém de que se estar a impor, pela força física ou pelo

[2] Como afirmou Dominique Pélassy, *apud* CAPELATO. *Multidões em cena*: propaganda política no varguismo e no peronismo, p. 51.

[3] RIBEIRO. *Direito eleitoral*, p. 379.

[4] Cf. DOMENACH. *A propaganda política*.

medo, o melhor àquele que se submete — disse Napoleão: "a força fundamenta-se na opinião".[5]

O termo ainda não era propaganda política, mas na democracia dos antigos, precisavam os romanos convencer a todos que apenas eles é que tinham a qualidade de cidadãos; não sendo diferente com os monarcas — o uso da força subjungia a vontade humana, mas não se sustentava aquele que não tivesse o respeito da plebe e dos súditos — dar-se com isso as representações simbólicas e os decorrentes atos de sacralização dos símbolos do poder, as reverências aos reis e todos os rituais de submissão à nobreza.

Quando fora utilizado, o termo propaganda estava carregado de conteúdo religioso — era a propagação da fé e dos dogmas da Igreja. Inicialmente usado pela Igreja Católica, desde a Contrarreforma, só perdeu o seu conteúdo religioso no século XX.[6]

Mas é no final do século XIX, início do XX, com a explosão demográfica unida a avanços tecnológicos na produção de bens, que se dá o início da era da sociedade de massas, e onde a propaganda política se fortalece.

Segundo Maria Helena Rolim Capelato:

> A propaganda política constitui, pois, um elemento preponderante da política de massas que se desenvolveu no período entre guerras com base nas críticas ao sistema liberal considerado incapaz de solucionar os problemas sociais.[7]

Nesta época, os condutores das massas tentavam convencer a todos que só havia um único caminho — é a chamada *ilusão do uno*[8] —, em detrimento do debate democrático, da dialética, havia uma tentativa de: "substituição da identidade individual própria do liberalismo pela identidade nacional coletiva correspondente à ideia/imagem da 'sociedade unida e harmônica', guiada pelo líder, condutor das massas".[9]

Os déspotas impuseram (ou impõem) o controle das comunicações sociais, seja diretamente (estatização), seja por interferência do Estado no setor privado (regulamentação), seja por interferência do privado

---

[5] *Apud* DOMENACH. *A propaganda política.*

[6] Cf. DOMENACH. *A propaganda política.*

[7] CAPELATO. *Multidões em cena*: propaganda política no varguismo e no peronismo, p. 43.

[8] "A maioria dos homens deixa-se atrair pela ideia de unanimidade e harmonização com seu semelhante; a propaganda tende a reforçar essa tendência, criando, artificialmente, a impressão de unidade" (CAPELATO. *Multidões em cena*: propaganda política no varguismo e no peronismo, p. 40).

[9] CAPELATO. *Multidões em cena*: propaganda política no varguismo e no peronismo, p. 47.

no setor público (monopólio da informação, deturpação da realizada em favor de uma corrente política).

Manter-se no poder, dentro de uma *perspectiva da simbolização* da representação política, enquanto substituição de alguém por outrem, pela referência, evocação, sugestão ou insinuação que faz ou a que remete é o que pretenderam e pretendem, em regra, os ditadores e os populistas.[10]

A representação simbólica, segundo Hanna Pitkin, baseia-se na crença de que os representantes encarnam toda a nação e a unidade do povo do Estado, bem como um crucifixo representa (simboliza) Cristo ou uma bandeira, o país.[11]

Posto isto, nesta perspectiva, a atividade dos representantes e, em especial, a sua propaganda política, volta-se a fazer com que o povo aceite o símbolo, ou seja, que acredite no político como representante simbólico, agravando-se pela possibilidade da crença ser criada ou fomentada.[12]

Foi na época da mobilização das massas, onde a simbolização da política e propaganda se misturavam, que efetivamente a propaganda política ganhou corpo e notoriedade — dos embates internos nas organizações sociais existentes, passou-se à comunicação destes grupos, entre si e da mobilização coletiva, o que importava em ampliação da propaganda.

Comparando-se a propaganda política desse período de mobilização das massas com a propaganda política em tempos de pouca comunicação ente os grupos sociais, os teóricos da época chegaram a afirmar que não havia nada de novo nos tópicos utilizados (emoções, sentimentos, símbolos, temor, instintos de domínio e submissão...), mas sim, novos eram os métodos e as finalidades da propaganda.

Hoje, novamente, mantêm-se os mesmos apelos emocionais (a natureza humana é a mesma), mas, novos métodos e finalidades surgiram, acrescidos pela tecnologia da informação e pela internet, onde a quebra das fronteiras geográfico-temporais vem impondo uma nova reflexão sobre os limites impostos à propaganda política.

A disputa pelo poder em um sistema democrático-representativo, não se faz mais pela força física, nem pela tentativa de unificação das vontades, mas por mecanismos de comunicação direta povo-poder —

---

[10] Em PITKIN. *El concepto de representación*, p. 106.

[11] PITKIN. *El concepto de representación*, p. 109.

[12] "Un gobernante representa en la medida que aquellos que están sujetos a su gobierno lo acepten, crean en él como un símbolo" (PITKIN. *El concepto de representación*, p. 114).

o que impõe a tentativa de convencer a população que cada um dos partidos, e seus políticos, possui as melhores soluções, entre as várias apresentadas, para administrar a coisa pública ou já a administram da melhor forma.

Assim, a propaganda política democrática é a tentativa de criar estados mentais favoráveis às propostas e às realizações políticas, mas calcadas no debate e na livre circulação de informações e ideias.

O exercício da política democrática está diretamente ligado ao livre convencimento e à pluralidade de ideias, e o convencimento só se dá por meio da propagação dessas várias ideias; e, hoje, com uso de novas técnicas da propaganda, a comunicação se faz direta e bifronte entre eleitor e político, e não mais do político para o eleitor — vê-se o *twitter*, por exemplo.

É, fundamentalmente, por isso, que a propaganda política em um Estado Democrático de Direito goza do princípio da liberdade — permite-se e exige-se a livre circulação de ideias e o amplo debate.

Como bem afirma Fávila Ribeiro:

> (...) esse clima de diálogo se é significado para cada indivíduo isoladamente, é também de capital importância ao estilo de vida democrático. É que cada manifestação individual projetada na sociedade encontra muitas outras de diferentes procedências, compondo, modificando ou desfazendo a opinião pública, dando, assim, condições para a efetiva e saudável participação política.[13]

Se a propaganda política usa técnicas de persuasão para o convencimento político, num ambiente democrático ela é salutar: afasta a "ilusão do uno" e franqueia à voz a uma pluralidade de opiniões, permitindo o debate ilimitado, para que, livres, possam os eleitores responder, positiva ou negativamente, aos apelos políticos.

1.2 A propaganda política enquanto exercício da liberdade de expressão

A propaganda política, enquanto tentativa legítima de criar estados mentais favoráveis a uma proposta, entre várias apresentadas, próprio da pluralidade de ideias de uma Democracia, possui princípios norteadores, onde se destaca o *princípio da liberdade da propaganda* — a

---

[13] RIBEIRO. *Direito eleitoral*, p. 386.

propaganda política é livre, mesmo que pareça, ou façam parecer, o contrário!

A propaganda política é parte integrante da liberdade de expressão do pensamento político,[14] e, como tal, encontra-se protegida enquanto *liberdades republicanas*.

Segundo J.J. Gomes Canotilho, essas liberdades republicanas "procuram uma articulação da *liberdade dos antigos* com a *liberdade dos modernos*, ou seja, uma articulação da liberdade-participação política com a liberdade-defesa perante o poder".[15]

Essa *liberdade igual ou igualdade livre* (Jorge Miranda)[16] é sustentáculo de um Estado constitucional democrático de direito, como o nosso, que é, ao mesmo tempo, de direito ("com sujeição do poder a princípios e regras jurídicas"), e democrático ("poder político legitimado pelo povo").[17]

O Estado Democrático de Direito,[18] pressuposto para a real garantia da soberania popular, fundamenta-se na existência de Estado, onde a relação entre o Direito e a Democracia busca a coexistência, visando dar garantia um ao outro e vice-versa; ou seja, só existe quando há limitação material do poder político, e esta equivale à salvaguarda dos direitos fundamentais da pessoa humana.[19]

O princípio democrático não pode acarretar violação de direitos fundamentais, em nome da maioria, nem o ordenamento jurídico restringir ou impedir a participação política dos cidadãos.[20]

---

[14] RIBEIRO. *Direito eleitoral*, p. 384.

[15] CANOTILHO. *Direito constitucional e teoria da Constituição*, p. 226.

[16] Jorge Miranda fala de uma conjugação da igualdade e da liberdade, ao mesmo tempo, que é a "exigência de uma *igualdade livre* ou de uma *liberdade igual* para todos". Observa ainda o autor que "para que a democracia subsista a maioria não pode pôr em causa os direitos das minorias", além das decisões políticas da maioria não poderem transcender os limites "respeitantes aos mais fundamentais dos direitos fundamentais, leia-se direito à vida, à integridade pessoal, entre outros" (*Ciência política*: formas de governo, p. 158 *et seq.*).

[17] CANOTILHO. *Direito constitucional e teoria da Constituição*, p. 226.

[18] Para José Afonso da Silva, a diferença entre o termo utilizado na Constituição portuguesa de 1976 (Estado de Direito Democrático) e o adotado na Constituição brasileira de 1988 (Estado Democrático de Direito) é meramente formal, pois ambas possuem conteúdo idêntico, todavia a expressão brasileira é "mais adequada, cunhada pela doutrina, em que o *democrático* qualifica o Estado, o que irradia os valores da democracia sobre todos os elementos constitutivos do Estado e, pois, também sobre a ordem jurídica" (*Curso de direito constitucional positivo*, p. 123).

[19] MIRANDA. *Ciência política*: formas de governo, p. 185-187.

[20] Jorge Miranda, analisando a regra da maioria como base da democracia, afirma que por terem todos os cidadãos "os mesmo direitos e o mesmo grau de participação na vida pública que deve prevalecer a maioria; a vontade política do maior número entre iguais converte-se em vontade geral; e esta fica sendo juridicamente imputada ao Estado" (*Ciência política*: formas de governo, p. 158 *et seq.*).

Nesse Estado Democrático de Direito, a liberdade de expressão encontra-se dentro do catálogo de direitos, liberdades e garantias; e, no caso do Brasil, nos direitos e garantias fundamentais (Título II), dentre os direitos e deveres individuais e coletivos (capítulo I), e na lista de direitos fundamentais (art. 5º), em vários incisos: IV (é livre a manifestação do pensamento), V (liberdade de consciência), VII (liberdade política – ninguém será privado de direitos por motivo de convicção política), VIII (liberdade de comunicação), XVI (liberdade de reunião) e XVII (liberdade de associação).

Conforme afirma Canotilho, "as normas consagradoras de direitos, liberdade e garantias recortam, logo a nível constitucional, uma pretensão jurídica individual (direito subjectivo) a favor de determinados titulares com o correspondente dever jurídico por parte dos destinatários passivos".[21]

Além da abstenção dos destinatários passivos (Estado e particulares), estes direitos fundamentais, constitucionalmente estabelecidos, são autoaplicáveis (independem de norma legal para serem exigidos), e podem ser acrescidos de "direitos a prestações"[22] — o direito à vida envolve não só o direito de que não se atente contra a sua vida (abstenção), como pode receber proteção, por meio de políticas de segurança pública (prestação).

Segundo o conceito de Alexy, uma liberdade fundamental existe, sempre, a partida, enquanto defesa em relação ao Estado, e torna-se uma liberdade jurídica protegida, quando além da *permissão* (ausência de proibição), ela é "constituída de um feixe de direitos a algo e por normas objetivas que garantem ao titular do direito fundamental a possibilidade de realizar a ação permitida". Acrescenta, ainda, que pode receber uma *proteção* positiva, para se ver de fato garantida.[23]

No caso da liberdade de expressão, essa *permissão* de manifestar como lhe convém o pensamento, dar-se, em *função da defesa* desse direito subjetivo, com a abstenção do Estado administrador (não restrição ao culto religioso, p.ex.), julgador (impossibilidade de censura prévia, p.ex.) e legislador (não editar leis restritivas do direito de reunião, p.ex.), bem como, numa dimensão do *exercício*, o direito à possibilidade de expressar suas opiniões, se assim pretender fazer.

Mas, acresce-se a tudo isso, uma *prestação positiva*, com *proteção* efetiva (ação) para fazer valer essa liberdade; no caso da liberdade de

---

[21] CANOTILHO. *Direito constitucional e teoria da Constituição*, p. 401.

[22] CANOTILHO. *Direito constitucional e teoria da Constituição*, p. 398-402.

[23] ALEXY. *Teoria dos direitos fundamentais*, p. 233-234.

expressão, as concessões de tempo de TV e rádio (direito de antena) aos partidos políticos, o direito de receber informações do Estado ou de petição, o direito de participação política por meio de iniciativa popular, são formas de fazer valer a voz do cidadão.

Assim, além da permissão e do exercício, a liberdade de expressão pode receber proteções específicas. Pode-se, assim, buscar proteger juridicamente não só a quebra dessa permissão, seja por meio do controle de constitucionalidade das normas que restrinjam a liberdade de expressão; seja pelo próprio direito de acionar quem contrariar ou tentar impedir tal liberdade; como também, pode-se exigir o cumprimento dos direitos a prestações, no caso o direito de antena, por exemplo.

A propaganda política, enquanto liberdade de opinião política, é uma projeção da liberdade de expressão na esfera política.[24] Detém permissão constitucional, e por isso exige abstenção dos destinatários passivos (Estado e particulares), inclusive em editar normas legais e infralegais que a limitem; como também autoriza a busca pelo cumprimento efetivo dos direitos a prestações, inclusive do acesso amplo ao direito de antena, p.ex.

A liberdade de expressão política no Brasil tem sofrido restrições por meios de normas infraconstitucionais eleitorais exageradamente limitadoras, acrescidas por normas infralegais (resoluções do TSE), impeditivas do exercício da liberdade, que se irradiam nas condutas do Ministério Público e na magistratura eleitoral, sendo, mais das vezes, tolhida a liberdade fundamental por atos administrativos e decisões judiciais, além da já existente restrição de acesso ao direito de antena (exclusividade dos partidos).

Como bem asseverou Marcus Vinicius Furtado Coêlho: "(...) a edição de obstáculos à legítima expressão de opiniões, que se constitui na autêntica celebração da democracia, com a divulgação de ideias e nomes é maléfico ao processo democrático e à própria lisura das eleições, porque estimula e fortalece o tipo de político que somente surge à véspera do período eleitoral para, através de práticas abusivas, corromper a vontade do eleitor".[25]

Deve-se, assim, questionar todas as normas restritivas da propaganda política, como afronta à liberdade de expressão e todas as decisões e atos de restrição à propaganda?

Não, não seria necessário tanto, pois, conforme Virgílio Afonso da Silva alega, pode haver restrição inofensiva, ou mesmo quando

---

[24] MIRANDA. *Manual de direito constitucional*, v. 4, p. 126.

[25] COÊLHO. *Direito eleitoral e processo eleitoral – Direito penal eleitoral e direito público*, p. 263.

considerável, ao ser submetida ao "sopesamento de variáveis que levem em consideração uma situação concreta", ser assim aceita como constitucional.[26]

O mesmo autor coloca em cheque se o STF, provocado, tivesse que julgar a constitucionalidade da proibição estabelecida na Lei das Eleições de realização de comícios no dia da eleição, que é um dos meios de propaganda política: será que adotaria o precedente (ADI nº 1.969),[27] onde entendeu por inconstitucional decreto do Governo do DF, que regulamentava (restringia) a liberdade de reunião?[28]

O que se está a analisar é exatamente se se cumpre com o sopesamento[29] ou com a regra da proporcionalidade (Jorge Miranda), quando se edita norma limitadora da liberdade de expressão política, ou se decide sobre a ampliação de normas restritivas à liberdade.

Busca-se, então, saber se quando a legislação eleitoral, as resoluções do TSE ou decisões judiciais, restringem (limitam) à liberdade de expressão política (que é uma liberdade fundamental e como tal goza permissão e autoaplicação), se está a garantir e dar prevalência a outros direitos constitucionalmente protegidos.

Quando a Lei nº 12.034/2009 alterou a Lei nº 9.504/97, limitando a propaganda eleitoral em bens privados de uso restrito (ou seja, na sua própria casa), a placas de até $4m^2$, foi feita essa análise? Será que o Congresso ponderou que direitos estão a ser protegidos e se são eles mais importantes do que a liberdade de expressão política do indivíduo, dono da casa?

Quando um juiz eleitoral decide (às vezes, para controlar os ânimos políticos), baixar portarias regulamentando (restringindo) ou até impedindo, o direito de circulação de carro de som ou passeatas na campanha eleitoral, o faz sopesando quais variáveis e quais direitos fundamentais estão a proteger? Que critérios utiliza para fazer prevalecer este ou aquele direito?

Vê-se que essa postura excessivamente limitadora da propaganda política fere o direito à liberdade de manifestação do pensamento político e às suas próprias garantias.

Jorge Miranda fala em distinção entre direitos e garantias, pois "os direitos representam só por si certos bens, as garantias destinam-se

[26] SILVA. *Direitos fundamentais*: conteúdo essencial, restrições e eficácia, p. 99.

[27] Cf. STF. ADI nº 1.969/DF, Pleno. Rel. Min. Ricardo Lewandowski. Julg. 28.6.2007. *DJe*, 31 ago. 2007.

[28] SILVA. *Direitos fundamentais*: conteúdo essencial, restrições e eficácia, p. 105.

[29] SILVA. *Direitos fundamentais*: conteúdo essencial, restrições e eficácia, p. 105.

a assegurar a fruição desses bens"; os primeiros se declaram, os segundos se estabelecem, dá o exemplo: "ao direito à vida (art. 24º, nº 1) correspondem as garantias que consistem na proibição da pena de morte (art. 24º, nº 2)".[30]

Assim, a liberdade de expressão, caracteriza-se entre outros pelo direito à manifestação livre do pensamento, e como garantia a proibição de censura prévia, p.ex.

Assim, essa liberdade é um direito fundamental declarado na Constituição e possui garantias constitucionais a ela vinculadas, além de garantias infraconstitucionais calcadas no princípio democrático, a exemplo da tipificação como crime eleitoral da conduta de impedimento do exercício de propaganda (art. 332, Código Eleitoral), ou da inutilização, alteração ou perturbação de meio de propaganda devidamente empregado (art. 331 do mesmo Código).

A maior irradiação dessa liberdade fundamental se dá por meio da defesa ao Estado, mas pode ser sentida nas ações do Estado para o seu exercício, traduzidas no *tempo de antena*, ou seja, na concessão do horário gratuito de rádio e TV aos partidos políticos.

Tempo de antena, na doutrina portuguesa, é o direito à comunicação concedido aos partidos políticos e organizações sociais, sindicais, profissionais e representantes de categorias econômicas; bem como o direito à comunicação partidária da oposição constitucionalmente organizada, em contraposição aos tempos do Governo e o próprio horário eleitoral.[31]

Para Bruno Lupion Gonçalves, esta inclusão portuguesa de outras instituições para além dos partidos políticos no tempo de antena, constitui um avanço notável para democratização das comunicações.[32]

Mas, no caso do Brasil, este tempo é exclusivamente concedido aos partidos, em decorrência do monopólio das candidaturas e da quase exclusividade da mediação política (tratados em item abaixo).

Difere, ainda, Portugal do Brasil, pois além da não exclusividade do tempo de antena, lá há ainda a igualdade de oportunidade concedida

---

[30] MIRANDA. *Manual de direito constitucional*, v. 4, p. 56-57.

[31] *Tempo de antena*, na doutrina portuguesa, representa: 1. o direito à comunicação concedido aos partidos políticos e organizações sociais, sindicais, profissionais e representantes de categorias econômicas; 2. o direito à comunicação partidária da oposição constitucionalmente organizada, em contraposição aos tempos do Governo; e, 3. o horário eleitoral — conforme a Constituição da República Portuguesa, art. 40º, 1, 2 e 3. Cf. PORTUGAL. (Constituição 1976). CANOTILHO José Joaquim Gomes; MOREIRA, Vital (Org.). *Constituição da República Portuguesa*: lei do Tribunal Constitucional, 1976.

[32] Cf. GONÇALVES. *Marcos regulatórios e democratização da mídia*: o direito de antena.

às oposições, para contraposição ao tempo utilizado pelo Governo — trata-se do direito de oposição democrática, que inclui, além do tempo de antena para as oposições parlamentares, o direito de resposta e de réplica às declarações políticas do Governo.[33]

No Brasil, há de se destacar que, ao partido, não é concedido mais tempo do que a propaganda partidária e eleitoral, independentemente de estar na oposição ou governo, não podendo pagar para utilizar mais tempo do que o que lhe é destinado por lei (exceto no caso da publicidade institucional, tratada mais abaixo e que foge a égide partidária).

Assim, não há direito de réplica política às oposições, como no modelo português, nem propaganda partidária paga pelo partido em rádio e TV, como no formato norte-americano, em que os principais gastos partidários e eleitorais são feitos com anúncios pagos em TV e rádio.[34]

Ou seja, as "prestações positivas" no Brasil, são exclusivas destinadas aos partidos políticos, e, ainda, limitadas aos horários gratuitos eleitorais e partidários — ora, estas prestações não contemplam quem esta fora da vida partidária, como em organizações sociais, e, ainda, impede que as oposições constitucionais rebatam os pronunciamentos do Governo, pois não permitem direito de réplica, nem possibilidade de pagamento de anúncios — limitam assim manifestação do pensamento político.

Por exemplo, o Governo pode anunciar em cadeia nacional de rádio e TV um corte significativo nos gastos na saúde, mas as vozes contrárias à medida tão drástica não poderão atingir toda a população, só se organizadas em partidos políticos e se estes partidos de oposição possuírem tempo de antena, agendado para aquele período.

Mas, será que isso implica em dizer que só há "prestação positiva" referentes à liberdade de expressão institucional? Apesar de *não* haver concessão direta ao cidadão de um direito de antena, pode-se dizer que além do exercício das garantias (por exemplo, em caso de agressão a direito personalíssimo, por meio do direito de reposta), ele pode exigir participar da propaganda política, como um direito fundamental individual?

Essa discussão coloca de um lado o direito à participação política e à liberdade de associação, por parte do indivíduo; e do outro, a autonomia dos partidos políticos — é o que resta indagar quando

---

[33] CANOTILHO. *Direito constitucional e teoria da Constituição*, p. 327.

[34] TELLES. *Direito eleitoral comparado*: Brasil, Estados Unidos, França, p. 262.

sobra apenas o espaço político-partidário como esfera de exercício da propaganda política (há um quase monopólio dos partidos).

Em regra, a Jurisprudência Eleitoral remete à questão o caráter de *interna corporis*, apesar de muitas vezes traduzir em afronta direta ao direito de exercer esta "prestação positiva" — é o exemplo de candidato proporcional (vereadores e deputados), escolhido em convenção partidária, com registro deferido, mas impedido de participar do horário eleitoral gratuito de rádio e TV.

Vale o exercício: será que pode o partido político obrigar a participação de um filiado na propaganda partidária? Ora, essa prestação positiva não pode implicar em restrição a direito fundamental individual, seja por impedir o exercício, seja por obrigá-lo a fazer algo que não seja a expressão da sua vontade.

Assim, a propaganda política, enquanto liberdade de expressão, seja na sua forma subjetiva de liberdade de manifestação do pensamento político, como por meio de prestações positivas dela decorrentes (tempo de antena), não pode ser afrontada, tolhida, salvo se ela própria for contrária a outros direitos fundamentais ou aos princípios esculpidos na Constituição.

Essa liberdade é a própria justificação da Democracia, e como bem destacou Jorge Miranda: "O sistema democrático é o único que pressupõe convívio das diferenças; logo, por definição, ele não as nega ou esconde; reconhece-as e salvaguarda-as, sim, na sua existência e na sua manifestação".[35]

Não nos resta dúvida de que a Democracia, numa *liberdade igual* ou *igualdade livre*, pede o debate de ideias e a convivência harmônica das diferenças, para que livres (e garantidos em sua integridade) possam os eleitores escolher qual das correntes irão aderir.

1.3 Prevalência de outros direitos sobre a liberdade de propaganda política

Apesar de tudo dito acima, sabe-se que não há liberdade absoluta — uma liberdade desmedida implicaria em desordem, em ausência de respeito à opinião do outro, em desigualdade de condições e consequente concentração de poder.

Num Estado democrático de direito, onde o poder emana do povo, e dele ganha legitimidade para fixar as normas aplicáveis a todos,

---

[35] MIRANDA. *Manual de direito constitucional*, v. 7, p. 96.

não se pode falar em liberdade sem igualdade — são inseparáveis fundamentações da própria Democracia — como já dito é a liberdade igual ou a igualdade livre.

Como afirma Jorge Miranda:

> É porque todos os seres humanos são livres e iguais que devem ser titulares de direitos políticos e, assim, interferir conjuntamente, uns com os outros, na definição dos rumos do Estado e da sociedade em que têm de viver.[36]

A liberdade tanto é fundamento, como é limite da Democracia.[37] Então, os limites possíveis a uma liberdade fundamental só se justificam se calcados na própria liberdade/limite, que se traduz em uma garantia de igualdade entre todos os participantes do jogo democrático, inclusive as minorias — dar-se aí o sistema eleitoral proporcional, por exemplo.

Assim, a liberdade pressupõe igualdade de condições destes homens livres — mas, quão livre é o homem sem dignidade? Dar-se, assim, um necessário respeito à dignidade da pessoa humana, e força-se "uma dinâmica dialética entre os direitos fundamentais e o princípio democrático".[38]

Assim, a liberdade de expressão encontra limitação na própria necessidade de manutenção da condição de livre do homem, ou seja, dos seus direitos fundamentais, devendo respeito à dignidade da pessoa humana, impedindo-se, aí, a invasão da privacidade, a ofensa à honra, a incitação à violência ou atentado contra a vida.

Por isso, legítimas são as regras que impõem limites à liberdade de expressão política, e consequentemente, à propaganda política, quando o fazem para dar prevalência a outros direitos fundamentais em detrimento dessa liberdade.

Assim, a propaganda política, enquanto liberdade fundamental, é livre, mas deve *respeitar os princípios constitucionais fundamentais*, previstos no art. 1º da Constituição Federal: a soberania (não pode ser separatista), a dignidade da pessoa humana (não pode ser ofensiva à honra), devendo respeitar os direitos fundamentais (não pode ser racista nem trazer qualquer outra discriminação) e os valores sociais do trabalho, bem como o pluralismo político (não pugnar pela extinção de outro partido).

---

36 MIRANDA. *Manual de direito constitucional*, v. 7, p. 96-97.

37 Cf. MIRANDA. *Manual de direito constitucional*, v. 7, p. 96-97.

38 CANOTILHO. *Direito constitucional e teoria da Constituição*, p. 290.

Vê-se, por outro lado, que *críticas administrativas*, mesmo quando ácidas podem fazer parte do conteúdo de uma propaganda política,[39] já que não afetam a esfera íntima do gestor, nem ferem um direito fundamental subjetivo, que se atacado poderia sim ser combatida por caracterizar ofensa à honra, que ainda é conduta tipificada como crime eleitoral de injúria, calúnia e difamação.

Mas, além da necessária abstenção estatal perante a liberdade de expressão política e do respeito aos direitos fundamentais no exercício dessa liberdade, faz-se a necessária a limitação contra a influência do poder econômico, político e de "pressões emanadas dos instrumentos de comunicações de massas",[40] que podem desequilibrar a igualdade de condições e prejudicar a liberdade do debate eleitoral.

Assim, surgem na legislação eleitoral, as limitações de propaganda, com vedações indiretas ou diretas, calcadas no equilíbrio da disputa e na igualdade de condições entre os concorrentes — corolário do princípio democrático (princípio constitucional fundamental).

Um exemplo de *limitação indireta* é a proibição do recebimento de financiamento de certas fontes: sindicatos, entidades de classe, governos e entidades estrangeiras, entre outras, e, consequentemente, a vedação de propaganda pagas ou realizadas por estes.[41]

São também limitações indiretas, as regras de controle dos gastos eleitorais e fixação de ações coibitivas de abusos de poder econômico, abuso de poder político e do uso indevido de meios de comunicação (ação de investigação judicial eleitoral e ação de impugnação de mandato eletivo, p.ex.) e vedações de certas condutas aos agentes públicos, como a proibição de uso de bens e serviços públicos, limites de gastos com a publicidade institucional, p.ex., previstas nos artigos 73 *et seq.* da Lei das Eleições.

A igualdade de condições é mais uma vez a justificativa para que, nesse caso diretamente, limite-se a propaganda que contenha

---

[39] Cf. TSE. ARESPE nº 26.303/RN. Rel. Min. Hamilton Carvalhido. Acórdão de 6.5.2010. *DJe*, 10 jun. 2010.

[40] RIBEIRO. *Direito eleitoral*, p. 388.

[41] "Ementa: Representação. Propaganda eleitoral indevida feita por órgão sindical. (...) 3. A regra do art. 24, VI, da Lei nº 9.504/97 dispõe que os sindicatos não podem contribuir direta ou indiretamente para a campanha de um candidato ou de um partido. É uma proteção à pureza do supremo valor social dos sindicatos. O fato de a regra jurídica vedar aos candidatos receberem não significa que não haja violação com relação ao sindicato que assim faça. Seria uma interpretação insólita acolher a inépcia pelo motivo apontado no agravo. (...) 5. Agravo desprovido. Decisão: O Tribunal, por unanimidade, desproveu o Agravo Regimental, na forma do voto do Relator" (TSE. ARP nº 952/DF. Rel. Min. Carlos Alberto Menezes Direito. Acórdão de 10.8.2006. PSESS – Publicado em Sessão, 10 ago. 2006).

vantagem patrimonial, ou promessa de vantagem, aos eleitores sob pena de caracterização de desvirtuamento do convencimento lícito para uma tentativa de captação ilícita do sufrágio — que além de conduta ilícita, gera afastamento do candidato (art. 41-A da Lei nº 9.504/97) e caracteriza-se crime de corrupção eleitoral (art. 299 do Código Eleitoral).

Impede-se, assim, a *propaganda de captação ilícita*, seja por meio de distribuição de camisas, bonés, brindes a eleitores (que não são todos e quaisquer brindes, mas só os que tenham utilidades ou representem vantagens patrimoniais, afastando assim um bem comprado pelo eleitor, p.ex.), seja por meio de promessas de empregos, bens e serviços ao eleitor em troca de voto (não se enquadrando aí as promessas de vantagens coletivas e inerentes ao cargo a ser exercido, como a promessa de "se eleito, vou calçar essa rua").

Assim, vê-se que a propaganda política como tentativa legítima de convencimento democrático, encontra respaldo dentro da liberdade de expressão, impondo abstenção ao Estado, mas também a terceiros que vão desde os indivíduos, os meios de comunicação, as empresas até os agentes públicos e órgãos internacionais — e é essa a limitação permitida.

Então, toda limitação, dentro da lógica de liberdade/limite, em benefício do princípio democrático, é permitida?

Não necessariamente, posto que só deve ser imposto limites quando haja fundado receio no prejuízo à igualdade de condições e não meras ilações ou proibições infundadas, como já é corriqueiro — e é isto que iremos analisar abaixo: se as propagandas políticas no Brasil, em especial a eleitoral, têm sofrido limitações além das fundadas nos direitos fundamentais e na igualdade de condições, o que representaria afronta à liberdade de expressão, garantida constitucionalmente.

A PROPAGANDA POLÍTICA NO BRASIL

Como no Brasil, há um quase monopólio partidário sobre a mediação política, dada a exclusividade da apresentação de candidaturas e, ainda, a exclusividade do acesso ao direito de antena, só se consegue abordar a propaganda política, juridicamente regulamentada no Brasil, tratando-se de partido político.

Só após essa análise do regime jurídico dos partidos políticos é que se pode entender as espécies da propaganda política: uma a uma, analisando suas características e se as suas regulamentações (restrições) estão adequadas ao princípio da liberdade de expressão política.

2.1 A (quase) exclusividade da concessão da propaganda política aos partidos políticos no Brasil

A propaganda política pode ser exercida por todos, é livre a manifestação do pensamento e ninguém será tolhido em seus direito por suas convicções políticas, como visto acima.

Mas, como vimos também, o indivíduo exerce essa liberdade por meio do direito à liberdade de associação e reunião, ao acesso às informações... Pode se expressar participando de atos políticos, por meios de comunicação, exercer o direito de petição aos órgãos públicos, assinar projeto de leis de iniciativa popular, ações populares e denuncias em órgãos de controle, votar, participar de campanhas eleitorais, como eleitor ou candidato a cargo público, participar da vida partidária, ou, se assim não pretender, não ser compelido a participar.

Por outro lado, vê-se que parte significativa da manifestação do pensamento, que busca o convencimento político, está ligada diretamente aos partidos políticos e, no Brasil, por serem eles detentores de quase todo campo de mediação política,[42] a propaganda política está intrinsecamente ligada ao regime jurídico dos partidos políticos — mas que regime é este?

Segundo o professor Jorge Miranda, partido político em sentindo restrito e moderno envolve uma base de filiados ou militantes, autonomia perante os órgãos do Estado, permanência por tempo indefinido, objetivos de política geral e dependência do apoio popular.[43]

Para Marcelo Rebelo de Sousa, quatro são os elementos essenciais detectáveis no partido político: "é uma entidade dotada de personalidade jurídica, do tipo associativo"; "tem um carácter duradouro"; "visa *representar politicamente* a colectividade e participar no funcionamento do sistema de governo constitucionalmente instituído" e "para esse efeito, dispõe da faculdade da apresentação de candidaturas às eleições dos titulares dos órgãos do poder político do Estado".[44]

Em nossa opinião, já externada em tese de mestrado,[45] podemos dizer que partido político é instituição essencial ao Estado Democrático de Direito, não só pelo monopólio, ou preferência, exercido sobre a propositura de candidaturas, mas sim pela conscientização da vida política do cidadão, e que para satisfazer a coletividade, busca chegar ao Poder, acreditando possuir as (melhores) soluções para os problemas gerais da comunidade, formando assim o elo entre povo e o Estado, e exercendo a atividade política vinculada, ou seja, a representação do povo.

Numa época de afirmação das instituições parlamentares, surgiram os modernos partidos políticos.[46] Mas, principalmente, como observou Max Weber: "Os partidos políticos só alcançam seu tipo moderno no Estado legal com constituição representativa".[47]

Assinala Marcelo Rebelo de Sousa:

---

[42] Já defendemos a maior extensão desse direito à participação política no Brasil, com base nos tratados internacionais de direitos humanos, com critica a exclusividade do monopólio da mediação política concedida aos partidos em NEVES FILHO. O direito à participação política na Convenção Americana sobre Direitos Humanos e na Constituição da República Federativa do Brasil. *In*: MARTINS (Coord.). *Estudos de direito europeu e internacional dos direitos humanos*.

[43] MIRANDA. *Ciência política*: formas de governo, p. 265-268.

[44] SOUSA. *Os partidos políticos no direito constitucional português*, p. 75-76.

[45] NEVES FILHO. *O político e o partido*: por uma representação político-partidária brasileira.

[46] DUVERGER. *Os grandes sistemas políticos*, p. 72.

[47] WEBER. *Economía y sociedad*: esbozo de sociología comprensiva, v. 1, p. 302.

O aparecimento do Estado Constitucional moderno, normalmente localizado no termo do século XVIII, não acarretou, como conseqüência inevitável, a formação e a institucionalização dos partidos políticos.[48]

Maurice Duverger, de forma clara, nos mostra que a gênese dos partidos políticos se deu, na maioria dos casos, para interligar e estabelecer um elo permanente entre os grupos parlamentares e os comitês eleitorais ("partidos de criação eleitoral e parlamentar"), ou, em outros casos, fora da arena eleitoral, a partir de instituições preexistentes, como os sindicatos, a Igreja... ("partidos de criação externa").[49]

Sua expansão e desenvolvimento deram-se ligados à própria expansão da democracia, na extensão do sufrágio e numa maior autonomia estrutural do sistema político.[50] De acordo com Joseph G. La Palombara, os partidos políticos "são tanto criaturas como catalisadores da modernização política".[51]

Apesar de ser quase na mesma época, entre 1825 e 1835, na Inglaterra e nos Estados Unidos, que surgem de fato as "primeiras estruturas partidárias completas, da base à cúpula",[52] o aparecimento dos partidos europeus dá-se vinculado à extensão do sufrágio na segunda metade do século XIX.[53]

No Brasil, os partidos, como hoje os conhecemos, fortaleceramse no período de 1945 a 1964, quando, segundo Antonio Lavareda, reexaminando o período, verifica que "o estado do sistema partidário-eleitoral brasileiro às vésperas do seu fim qualifica-o como um sistema bastante complexo em processo de consolidação".[54]

Desde lá, há monopólio das apresentações das candidaturas pelos partidos políticos e, com a Constituição de 1988, ficou estabelecido entre as condições de elegibilidade, a necessária filiação a um partido para concorrer a cargos públicos eletivos (art. 14, §3º, V), ou seja, condições de elegibilidade própria,[55] onde está exigida a filiação partidária dos

---

48 SOUSA. *Os partidos políticos no direito constitucional português*, p. 19.

49 Cf. DUVERGER. *Os partidos políticos*, p. 20 *et seq.*

50 DUVERGER. *Os partidos políticos*, p. 20.

51 LA PALOMBARA. *A política no interior das nações*, p. 476.

52 MIRANDA. *Ciência política*: formas de governo, p. 269. Maurice Duverger observou que, salvo os Estados Unidos, "em 1850, nenhum país do mundo conhecia partidos políticos no sentido moderno do termo" (*Os partidos políticos*, p. 19).

53 MIRANDA. *Ciência política*: formas de governo, p. 269.

54 LAVAREDA. *A democracia nas urnas*: o processo partidário eleitoral brasileiro, p. 183 *et seq.*

55 Cf. COSTA. *Instituições de direito eleitoral*: teoria da inelegibilidade, direito processual eleitoral, comentários à lei eleitoral.

que pretendam se candidatar — não se admite a candidatura avulsa ou independente — como afirma Mariza Crasto Pugliesi, esse regime exclusivo, afasta outras formas de associações políticas, bem como impede candidaturas avulsas.[56]

Por isso só, já se concede aos partidos o monopólio da "mediação política" (Canotilho), mas, reforça-se o vínculo dos candidatos aos partidos através das condições de elegibilidade impróprias, como a prevista no art. 94, §1º, I, do Código Eleitoral, onde se determina a necessidade de indicação em convenção partidária, e com a do art. 18 da Lei nº 9.096, de 19 de setembro de 1994, Lei dos Partidos Políticos, onde se prevê a filiação partidária há mais de um ano do pleito.[57]

Destarte, concede, o ordenamento jurídico, exclusividade aos partidos políticos na proposição de candidaturas, reforçando a importância dada a estes no Estado Democrático brasileiro.

Mas, é no Capítulo V do Título II da Constituição brasileira de 1988 que se encontram regulamentados os partidos políticos. O *caput* do art. 17 dispõe sobre a liberdade de criação e extinção dos partidos políticos e determina as limitações tanto de criação como de funcionamento, referentes aos princípios constitucionais previstos no art. 1º da Constituição.

Assim, apesar de livres associações, garantindo por um lado esta liberdade de criação, por outro, limita-se, em razão da sua própria função constitucional e exclusividade da mediação política, a atuação partidária em consonância com "a soberania nacional, o regime democrático, o pluripartidarismo, os direitos fundamentais da pessoa humana" (art. 17, *caput*).

Cria-se um "regime jurídico especial"[58] para os partidos políticos (nem órgãos do Estado, nem meras associações privadas - Jorge Miranda),[59] posto que além do respeito aos princípios constitucionais, estabelecem-se limitações à sua atuação, como: caráter nacional, proibição de financiamento internacional, prestação de contas à Justiça Eleitoral, registro no Tribunal Superior Eleitoral, proibição de organização paramilitar.

Em consequência, estabelecera direitos relativos ao financiamento parcial público e o acesso gratuito ao rádio e à televisão (direito de antena), e autonomia aos partidos na definição da "estrutura interna,

---

56 PUGLIESI. *Os partidos políticos nas constituições brasileiras*, p. 156-157.

57 COSTA. *Instituições de direito eleitoral*: teoria da inelegibilidade, direito processual eleitoral, comentários à lei eleitoral.

58 SOUSA. *Os partidos políticos no direito constitucional português*, p. 91.

59 MIRANDA. Divisão de poder e partidos políticos. *O Direito*, p. 550.

organização e funcionamento", determinando apenas que se estabeleça regra de "fidelidade e disciplina partidárias" em seus estatutos.

Os limites previstos neste "regime jurídico especial" encontraram regulamentação só com o advento da Lei dos Partidos Políticos, Lei nº 9.096, de 19 de setembro de 1995.

Nesta, além da opção pela retirada da expressão "lei orgânica", utilizada na anterior, reconhecendo-se os partidos como entidades livres, porém dotadas de regime especial (e não como órgãos do Estado), foram estabelecidas regras de regulamentação da atividade partidária, porém a referida lei, em razão da própria Constituição, não pode avançar no tema da atuação parlamentar.

Por outro lado, a principal limitação à existência dos partidos, na lei, é a relativa à cláusula de barreira, visando impedir os partidos que não possuam caráter nacional, regulamentando assim o inciso I do art. 17 da Constituição.

Por fim, pode-se dizer que a Constituição concedeu o monopólio aos partidos na propositura das candidaturas a cargos públicos no Brasil, através de condições de elegibilidade própria, estabelecida na Constituição, que é a filiação partidária, além das impróprias, previstas na legislação codificada e extravagante, que determina a aprovação em convenção partidária e filiação há mais de um ano.

Assim, por serem detentores do monopólio das candidaturas, e em consequência direta disso, receberam (quase) exclusivamente o direito à propaganda política, e para exercê-la, receberam ainda o principal canal de comunicação povo-poder, por via de uma "prestação positiva", que é o direito de antena, de rádio e TV.

Dada a prevalência desses veículos de comunicação de massas em detrimento da outras propagandas, com redução do campo de atuação fora da esfera partidária, até porque são poucos os que tem acesso, dar-se uma (quase) exclusividade dos partidos políticos na propaganda política e, assim, ao analisar a regulamentação da propaganda, inevitavelmente, tratar-se-á de partidos políticos.

Apesar desse quase monopólio, não há como impedir a comunicação direta povo-poder, principalmente, com as novas ferramentas de propaganda política, via internet, ou de estratégias de comunicação que busquem reduzir exatamente esse monopólio partidário.

2.2 As espécies jurídicas de propaganda política

A propaganda política, como já dito, é parte integrante da liberdade de expressão do pensamento político. Dela, enquanto tentativa de convencimento político, juridicamente regulamentado, seja por abstenções impostas ao Estado ou terceiros, seja por prestações positivas, pode-se extrair quatro espécies de propagandas incorporadas (regulamentadas) ao ordenamento jurídico brasileiro: a propaganda partidária, a propaganda intrapartidária, a publicidade institucional e a propaganda eleitoral.[60]

Dentro da especificidade de cada uma das espécies de propaganda política, destacar-se-á os elementos diferenciadores, seja pela finalidade, pelo público-alvo, limites temporais, entre outros temas jurídicos ligados à propaganda.

Mas, não será esquecida a análise, em cada uma, das restrições ao exercício da livre manifestação do pensamento político, verificando-se a existência ou não de proporcionalidade na prevalência de outros direitos fundamentais sobre as referidas propagandas, seja quando da elaboração das normas infraconstitucionais ou infralegais, ou até na justificação de decisões administrativas e judiciais, ou no exercício das proteções a essa liberdade.

2.2.1 A propaganda partidária

A primeira a ser abordada é a *propaganda partidária*, que se evidencia na apresentação da ideologia, do quadro e do programa partidários à população em geral, buscando fortalecer os seus ideais e bandeiras, a ponto de atrair novos adeptos, simpatizantes e filiados, além de incitar os já participantes a promovê-los.

Dentre as propagandas políticas, a propaganda partidária externa (em contraposição à interna, chamada de intrapartidária), conforme lição de Adriano Soares da Costa, deve divulgar a ideologia do partido, "sem vinculação a um pleito eleitoral específico".[61]

No Brasil, dado o monopólio partidário da apresentação das candidaturas a cargos eletivos, que criou um regime jurídico especial para os partidos (conforme item anterior), a Constituição de 1988, em seu art. 17, concedeu-os autonomia e liberdade, inclusive, na sua propaganda.

---

[60] Joel José Candido afirma que "a propaganda política é gênero; propaganda eleitoral, propaganda intrapartidária são espécies" (*Direito eleitoral brasileiro*, p. 151), enquanto Geraldo de Oliveira Santos Neves, inclui ainda a publicidade institucional, dentro do gênero "propaganda dos políticos", já que também serve a estes e a seus fins (*Guia teórico e prático do direito eleitoral de 2006*, p. 175).

[61] COSTA. *Instituições de direito eleitoral*: teoria da inelegibilidade, direito processual eleitoral, comentários à lei eleitoral, p. 738.

Ocorre que só há verdadeira autonomia propagandista fora do ambiente da TV e do rádio, onde se permitem livres formas de difusão dos ideais do partido, seja por meio de reuniões públicas e privadas, *outdoors*, alto-falantes, carros de som, manutenção de sites de internet e perfis em redes sociais, envio de material à população em geral, debates, palestras e publicações.

Nesse ambiente livre, o partido encontra respaldo para, dentro do princípio da liberdade de expressão, manifestar-se, fidelizar seus filiados e tentar convencer outros cidadãos de que possui o melhor projeto para administrar a coisa pública, sem precisar de qualquer autorização para tal.[62]

Podem, inclusive, colocar, em suas sedes, placas denominativas, na "forma que melhor lhes parecer", e instalar alto-falantes divulgando as suas plataformas, conforme previsto no Código Eleitoral,[63] e fazer tudo mais, desde que não contrários à lei e à Constituição.

Olivar Coneglian afirma, sobre a ausência de restrições à propaganda partidária, fora da TV e rádio, que "se não há outras regras, não há restrição. E não há restrição, a propaganda em outros veículos de comunicação — jornal, revista, *outdoor*, telemarketing — é liberada, pode ser utilizada indiscriminadamente, em qualquer tempo ou qualquer lugar".[64]

Mais das vezes, porém, tentam, os contrários à liberdade partidária, limitar essa propaganda, impedindo atos públicos do partido, campanhas de filiação, a fixação dos alto-falantes nas suas sedes, a divulgação de eventos por meio de carros de som, debates e reuniões, ferindo de morte a liberdade de expressão, remetendo-nos ao tempo da ditadura militar.

Essa propaganda, como espécie da propaganda política, é livre, devendo respeitar tão somente os princípios constitucionais fundamentais, previstos no art. 1º da Constituição Federal: a soberania, a dignidade da pessoa humana e os direitos fundamentais, os valores sociais do trabalho, bem como o pluralismo político.

---

62 "Art. 245. A realização de qualquer ato de propaganda partidária ou eleitoral, em recinto aberto, não depende de licença da polícia" (Código Eleitoral).

63 "Art. 244. É assegurado aos partidos políticos registrados o direito de, independentemente de licença da autoridade pública e do pagamento de qualquer contribuição: I - fazer inscrever, na fachada de suas sedes e dependências, o nome que os designe, pela forma que melhor lhes parecer; II - instalar e fazer funcionar, normalmente, das quatorze às vinte e duas horas, nos três meses que antecederem as eleições, alto-falantes, ou amplificadores de voz, nos locais referidos, assim como em veículos seus, ou à sua disposição, em território nacional, com observância da legislação comum" (Código Eleitoral).

64 CONEGLIAN. *Propaganda eleitoral*: de acordo com o Código Eleitoral e com a Lei 9.504/07, modificada pelas leis 9.840/99, 10.408/02 e 10.740/03, p. 143.

Ela é de responsabilidade dos partidos políticos, podendo, inclusive, ser financiada pelo Fundo de Assistência aos Partidos Políticos (Fundo Partidário), seja por meio da destinação à propaganda doutrinária e campanhas de filiação, seja por meio das publicações e debates das fundações partidárias, de pesquisa e de doutrinação e de educação política.[65]

Foi acrescida à Lei dos Partidos, pela Lei nº 12.034/2009, percentual mínimo de gastos do Fundo Partidário em programas de promoção e difusão da participação política das mulheres, devendo, ainda, ser destinado, na propaganda partidária gratuita em rádio e televisão, tempo mínimo para promover a participação feminina.

Nesse aspecto, destaca-se que a pouca participação política feminina não foi solucionada pelas quotas mínimas de gênero (30% no mínimo para um dos sexos), estabelecidas na Lei das Eleições,[66] sabendo-se que há grande dificuldade do fechamento das chapas cumprindo com as quotas femininas, sendo essa a prova concreta da necessidade de nova política afirmativa,[67] estendida à propaganda política.

Será que ao estabelecer quotas por sexo e gastos mínimos com propaganda em prol da participação feminina, estaríamos diante de quebra da liberdade interna do partido?

J.J. Gomes Canotilho afirma que a liberdade interna dos partidos pressupõe que não haja controle ideológico-programático sobre o partido, nem sobre a sua organização interna, mas admite a exigência de democraticidade interna e respeito aos direitos fundamentais, asseverando que no caso das quotas femininas, trata-se de "proibição de sub-representação de sexos".[68]

Por outro lado, para incrementar as suas funções constitucionais de mediação política, os partidos políticos receberam, com exclusividade, da Constituição brasileira, art. 17, o *tempo de antena*, ou seja, o acesso gratuito ao rádio e à televisão para divulgação de propaganda partidária (além da propaganda eleitoral), regulamentada na Lei dos Partidos Políticos (Lei nº 9.096/95).

Como já dito, este *tempo de antena à brasileira* restringe-se à propaganda partidária e eleitoral de rádio e TV, concedidas exclusivamente aos partidos políticos. Em Portugal, além da concessão a outras

[65] Conforme previsto na Lei nº 9.096/95 (Lei dos Partidos Políticos), art. 44, II, III e IV.

[66] Conforme art. 10, §3º, da Lei nº 9.504/97.

[67] Sobre políticas afirmativas, cf. AGRA. *Curso de direito constitucional*, p. 133; MORAES. *Direito constitucional*, p. 605; e NICOLAU. *Sistemas eleitorais*: uma introdução, p. 83.

[68] CANOTILHO. *Direito constitucional e teoria da Constituição*, p. 318.

entidades, há ainda a igualdade de oportunidade concedida às oposições, para contraposição ao tempo utilizado pelo Governo — inclui, além de mais tempo de antena para as oposições parlamentares, o direito de resposta e de réplica às declarações políticas do Governo.

No Brasil, há de se destacar que não há propaganda política paga, nem pode receber ou permutar para utilizar mais tempo do que o que lhe é destinado por lei.

Mais ainda, essa *propaganda chamada de gratuita no Brasil*, de gratuita não tem nada: o partido gasta para fazer os filmes publicitários, cada vez mais bem produzidos, tentando se alinhar com os de produtos de consumo (xampu, carro, cerveja...), e as emissoras de rádio e TV, que concedem o tempo por serem concessionárias públicas e por determinação constitucional, cobram, no final do ano, por meio de uma compensação fiscal, cada minuto de exibição da propaganda partidária (acrescida ainda da propaganda eleitoral).[69]

Assim, as concessionárias públicas deixam de pagar impostos, compensando os gastos com o horário gratuito, a partir de um cálculo baseado na propaganda de produtos comerciais[70] — em verdade não se trata de compensação tributária propriamente dita, posto que essa depende de compensação de tributos de mesma natureza.[71]

As concessões de serviços públicos se remuneram pela exploração do serviço concedido, e, especificamente no caso de rádio e TV, a remuneração foge da regra geral de cobrança de impostos ou taxas, dando-se por via da venda dos espaços públicos aos anunciantes.[72]

Por óbvio, então, tem-se um caráter indenizatório, e não de compensação fiscal, em uma tentativa de diminuir a suposta perda decorrente da não utilização do espaço público para se remunerar, recompondo equilíbrio econômico-financeiro do contrato — tanto que há previsão no Código Brasileiro de Telecomunicações (CBT) do direito de indenização pela emissora das perdas referentes à ocupação dos espaços com propaganda política, ainda hoje utilizados pelas rádios comunitárias, pois são sem fins lucrativas e não têm impostos a compensar.[73]

---

[69] Conforme autorização da Lei das Eleições (Lei nº 9.504/97, art. 99) e da Lei dos Partidos Políticos (Lei nº 9.096/95, art. 58).

[70] O Decreto nº 5.331, de 4 de janeiro de 2005, regulamenta o parágrafo único do art. 52 da Lei nº 9.096/95 e o art. 99 da Lei nº 9.504/97, para os efeitos de compensação fiscal pela divulgação gratuita da propaganda partidária ou eleitoral.

[71] Vê sobre o tema a crítica feita em BORN. O direito à compensação fiscal pela propaganda política gratuita. *Jus Navigandi*.

[72] BANDEIRA DE MELLO. *Curso de direito administrativo*, p. 702.

[73] "(...) o ressarcimento destas despesas poderia ser efetuado na forma extrafiscal com base no vigente artigo 41 da Lei nº 4.117/6, que prevê que "as estações de rádio e de televisão

Mas, o que se indaga é se cabe esta compensação ou recomposição, quando a perda advém da cessão (do espaço concedido) ao próprio concessionário (o Estado).[74]

De toda sorte, quem paga somos nós, contribuintes, por força da lei, onde cada minuto destinado à propaganda política (além de informes da própria Justiça Eleitoral), são devidamente "faturados" pelas empresas de radiodifusão, à custa do erário público. Se paga caro, inclusive: entre 2002 e 2011, foram gastos com propaganda partidária e eleitoral, cerca de R$3,4 bilhões, segundo dados do *site Contas abertas*.[75]

Nessa modalidade "gratuita" em rádio e TV, a propaganda partidária pode ser exibida, em âmbito nacional e estadual, em bloco (na mesma hora em todas as emissoras) ou por meio de inserções (pequenos filmes nos moldes da publicidade comercial), distribuídos pelos partidos políticos registrados no TSE.

Aos partidos que tenham pleno funcionamento parlamentar, ou seja, que superem a "cláusula de barreira", fixada na Resolução do TSE nº 22.503, de 19 de dezembro de 2006[76] (em substituição à do art. 13 da

---

não poderão cobrar, na publicidade política, preços superiores aos em vigor, nos 6 (seis) meses anteriores, para a publicidade comum". Desta forma, a limitação expressa dos preços da publicidade oficial oculta a existência de uma norma permissiva ao direito de indenização pela emissora. Tal dispositivo do Código Brasileiro de Telecomunicações ainda é valioso às emissoras do sistema de radiodifusão comunitária (RadCom) que, sem fins lucrativos e sobrevivendo de meros patrocínios, não dispõem de meios contábeis para a compensação fiscal" (BORN. O direito à compensação fiscal pela propaganda política gratuita. *Jus Navigandi*).

74 Bruno Lupion, em crítica a razoabilidade do conjunto CBT e Lei Eleitoral, alega que "em rodovias concedidas à iniciativa privada, ambulâncias e carros da polícia não pagam pedágio. A lógica é a mesma. A rodovia segue sendo um espaço público e os veículos que prestam um serviço de interesse da sociedade não pagam para circular ali". Cf. CHARÃO, Cristina. Emissoras recebem R$267 milhões ao ano por propaganda partidária. *Observatório do Direito à Comunicação*.

75 Cf. COSTA; KLEBER. Sem eleições, propaganda eleitoral custará R$206 milhões em 2011. *Contas abertas*.

76 "Art. 3º O Tribunal Superior Eleitoral, apreciando requerimento subscrito pelo representante legal dos órgãos nacionais dos partidos, autorizará a formação das cadeias nacionais, bem como a transmissão de inserções nacionais, observando os seguintes critérios (Lei n. 9.096/95, artigo 46, §2º): I - ao partido com registro definitivo de seus estatutos no Tribunal Superior Eleitoral que tenha concorrido ou venha a concorrer às eleições gerais para a Câmara dos Deputados, elegendo, em duas eleições consecutivas, representantes em, no mínimo, cinco estados, obtendo, ainda, um por cento dos votos apurados no País, não computados os brancos e os nulos, será assegurada (Lei n. 9.096, artigo 57, incisos I e III e REspe n. 21.329/2003): a) a realização de um programa por semestre, em cadeia nacional, com duração de dez minutos cada; b) a utilização do tempo total de vinte minutos por semestre em inserções de trinta segundos ou um minuto; II - ao partido que tenha elegido e mantenha filiados, no mínimo, três representantes de diferentes Estados, é assegurada a realização anual de um programa, em cadeia nacional, com a duração de dez minutos (Lei n. 9.096/95, artigo 56, inciso III); III - ao partido que não tenha atendido ao disposto

Lei nº 9.096/95, declarada inconstitucional pelo STF),[77] será garantida a exibição da propaganda partidária.

Após a confirmação de pleno funcionamento parlamentar, será garantida a exibição de dois programas, em bloco por semestre, em cadeia nacional e mais dois, no mesmo tempo, em cadeia estadual, além das inserções nas programações das emissoras, durante 20min por semestre nas emissoras nacionais e o mesmo tempo em cada emissora estadual.

A exibição de propaganda partidária gratuita é vedada no semestre da eleição (2º semestre),[78] justamente para não se confundir com a propaganda eleitoral, que só pode ser veiculada a partir do dia 6 de julho do ano do pleito.

Tem sido uma constante o desvirtuamento da finalidade desta norma, o que leva, mediante representação na Justiça Eleitoral, a diversas aplicações da sanção de suspensão da propaganda de partidos no semestre seguinte.[79]

Em anos eleitorais, no semestre que ainda se permite a propaganda partidária na TV e no rádio, muitas das propagandas partidárias são questionadas como antecipação de propaganda eleitoral, por conter pedido de voto (que é a finalidade precípua da propaganda eleitoral), podendo o beneficiário (postulante a candidato) sofrer, além da sanção acima citada, a aplicação da multa por propaganda extemporânea.[80]

---

nos incisos anteriores fica assegurada a realização de um programa em cadeia nacional em cada semestre, com a duração de cinco minutos, não cumulativos com o tempo previsto nos incisos anteriores (Lei n. 9.096/95, artigo 56, inciso IV)" (Res. TSE nº 22.503/2006).

[77] Houve declaração de inconstitucionalidade dos artigos 13 e 48 da Lei nº 9.096/95, bem como a eliminação das limitações temporais das cabeças dos artigos 56 e 57 até que sobrevenha disposição legislativa diversa, e inaplicabilidade do artigo 49 da Lei nº 9.096/95 decorrente da inconstitucionalidade do artigo 13 da Lei nº 9.096/95, na decisão do STF. ADI nº 1.351/DF e nº 1.354/DF, Rel. Min. Marco Aurélio. Julg. 7.12.2006. *DJ*, 30 mar. 2007.

[78] Conforme §2º do art. 36 da Lei nº 9.504/97 (Lei das Eleições).

[79] Prevista no art. 45 da Lei nº 9.096/95, com a nova redação da Lei nº 12.034/09: "Art. 45. (...) §2º O partido que contrariar o disposto neste artigo será punido: I - quando a infração ocorrer nas transmissões em bloco, com a cassação do direito de transmissão no semestre seguinte; II - quando a infração ocorrer nas transmissões em inserções, com a cassação de tempo equivalente a 5 (cinco) vezes ao da inserção ilícita, no semestre seguinte."

[80] Cumulação da multa fixada no art. 36, §3º, da Lei nº 9.504/97 e da sanção prevista no art. 45, §2º, da Lei nº 9.096/95, a exemplo do seguinte Julgado: "Propaganda partidária. Alegação de desvio de finalidade. Crítica. Comparação entre governos. Exclusiva promoção pessoal. Filiado. Précandidato. Propaganda eleitoral antecipada. Preliminares. Incompetência do corregedor-geral. Infração à Lei nº 9.504/97. Inépcia da inicial. Ilegitimidade passiva. Rejeição. Pedido de cassação do programa. Prejudicado. Pena de multa. Procedência parcial da representação. (...) 3. A realização de comparação entre a atuação de governos sob a direção de agremiações adversárias, com a finalidade de ressaltar as qualidades do responsável pela propaganda e de denegrir a imagem do opositor, caracteriza propaganda

Travam-se diversas outras discussões dentro do tema, principalmente em ano eleitoral, sendo apontada, por exemplo, a ilegitimidade ativa do Ministério Público para propor representações contra propaganda partidária desvirtuada, pois fora atribuída, exclusivamente, ao partido político a possibilidade de ingressar contra o outro que desvirtuou.[81]

Tem sido contestada esta alegação de ilegitimidade do MP, seja por força da Constituição, art. 127, seja por ter sido fruto de lei ordinária sem força para revogar o Código Eleitoral, que ganhou natureza de lei complementar (art. 121 da Constituição) e que prevê a legitimidade do MP em toda matéria eleitoral.[82]

A Constituição reconhece a legitimidade do MP para atuar em defesa da Democracia e, sabendo-se que os partidos fazem vista grossa, uns perante os outros, tem sido do Ministério Público o papel principal de litigante contra a propaganda partidária utilizada eleitoralmente.

Discute-se, ainda, a quebra do princípio do *non bis in idem*, ou seja, condenação dupla (a pecuniária por propaganda eleitoral extemporânea e a de suspensão por propaganda partidária desvirtuada) pelo mesmo fato (propaganda política); mas o TSE tem entendido que não, podendo ser aplicada a norma partidária aos partidos, suspendendo a propaganda partidária do semestre seguinte e, ao beneficiário, a multa por propaganda eleitoral antecipada.[83]

Mas, mesmo com todo este debate processual, não se pode fugir do fundo da questão: *propaganda partidária em ano de eleição dificilmente não tem conotação eleitoral* — não há dúvidas que, em regra, só há elogio ao futuro candidato do partido.[84]

---

eleitoral subliminar e fora do período autorizado em lei. 4. A utilização da propaganda partidária para exclusiva promoção pessoal de filiado, com explícita conotação eleitoral, impõe a aplicação da pena de multa pela ofensa ao art. 36 da Lei das Eleições, na espécie, em seu grau mínimo, e de cassação do tempo destinado ao programa partidário da agremiação infratora do art. 45 da Lei dos Partidos Políticos, proporcionalmente à gravidade e à extensão da falta" (TSE. RP nº 942/DF. Rel. Min. José Delgado. Acórdão de 5.6.2007. *DJ*, 26 jun. 2007). Há farta jurisprudência sobre o tema em: <http://www.tse.jus.br>.

81 Conforme art. 45, §3º, da Lei nº 9.096/95, alterado pela Lei nº 12.304/2009.

82 Favorável à legitimidade do Ministério Público: PINTO. *Direito eleitoral*: improbidade administrativa e responsabilidade fiscal: noções gerais, p. 274; e RAMAYANA. *Direito eleitoral*, p. 454.

83 Cf. TSE: RESPE nº 19.892/CE. Rel. Min. Sálvio de Figueiredo Teixeira. *DJ*, 9 out. 2002; e AAG nº 7.763/SP. Rel. Min. Carlos Eduardo Caputo Bastos. Acórdão de 16.10.2007. *DJ*, 5 nov. 2007.

84 "A propaganda partidária termina por ser uma propaganda eleitoral disfarçada, pois nela o que se vê é o incensamento dos futuros candidatos de cada partido" (NEVES. *Guia teórico e prático do direito eleitoral de 2006*, p. 178).

E, enfrentar a questão de fundo é saber que há uma nítida disfunção entre a norma e as fontes materiais que a fundamentam — em ano eleitoral (e muitas vezes no ano que antecede as eleições), todos já conhecem quem serão os atores principais das próximas campanhas: discute-se por meio de jornais, revistas, em debates e matérias de rádio e TV, nas ruas, nos órgãos públicos e nas casas legislativas...

Inclusive, diversas condutas não são consideradas propagandas eleitorais antecipadas, a exemplo de participação de pré-candidatos em debates de rádio, TV, internet, bem como a divulgação de atos parlamentares e a realização de prévias.[85]

Ora, enquanto todos falam e todos sabem, só não se pode falar em eleições na propaganda do partido, instituição detentora do monopólio da mediação política — há uma certa esquizofrenia, o partido vive duas realidades.

O tempo da Política não tem encontrado respaldo no tempo do Direito: ou se proíbe as propagandas partidárias durante todo o ano de eleição, impedindo o desvirtuamento para fins eleitorais, combatido pela norma e pela Jurisprudência do TSE; ou se permite maior inserção das questões eleitorais, reconhecendo-se que nessa fase (1º semestre do ano eleitoral) tudo no partido (nas ruas, nos jornais...) é voltado às eleições — muito mais próximo da realidade.

Mantendo-se como agora está, beneficiar-se-á os pretensos candidatos e partidos com mais disponibilidade financeira e maior necessidade de sobrevivência política, pois estes, mais das vezes, assumem o risco de sofrer as duas sanções (a pecuniária e a de suspensão), em prol de melhor resultado no próximo pleito — fazem as contas (inclusive, a multa foi reduzida em 50%).[86]

Assim, ao franquear um debate eleitoral mais amplo, permitindo ao partido expor seu projeto para as próximas eleições, justificar quais coligações irá fazer e que rumos irá tomar, quem são os seus pretensos postulantes a candidato e o porque de se ter uma candidatura, também é matéria do partido e, como tal, deveria ser inserida no ano eleitoral dentro das propagandas partidárias.

Vê-se isso como muita clareza nas eleições primárias americanas (eleições para escolha dos candidatos dos partidos à Presidência da República); mas, no Brasil, estas matérias estão impedidas de veiculação em rádio e TV pelo partido, por restrição da legislação eleitoral,

---

[85] Conforme o art. 36-A da Lei das Eleições, acrescido pela Lei nº 12.304/2009.

[86] Conforme o §3º do art. 36 da Lei nº 9.504/97, acrescido pela Lei nº 12.304/2009.

limitando-se a discussões entre os filiados, por isso chamadas de propaganda partidária interna ou propaganda intrapartidária, apesar, de como dito, fazerem parte da pauta diária de todos os meios de comunicação.

Se se respeitasse a realidade política e a liberdade de expressão, seriam dispensados os subterfúgios, muitas vezes contidos na própria legislação, a exemplo do art. 45, III, da Lei dos Partidos, que autoriza na propaganda partidária o posicionamento do partido sobre temas *político-comunitários*, ou seja, o postulante a candidato (já declarado em entrevista, p.ex.) pode falar sobre tudo, desde as questões comezinhas, como calçamento da rua, até temas da macropolítica, como a crise econômica internacional — só não pode falar em eleições na propaganda do seu partido.

2.2.2 A propaganda intrapartidária

A *propaganda intrapartidária* também é uma das espécies da propaganda política que encontra regulamentação no ordenamento jurídico brasileiro. Trata-se da propaganda voltada, exclusivamente, aos filiados do partido, não se permitindo a sua propagação para além do seio do partido.

Divide-se em propaganda em prévias partidárias e propaganda pré-convenção.

Por meio da Lei nº 12.034/2009, as prévias partidárias foram reconhecidas no atual ordenamento jurídico (algo bastante conhecido em eleições norte-americanas) e, junto a elas, a permissão de convocação e divulgação dentro dos limites partidários, para que os filiados participem da escolha dos postulantes, antes mesmo da Convenção Partidária que irá oficializar o candidato do partido, não caracterizando propaganda eleitoral antecipada.[87]

Vale destacar a análise de um caso concreto, onde atuamos em conjunto com diversas instituições em um projeto de prévias para um partido político brasileiro.

Nesse estudo, fizemos o levantamento de toda a legislação eleitoral e partidária, bem como as normas regulamentadoras do TSE e estatutárias do partido interessado e a indicação da viabilidade jurídica

---

[87] "Art. 36-A. Não será considerada propaganda eleitoral antecipada: (...) III - a realização de prévias partidárias e sua divulgação pelos instrumentos de comunicação intrapartidária; (...)."

para a realização de prévias para escolha do candidato partidário na disputa eleitoral, bem como se havia restrições à participação de pessoas não filiadas e à propaganda política dessa espécie.

Afora a confirmação da autonomia partidária para escolha de seus candidatos, prevista na Constituição, viu-se a necessidade de alteração estatutária e elaboração de regras internas de regulamentação do processo de prévias.

Destacava-se o debate sobre a participação de pessoas não filiadas, financiamento privado das prévias e limitação da propaganda política — havia claro receio de que a prévia pudesse ser apontada como propaganda eleitoral antecipada e causar prejuízos aos postulantes a candidato do partido.

Apresentou-se, então uma Consulta, respondida pelo Tribunal Superior Eleitoral,[88] que, apesar de permitir que as despesas das prévias sejam realizados pelo partido, por meio do fundo partidário ou de doações de pessoas físicas e jurídicas, entendeu que a propaganda só pode ocorrer via os mesmos mecanismos da propaganda intrapartidária pré-convenção, impedindo a divulgação livre via internet e a participação de pessoas não filiadas.[89]

Essa decisão influenciou, junto a outros fatores, o acréscimo das prévias às condutas que não caracterizam propaganda eleitoral antecipada, por força da Lei nº 12.034/2009, definindo que deveriam ser respeitados os instrumentos da propaganda intrapartidária (pré-convenção).

Tem-se, por isso, uma previsão legal de que a propaganda em prévias partidárias foi regulamentada, restringindo-se, mais uma vez a propaganda política, sem qualquer ponderação de direitos, para justificar tal restrição — qual foi a justificação? Prejuízo ao princípio democrático, à pluralidade de partidos... a que direito individual?

Por outro lado, já havia a regulamentação da *propaganda pré-convenção*, mais conhecida como propaganda intrapartidária — autorizada nos 15 dias que antecedem à Convenção que irá definir e escolher (se não houver prévia), ou homologar os candidatos do partido e/ou a formação de coligações.

Conforme a lei, os partidos podem definir o dia e o local deste ato partidário, entre os dias 10 e 30 de junho do ano da eleição (art. 8º

---

88 Que estranhamente é o único órgão judiciário brasileiro que possui competência consultiva (outro exemplo que se tem é no direito internacional, a Corte Interamericana de Direitos Humanos).

89 TSE. Consulta – CTA nº 1.673, Brasília. Resolução nº 23.086, de 24.3.2009. Rel. Min. Félix Fisher. *DJe*, 1º set. 2009.

da Lei nº 9.504/97); assim, essa propaganda interna partidária pode ser realizada apenas depois de fixada esta data, contados os 15 dias para trás, excluindo-se o da convenção — ou seja, se for no dia 10 de junho a convenção, a propaganda intrapartidária pode se dar a partir do dia 26 de maio do ano da eleição.

A Lei nº 9.504/97 estabeleceu limites expressos, não só temporais, mas também aos veículos que podem ser utilizados, *vedando o uso de rádio, televisão e outdoor*, nesta espécie de propaganda, exatamente para não permitir a sua conotação eleitoral, ou seja, impedindo que se busque a propagação dos nomes partidários a todo e qualquer eleitor.

Entende Lauro Barretto que esta propaganda política, interna aos partidos, deveria ser regulamentada na Lei dos Partidos Políticos, e não na legislação eleitoral, por ser "uma variação bastante peculiar da propaganda partidária, não tendo uma vinculação direta com a propaganda eleitoral propriamente dita".[90]

Concorda-se que houve erro de técnica legislativa, acrescentando-se outro evidente erro quanto à restrição da liberdade de expressão política: o que justifica, por exemplo, a proibição de propaganda intrapartidária em *outdoor* e se autoriza por distribuição panfletária? Quais os critérios de escolha dos veículos? A que direito se pretende proteger?

Ora, a "festa" da Convenção, normalmente, torna-se evento de grande atenção da imprensa e da opinião pública, sendo escolhidos, quase sempre, locais de grande visibilidade (clubes, centros de convenção...). É lá que se consagra a candidatura que já estava nas ruas (menos nos partidos, pois seria antecipação... ah, a velha esquizofrenia da lei).

Nela são homologadas as candidaturas, as coligações e os números dos candidatos proporcionais. É lá que se lança o *jingle*, a marca, o *slogan* da campanha — mesmo que só se possa utilizá-los após o registro dos candidatos, em 6 de julho do ano da eleição.

Em cidades pequenas, toda a população é envolvida pelo clima de participação política (ou se é contra ou a favor; ou se é do vermelho ou do azul...). Nas grandes cidades, a imprensa (TV, rádio, jornal...), cobre cada detalhe, a chegada dos postulantes a candidato, a participação maciça de filiados e os padrinhos políticos que compareceram...

Por si só a convenção extrapola o limite partidário; mas, contendo um conteúdo eleitoral específico, ou seja, pedindo direta ou indiretamente votos para um cargo específico aos eleitores em geral,

[90] BARRETTO. *Comentários à Lei das Eleições*: Lei nº 9.504/97 e suas alterações, p. 119.

a propaganda intrapartidária, pode se caracterizar como propaganda eleitoral antecipada, atraindo a multa do art. 36, §3º, da Lei nº 9.504/97.

Volta-se, aqui, mais uma vez à crítica ao modelo brasileiro de regulamentação da propaganda partidária, pois se vê um distanciamento entre a realizada política e o Direito, já que em todos os ambientes sabe-se quem são os postulantes a candidatos, mas os partidários não podem divulgar para além dos muros do partido.

Há alguma flexibilização, pois não se enquadrando nas proibições (rádio, TV e *outdoor*) e não caracterizando propaganda eleitoral, com pedido expresso de voto, tem-se permitido, além das propagandas intrapartidárias propriamente ditas (comunicações aos filiados, reuniões com delegados do partido...), divulgação na internet aos filiados[91] e propagandas nas imediações do local da convenção.[92]

Remete-se a um caso concreto, onde partido adversário de cliente nosso fixou cartazes em toda cidade, justificando que ninguém saberia onde seria a Convenção; detalhe: era o único clube de uma pequena cidade — o excesso foi combatido pela Justiça Eleitoral, ficando apenas as faixas das imediações; mas, por outro lado, já se viu permissão da mesma Justiça de divulgação por meio de carro de som, nas áreas rurais, convocando para a Convenção — quais os parâmetros?

Tenta-se proteger a igualdade entre os futuros candidatos, mas em colidindo esta igualdade com a liberdade de expressão política, o que deve prevalecer: impedir os partidos de convocar os seus filiados pela forma que lhe aprouver ou impedir uma possível antecipação da propaganda eleitoral?

Defende-se que a discussão não deva passar pelo veículo de comunicação, mas sim pelo conteúdo eleitoral específico da propaganda: não se pode verificar o conteúdo em razão do veículo, pois uma propaganda nas imediações do local de votação, pode ter um impacto maior do que um *outdoor*.

Afora isso, tudo mais é festa — o dia da convenção é o ato que marca o início do processo eleitoral, pois só a partir dela é que há candidatos legitimados a requerer registro e concorrer nas próximas eleições, posto que uma das condições de elegibilidade partidária é, além da filiação, a aprovação em convenção.

---

91 TSE. Recurso na Representação nº 1.321-18/DF, Rel. Min. Marco Aurélio, em 10.8.2010. Informativo TSE, ano XII, n. 24. *In*: LEWANDOWSKI; TAVARES (Org.). *Vade-mécum eleitoral*: integrado com resoluções, súmulas e jurisprudência, p. 398.

92 Cf. TSE. Resolução nº 23.370/2011, art. 1º, §1º, em razão da Consulta nº 1.673, do referido Tribunal.

2.2.3 A publicidade institucional

Apesar de fugir do ambiente partidário e se dar no seio da Administração Pública, a *publicidade institucional* pode ser considerada espécie da propaganda política, pois, apesar de ser a divulgação dos atos administrativos, paga pelo contribuinte e comandada pelo gestor público, tem a finalidade de convencer a população em geral da qualidade da gestão política e os benefícios que esta vem trazendo à população.[93]

Está prevista no §1º do art. 37 da Constituição Federal,[94] especificando que deverá ter caráter educativo, informativo ou de orientação social, impondo, ainda, impessoalidade, ou seja, vedando a promoção pessoal do governante ou de outros servidores.

Mas, apesar das limitações, a população sabe bem de quem é aquela marca e *slogan* contidos naquela publicidade, sendo a gestão bem avaliada ou não, elas caracterizam a Administração e que, por corolário lógico do processo eleitoral brasileiro, só pode ser conduzida por um partido e, mais especificamente, por um político, representante escolhido pelo povo (prefeito, governador e presidente).

Não se defende aqui, a pessoalidade da publicidade institucional, pelo contrário, aqui exercendo sim um juízo de ponderação e o sopesamento dos direitos envolvidos, a liberdade de expressão subjuga-se à primazia do interesse público em relação ao particular, ao princípio da legalidade e da moralidade pública, pregando-se, assim, a impessoalidade dessa propaganda política, não podendo o gestor se locupletar do dinheiro público para se promover como político.

Mas, não se pode descuidar da realidade: a publicidade dos atos administrativos tem, quase sempre, conotação política — pode se tornar a prova que precisam para convencer a população de que possuem a melhor forma de governar — finalidade precípua da propaganda política e por isso regulamenta não só pela Constituição, mas também na Lei nº 9.504/97 (Lei das Eleições), o que demonstra a sua clara natureza política — se não o fosse não havia de ser impedida no período eleitoral.

---

93 "A matéria mereceu a atenção do Constituinte, dada a facilidade com que as autoridades abusam do dinheiro público para se endeusarem" (NEVES. *Guia teórico e prático do direito eleitoral de 2006*, p. 175).

94 "Art 37. (...) §1º A publicidade dos atos, programas, obras, serviços e campanhas dos órgãos públicos deverá ter caráter educativo, informativo ou de orientação social, dela não podendo constar nomes, símbolos ou imagens que caracterizem promoção pessoal de autoridade ou servidores públicos."

Um dos temas recorrentes é quando pode o gestor aparecer na publicidade institucional ou o que caracterizaria a quebra da pessoalidade?

Já se viu decisões permitindo jornais da Prefeitura, com editoriais do Prefeito, com foto e tudo, o que seria proibido; bem como já se viu tentativa de proibições de padronização da cor dos prédios públicos, o que não encontra expressa vedação legal.

Havendo desvio da previsão constitucional de impessoalidade, somado a nítido conteúdo eleitoral, configura-se abuso de autoridade, levando a cassação do registro ou do diploma, conforme art. 74 da Lei das Eleições, além de poder caracterizar ato de improbidade administrativa, punível com perda da função pública e suspensão dos direito políticos (Lei nº 8.429/92 – Lei de Improbidade Administrativa).

Outra limitação é a temporal — não pode ser exibida nos três meses que antecedem o pleito, ressalvada a Administração que não esteja em disputa (p.ex., a publicidade do Governo do Estado pode ser exibida no período eleitoral municipal – conforme art. 73, VI, "b", da Lei das Eleições).

A exceção é a propaganda de produtos que concorram no mercado e, quando autorizados pela Justiça Eleitoral, as publicidades de grave e urgente necessidade pública,[95] além dos pronunciamentos com mesmas características e ligadas à função de governo — tudo nessa época vira grave e urgente, para os que pedem, ávidos por divulgar, encontrando resistência na Justiça Eleitoral.

O que se indaga, mais das vezes, é se toda a publicidade institucional está proibida no período eleitoral, inclusive as já fixadas, contendo a marca e o *slogan* da gestão, e se deveriam ser retiradas ou inutilizadas.

Ora, a Jurisprudência já pacificou que é desarrazoado exigir que cada placa de obra, cada papel timbrado ou cada carro adesivado contendo a marca e o *slogan*, usados em atos administrativos do Governo ou em programas e projetos da Administração, direita e indireta, sejam retirados, podendo causar maior prejuízo ao erário público.

O que não quer dizer que placas com *conteúdo eleitoral* devam permanecer — devem ser retiradas, pois, conforme o princípio da impessoalidade da publicidade institucional, não podiam sequer terem sido fixadas.[96]

---

[95] TSE. Pet. nº 210.155/DF. Rel. Min. Hamilton Carvalhido. Decisão Monocrática de 23.8.2010. *DJ*, 1º set. 2010.

[96] TSE. ED-ED-AgR-AI nº 10.783/PA. Rel. Min. Marcelo Henriques Ribeiro de Oliveira. Acórdão de 15.4.2010. *DJe*, 18 maio 2010.

Decorre, ainda, da norma contida no inciso VII do mesmo art. 73, o limite referente a gastos com publicidade institucional, não podendo no primeiro semestre do ano da eleição superar a média dos últimos três anos ou do último ano — norma frágil, pois permite o aumento no último ano dos gastos eleitorais, no ano anterior à eleição, permitindo manterem-se às vésperas da eleição os mesmos patamares de gastos publicitários.

Por fim, destaca-se que essa marca e *slogan* da publicidade institucional, que mais das vezes parece se incorporar ao capital político do gestor, em verdade passa a integrar o patrimônio público, não podendo ser utilizada nas demais propagandas políticas, em especial, na propaganda eleitoral (art. 40 da Lei nº 9.504/97).

2.2.4 A propaganda político-eleitoral

Por fim, a *propaganda eleitoral* propriamente dita, que nada mais é do que o pedido expresso do voto, é aquela onde, sem disfarces, o político fala diretamente com o eleitor, tentando captar o seu voto, utilizando-se dos conceitos emitidos nas outras espécies de propaganda política, mas agregando novas ferramentas e propostas para a chegada ao poder.

Encontra-se regulamentada no art. 36 da Lei 9.504/97, atualizada pelas leis nº 11.300/2006 e nº 12.034/2009, tendo como finalidade a *cooptação lícita da vontade do eleitor e do seu voto*.

Há limitações quando ao conteúdo, mas não de forma prévia, sendo livre a sua manifestação e propagação, e de inteira responsabilidade dos partidos e seus candidatos ou dos divulgadores e seus dos beneficiários.

Só é permitida a partir de 6 de julho do ano da eleição, podendo ser exercido o direito a esta propaganda até o dia da eleição (com a manifestação silenciosa do eleitor e manutenção da página na internet e propagandas já fixadas nos comitês, sedes dos partidos e nos muros e placas residenciais).

Porém, há prazos de início e fim distintos para cada tipo de veículo de exibição: por exemplo, enquanto a propaganda na TV e no rádio se dá nos quarenta e cincos dias anteriores à antevéspera da eleição, na imprensa escrita pode ser veiculada a partir do primeiro dia até a antevéspera e a regulamentação das pesquisas eleitorais, que não são propagandas mas influenciam o pleito, só podem ser divulgadas se registradas a partir do primeiro dia do ano da eleição na Justiça Eleitoral.

Destaca-se a propaganda político-eleitoral das demais, dada a sua finalidade especifica da obtenção do voto e a sua (quase) exclusividade no período pré-eleição, sendo bastante restrita a convivência dela com as outras espécies de propaganda política — a propaganda partidária de rádio e TV cessa no fim do primeiro semestre da eleição, juntamente com a publicidade institucional, e a intrapartidária que só é exibida até a Convenção, que sempre se realiza entre os dia 10 e 30 de junho.

No próximo capítulo, será abordada especificamente a propaganda eleitoral, em todas as suas formas e modalidades, partindo sempre da premissa de que faz parte da liberdade de expressão, para, assim, analisar cada um dos limites e restrições impostas pelo ordenamento jurídico, e aqui, novamente, procurando identificar as justificativas de prevalência de outros diretos em detrimento dessa liberdade, ou, diante da ausência, apontar a sua inconstitucionalidade.

Não será uma mera análise do "pode ou não pode", "permitido e proibido", mas ao analisar cada uma das restrições impostas pela legislação, conforme a natureza dos bens ou pelo tipo de veículo da propaganda, far-se-á a partir do princípio da *liberdade da propaganda política*, parte integrante da liberdade fundamental de expressão do pensamento.

CAPÍTULO 3

AS REGULAMENTAÇÕES (RESTRIÇÕES) À PROPAGANDA ELEITORAL PROPRIAMENTE DITA

A propaganda eleitoral foi identificada inicialmente enquanto espécie do gênero propaganda política, sendo esta o conjunto de propagandas utilizadas pelos políticos para chegarem ao poder ou nele se manterem e que englobam, ainda, a publicidade institucional, a propaganda partidária e a intrapartidária.

Mas, a propaganda eleitoral em si mesma, ou seja, todos os aspectos diretamente ligados à propaganda, seus princípios, seus limites, temporais, materiais, por bens e veículos de exibição, podem ser analisados sem se descuidar do princípio da liberdade que rege as propagandas políticas e o seu enquadrando dentro da liberdade fundamental de expressão, e por isso, analisadas uma a uma as restrições com o necessário sopesamento das variáveis em relação aos direitos supostamente colididos.

3.1 Limite temporal: a propaganda eleitoral extemporânea

Dentro da liberdade da propaganda política, estudar-se-á diversas regras restritivas ao exercício da propaganda; mas isso não afastará o caráter livre da mesma, pois só haverá de prevalecer limitação legal (Código Eleitoral e Lei das Eleições), que respeite o princípio da liberdade de expressão; ou seja, aceitável diante da Constituição, pois subjugada à prevalência de outros direitos fundamentais e do princípio democrático.

A primeira restrição é a temporal: *só pode haver propaganda eleitoral após o dia 5 de julho do ano da eleição*. Toda e qualquer propaganda que pretenda a obtenção do voto do eleitor para si ou para outrem, se veiculada antes deste período, será considerada *propaganda eleitoral antecipada*, estando o beneficiário e o responsável sujeitos à multa que varia de R$5.000,00 a R$25.000,00.[97]

A Lei nº 12.034/2009 acrescentou, também, formas de propaganda políticas que não caracterizariam propaganda irregular antecipada.[98]

Ao listar algumas condutas que não caracterizam propaganda antecipada, à primeira vista, poder-se-ia dizer que fora daí tudo mais é propaganda eleitoral antecipada, mas não o é — não há exaustão, posto que norma restritiva de direito (liberdade de expressão) deve ser interpretada restritivamente.[99]

Ora, se assim não fosse, tudo que não estivesse contido na norma, seria propaganda eleitoral antecipada. Ao absurdo, poder-se-ia dizer que, por *não* constar da "lista" de condutas do art. 36-A da Lei das Eleições, a veiculação de entrevista em jornais e revistas, apesar de permitida em rádio, televisão e internet, seria proibida — por óbvio que não.

Ou seja, pode-se ter outras condutas que mesmo não listadas na referida norma, sejam propagandas políticas e não caracterizem antecipação da campanha eleitoral, assim, a referida lista de condutas que não caracterizam propagandas antecipadas é meramente exemplificativa.

Percebe-se, novamente, certa esquizofrenia da lei diante da realidade, pois tudo gira em torno das eleições, menos os atos partidários... o que deve ser impedido não é a discussão sobre as eleições, as formações de coligações e outros debates que fazem parte da formação do capital político para a disputa eleitoral — não se pode admitir que só a partir do dia 6 de julho se iniciem as "conversas eleitorais".

Mas, em se limitando, deve-se proibir o pedido de voto, posto que este pode vir a ferir a igualdade de condições, princípio caro à Democracia.

Ou seja, em nosso entendimento, tomando por base a liberdade de expressão, só se pode proibir um propaganda pelo seu *conteúdo*, é ele que define se uma propaganda eleitoral e não a forma, veículo e data da manifestação política — é o pedido de voto ao eleitor que pode identificar a propaganda eleitoral.

---

97 Prevista no art. 36 da Lei nº 9.504/97 (reduzida pela Lei nº 12.034/2009).

98 Cf. art. 36-A da Lei nº 9.504/97.

99 CÂNDIDO. *Direito eleitoral brasileiro*, p. 156.

Nos Estados Unidos, onde não há propaganda eleitoral gratuita e a Suprema Corte entendeu que "despender dinheiro com difusão de ideais é uma forma de liberdade de expressão, protegida pela Primeira Emenda à Constituição Federal", vê-se, com os ensinamentos de Olivia Raposo da Silva Telles, que a preocupação não é com a propaganda em si mesma e a sua influência antecipada sobre o voto, até porque permitida, mas, se é ela financiada para fins eleitorais e por isso submetida a controles específicos.[100]

Estabeleceram-se, lá, dois *standards* sobre identificação de propaganda eleitoral para fins de controle do FEC – *Federal Election Commission*. Um, o *express advocacy*, onde palavras mágicas como "vote em, eleja, apoie, derrote e rejeita" são forma de identificação do conteúdo eleitoral, além de fatos e circunstâncias que "pudesse ser interpretada por uma pessoa razoável como defendendo a vitória ou derrota de um ou mais candidatos claramente identificados".[101]

E, o outro, o *electioneering communications*, que considera o veículo (TV e rádio), a época (30 dias antes das primárias e 60 dias antes da eleição) e a abrangência (alcançar pelo menos 50 mil potenciais eleitores), para presumir a propaganda como eleitoral e por isso submetida ao controle.[102]

Assim, vê-se que nos Estados Unidos, no período eleitoral, a propaganda eleitoral se presume, e fora dele só há propaganda eleitoral se houver um *conteúdo eleitoral específico* (pedido ou indução ao voto para um cargo específico)

Como leciona Luiz Djalma Pinto, sem uma noção clara do que é propaganda eleitoral, fica difícil a aplicação da norma que impede a sua antecipação.[103]

Traz, o referido autor, uma delimitação do conteúdo da propaganda eleitoral pelo TSE, que seria "aquela que leva ao conhecimento geral, ainda que de forma dissimulada, a candidatura, mesmo que apenas postulada, a ação política que se pretende desenvolver ou razões que induzam a concluir que o beneficiário é o mais apto ao exercício de função pública".[104]

---

[100] Cf. TELLES. *Direito eleitoral comparado*: Brasil, Estados Unidos, França, p. 262-265.

[101] Cf. TELLES. *Direito eleitoral comparado*: Brasil, Estados Unidos, França, p. 262-265.

[102] Cf. TELLES. *Direito eleitoral comparado*: Brasil, Estados Unidos, França, p. 262-265.

[103] PINTO. *Direito eleitoral*: improbidade administrativa e responsabilidade fiscal: noções gerais, p. 258.

[104] TSE. RESPE nº 16.183/MG. Rel. Min. Eduardo Alckmin. Acórdão de 17.2.2000. *DJ*, 31 mar. 2000.

Mas, indago: não é isso que vivem a fazer os políticos? Em cada um dos tipos de propaganda política tenta-se justamente provar que é o mais apto e que as suas ideias são as melhores e mais benéficas à população.

Mas o referido autor faz melhor, trazendo o núcleo central do conteúdo da propaganda eleitoral, como sendo "todo mecanismo de divulgação de um candidato destinado a convencer o eleitor, estimulando-o para sufragar seu nome nas urnas".[105]

Convencer o eleitor a sufragar o seu nome nas urnas, na próxima eleição — é esse o conteúdo central da propaganda eleitoral, ou seja, é o *conteúdo eleitoral específico*, que inclusive a difere das demais propagandas políticas.

Adriano Soares da Costa, nessa mesma linha, aponta que a propaganda antecipada só se caracteriza quando possui o nítido conteúdo eleitoral, afirmando que a lei visa proibir "a divulgação clara do nome do candidato, indicando o cargo para qual concorre e pedindo votos".[106]

Joel José Cândido fala em vínculo entre a peça publicitária e o objetivo da mensagem — existindo vínculo com o processo eleitoral, só assim, deve a mesma ser combatida.[107]

Tolher a livre manifestação do pensamento político, só se justifica pela quebra do princípio da igualdade de condições (ou se libera para todos ou todos devem respeitar os prazos), ponderando-se, assim, que a antecipação do conteúdo claramente eleitoral de pedido de voto para o cargo específico pode vir a ferir o direito à igualdade dos demais postulantes que respeitam a lei, aguardando o prazo para apresentação de suas candidaturas.

Neste toar, não se pode restringir uma liberdade por mera ilação de que o direito à igualdade está a sendo prejudicado, e por isso deva prevalecer sobre a liberdade de expressão.

Como todas as outras propagandas políticas estão impedidas de possuir o nítido conteúdo eleitoral (como já vimos), pois antecipariam em benefício de uns a postulação do voto em detrimento de outros postulantes, que não possuem a máquina administrativa ou partidária a seu favor, é comum nos depararmos com o debate sobre propaganda antecipada a partir destas outras propagandas políticas.

---

[105] PINTO. *Direito eleitoral*: improbidade administrativa e responsabilidade fiscal: noções gerais, p. 258.

[106] Acrescenta: "É a propaganda explícita, direta, vertiginosa que deve ser proibida e atacada, consistindo aquela outra implícita em mera irregularidade, que não provoca qualquer mossa ou dano à legislação" (COSTA. *Instituições de direito eleitoral*: teoria da inelegibilidade, direito processual eleitoral, comentários à lei eleitoral, p. 739-740).

[107] CÂNDIDO. *Direito eleitoral brasileiro*, p. 164-165.

Na propaganda partidária, vê-se a vedação ao pedido de voto e restrição temporal do tempo de antena (não pode ocorrer no semestre da eleição); na publicidade institucional, vedação à pessoalidade, limite temporal (não pode ser veiculada nos três meses que antecedem o pleito) e restrição à discricionariedade dos gatos com publicidade; e na propaganda intrapartidária, restrição de meios (impedida em rádio, TV e *outdoor*) e forte limitação temporal (antes das prévias e 15 dias da convenção).

Assim, o grande fluxo de demandas judiciais contra propagandas eleitorais antecipadas estão vinculadas diretamente a supostos desvirtuamentos das outras propagandas políticas — se há *conteúdo eleitoral específico*, pode restar caracterizada a antecipação.

É isso que se defende aqui. Por exemplo, mandar uma carta ao filiado informando que concorrerá nas convenções partidárias para ser escolhido, pelo partido, o candidato ao cargo de prefeito, antes dos 15 dias que antecedem a convenção é uma propaganda intrapartidária irregular, mas nunca uma propaganda eleitoral antecipada.

Olhar a propaganda antecipada a partir do *conteúdo eleitoral específico*, como, por exemplo, no caso da quebra do princípio da impessoalidade da publicidade institucional, sem conteúdo eleitoral, mas com promoção pessoal do gestor, poderia caracterizar ato de improbidade administrativa, passível de sanção pela Lei de Improbidade, mas nunca uma propaganda eleitoral antecipada.

O mesmo ocorre com a propaganda partidária — se há desvirtuamento, com a aparição do prefeito filiado a outro partido (postulante candidato à reeleição), para justificar que o partido está na base aliada do mesmo, mas sem a indicação e pedido direto ou indireto de voto, não há propaganda eleitoral antecipada, mas poderia se caracteriza propaganda partidária desvirtuada, punível com a suspensão da mesma no semestre seguinte, por contrariar a proibição de participação de pessoa filiada a partido diverso (art. 45, I e §2º, da Lei nº 9.096/95).

Então, é o *conteúdo eleitoral específico* que deveria importar para se justificar a prevalência da igualdade sobre a liberdade de expressão do pensamento, na sua forma de propaganda política — tanto é fato que o TSE já entendeu que a mera promoção pessoal deve ser tolerada.

Dar-se-ia, assim, um critério objetivo para que, em se confirmando a sua presença, se levasse a aplicação da sanção de retirada da propaganda e aplicação de multa, que pode ser majorada, comprovando-se que o custo com a publicidade irregular foi maior que o teto da multa (R$25.000,00).

O que se questiona, mais das vezes, é se *outdoors* em homenagem a políticos, assinados pelos "amigos", possui cunho eleitoral, ou ainda, se publicidade dos atos parlamentares em ano de eleição, caracteriza a antecipação da propaganda eleitoral, além dos já tradicionais adesivos em carros particulares.

Ora, todas estas condutas, e muitas outras que a inteligência humana, ilimitada que é, possa criar, só podem ser consideradas antecipação de campanha se contiverem o núcleo central da propaganda eleitoral.

Em razão disso, não adiantaria aqui listar todas as condutas tidas como antecipatórias do processo eleitoral, mesmo que o TSE aponte e alguns autores apresentem um rol, posto que além da ilimitada criatividade humana, a análise deveria se dar tão somente pelo *conteúdo eleitoral específico* da propaganda política e pela sua *veiculação fora do período permitido.*

Este conteúdo eleitoral específico se estabelece por elementos próprios da campanha eleitoral: tentativa de convencer o eleitor a votar em alguém em uma dada eleição para um dado cargo.

Pode conter elementos intrínsecos (na própria peça publicitária) que por si já denotam o teor eleitoral: o pedido de voto direito ou indireto por meio da indicação do cargo que pretende ocupar e em que eleição — palavras mágicas!

Mas, lógico que não se deve desprezar as condições extrínsecas à peça publicitária, para além do que está nela escrito ou dito — só para dar um exemplo disso: se indagado sobre o teor eleitoral de um adesivo fixado em um veículo particular, antes do período eleitoral, expressando: "Jesus voltará", qual poderia ser a resposta?

Depende. A peça em si mesma (elementos intrínsecos) não traz nenhum conteúdo eleitoral: não pede voto, não indica o cargo, o pleito, nem muito menos o ano — pode ser inclusive uma propaganda religiosa: sabe-se que Ele voltará, só não se sabe quando!

Mas, se Jesus é um famoso político local, que já foi prefeito, e está na pauta dos jornais e nas ruas que será o candidato de seu partido nas próximas eleições, e mais, que o adesivo está na maioria dos carros da cidade e possui uma padronização, com elementos e signos publicitários da campanha anterior do ex-prefeito, com clara elaboração pelo marketing do político — há conteúdo eleitoral extrínseco e deve ser proibida.

Assim, o que se pretende dizer é que não importa a fixação de condutas e padrões de restrição à liberdade de expressão, só se pode afastá-la se a propaganda possuir nítido *conteúdo eleitoral específico* (intrínseco ou extrínseco), para que se caracterize como antecipação de campanha e venha a ferir o princípio da igualdade, que deverá ser restabelecido com a suspensão da propaganda e aplicação da multa ao beneficiário.

Outro ponto de observação é sobre o enquadramento como antecipação da propaganda eleitoral em razão da autoria da propaganda política — ora, não é a *autoria de uma propaganda*, por si só, o elemento definitivo da caracterização da propaganda eleitoral antecipada.

Pode um político ser o autor de um *outdoor* enaltecendo uma de suas façanhas (trouxe um grande investimento para a cidade) e isso, dada a ausência de elementos intrínsecos e extrínsecos do conteúdo eleitoral, ser considerada mera promoção pessoal e não propaganda eleitoral antecipada.

Como pode, por outro lado, um *outdoor* pedindo voto para um político, que ele sequer tenha sido o autor nem autorizado, mas em não o retirando e dado o conteúdo eleitoral específico do mesmo, ser uma antecipação da propaganda eleitoral, e por isso responsabilizado.

Assim, a autoria não é o elemento definidor da propaganda eleitoral antecipada, mas se caracterizada a propaganda eleitoral antecipada, (por conta do seu conteúdo eleitoral específico), seja quem tenha sido o autor, pode o político beneficiário, ser responsabilizado, conforme a Lei das Eleições (art. 36, §3º).

Havia uma tentativa de presumir a responsabilidade do beneficiário da propaganda antecipada, mas a Lei nº 12.034/2009 afastou, em definitivo, essa possibilidade, ao acrescentar o art. 40-A à Lei das Eleições, exigindo prova da autoria ou do prévio conhecimento.

Duas são as formas de provas do prévio conhecimento do beneficiário: ou porque ao ser notificado, determinando a retirada, assim não o fez; ou, se diante das características intrínsecas da peça publicitária, como local, forma, quantidade de veiculação, não poderia alegar desconhecimento.

No primeiro caso, corre-se o risco do beneficiário, apesar de notificado, não poder retirar a propaganda — na casa de uma pessoa que se recusa a se desfazer da publicidade, em vários carros particulares, ou pior, na internet, em um *blog*, em uma comunidade ou num *post* em rede social, da qual nem participe, pedindo votos para sua campanha (diferentemente do que fora permitido pelo art. 36-A da Lei da Eleições).

Nestes casos, inverte-se o ônus da prova, devendo o beneficiário provar a sua impossibilidade de cumprir com a determinação legal e judicial. O que não impede a suspensão da exibição da propaganda com conteúdo eleitoral para evitar a quebra da igualdade entre os postulantes a candidato.

Outro ponto crucial é saber quando se dá o início da proibição de propaganda antecipada, ou seja, a partir de quando se pode atribuir conteúdo eleitoral a uma propaganda política.

A controvérsia se estabelece, pois se tenta fixar uma data exata em que uma propaganda política com conteúdo eleitoral, anterior ao período permitido, pode ser questionada judicialmente, por meio de representação à Justiça Eleitoral (artigos 96 *et seq.* da Lei das Eleições).

Olivar Coneglian se debruça sobre o tema, e aponta que Joel José Cândido fixa seis meses antes do pleito e chega a falar de fiscalização sem punição no período anterior, Alberto Rollo critica a antecipação para o ano anterior à eleição, e o ex-Ministro do TSE Eduardo Alckmin haveria respondido que a data se inicia após o fim da eleição anterior.[108]

Concluiu Coneglian, sem definir a referida data, que um magistrado não poderá indeferir uma representação sob o argumento de não haver se iniciado o processo eleitoral.

Concorda-se em parte. De fato, não há uma data para se caracterizar a propaganda antecipada — mas, acrescenta-se que o que há, em verdade, conforme explanado acima, é a existência ou não, fora do prazo permitido, de um *conteúdo eleitoral específico*, que possua clara mensagem ao destinatário da propaganda: *captar o voto em uma eleição futura específica.*

Ora, *possuindo o conteúdo eleitoral específico em período proibido*, resta caracterizada a propaganda eleitoral antecipada, devendo prevalecer a igualdade entre os futuros postulantes sobre a liberdade de expressão política, independentemente, em que época do período de proibição foi veiculada.

Por exemplo, se um político pretende ser candidato a Governador e, visando fortalecer sua futura candidatura, no ano de eleição municipal (de prefeitos e vereadores), faz a seguinte propaganda política: "Em 2012, escolha seu prefeito; em 2014 vote Sicrano para governador".

Ora, se essa propaganda foi em *outdoor*, via TV na propaganda partidária, num anúncio de jornal, no ano de 2011 ou 2012, ou em qualquer outro período anterior ao permitido, há propaganda eleitoral antecipada, pois estão presentes os seus dois elementos caracterizadores: 1. *conteúdo eleitoral específico*; e 2. *veiculação fora do período permitido*.

---

[108] CONEGLIAN. *Propaganda eleitoral*: de acordo com o Código Eleitoral e com a Lei 9.504/07, modificada pelas leis 9.840/99, 10.408/02 e 10.740/03, p. 169-171.

Assim, ante todo o exposto, o que define a propaganda eleitoral antecipada é a veiculação de conteúdo eleitoral específico em período de proibição dessa propaganda política, independentemente de data inicial, pois, ferindo a igualdade de concorrência eleitoral[109] (direito ora colidido), é aceitável constitucionalmente a restrição à liberdade de expressão.

Por fim, sabe-se bem que no dia 6 de julho do ano da eleição inicia-se a fase de permissão da propaganda eleitoral, onde o conteúdo eleitoral específico se evidencia, seja pelos elementos extrínsecos (aprovação em Convenção e confirmação da condição de candidato), seja pelos intrínsecos (peças com número, nome do partido ou coligação e cargo pleiteado).

Mas, o que ocorre no lapso temporal entre a Convenção e o início da propaganda eleitoral?

Ora, é na Convenção partidária, realizada entre os dias 10 e 30 de junho do ano eleitoral, que o candidato obtém o número que irá concorrer pelo partido, qual a coligação formada e o nome designado, se houve, e mais, é nela que supera a última das condições de elegibilidade, com a aprovação partidária de seu nome.

É a partir da escolha em convenção que o político recebe o direito subjetivo de concorrer nas próximas eleições, podendo, inclusive, se não o fizer o partido até as 19h do dia 5 de julho do ano eleitoral, requerer diretamente o seu registro de candidatura (art. 11, §4º, da Lei das Eleições.)

Mas, apesar de tudo isso, só poderá fazer campanha eleitoral no dia 6 de julho — indaga-se: como conter os eleitores, filiados, adeptos, sua família e equipe de campanha, ou o seu próprio ímpeto de ir às ruas, depois de escolhido em convenção e declarado candidato?

Esse lapso temporal, entre a convenção e o dia da permissão da propaganda, não existia, posto que o art. 240 do Código Eleitoral estabelecia que após a Convenção iniciava-se a propaganda eleitoral — para Joel José Cândido, essa permissão se coaduna mais com a realidade política, mas, por força da prevalência da norma específica, defende o pronto acatamento do art. 36 da Lei das Eleições, que fixou uma data comum a todos os candidatos: 6 de julho.[110]

Marcos Ramayana entende que houve revogação tácita da norma contida no art. 240 do Código Eleitoral.[111] Porém, se a Lei das Eleições

---

[109] RAMAYANA. *Direito eleitoral*, p. 460.

[110] CÂNDIDO. *Direito eleitoral brasileiro*, p. 155.

[111] RAMAYANA. *Direito eleitoral*, p. 440.

é lei ordinária e como tal não pode revogar o Código Eleitoral, que ao ser incorporado pela nova ordem constitucional, ganhou força de lei complementar (art. 121 da Constituição), como restringir a propaganda eleitoral entre o dia da convenção e o dia 6 de julho?

O único argumento convincente para a não realização de propagandas nesse período seria o respeito à igualdade de condições entre os candidatos, posto que se assim não fosse, aquele que realiza a convenção no primeiro dia de permissão (10 de junho), colocar-se-ia em vantagem eleitoral, pois poderia expor o conteúdo eleitoral específico (pedido de voto para o cargo em disputa na próxima eleição) nas ruas, 20 dias antes daquele que definiu a sua convenção para o dia 30 de junho, último dia para a sua realização.

A propaganda eleitoral sofre outras restrições temporais, iniciais e finais, em razão do veículo utilizado ou da sua natureza (o que será explicitado abaixo), sendo certo que o fim geral da propaganda eleitoral se dá no dia da eleição.[112]

Há norma posta ainda proibindo algumas propagandas eleitorais nas 48h anteriores e nas 24h que sucedem o pleito, listadas à exaustão: propaganda em rádio, TV, comício e reuniões públicas (parágrafo único do art. 240 do Código Eleitoral).

Aplica-se às proibições nas 48h que antecedem o pleito, que será destrinchada em itens abaixo; mas, vê-se claramente inócua ou desarrazoada a proibição nas 24h posteriores.

Inócua, por duas razões. A uma, porque se a eleição se der em turno único (por força do *sistema eleitoral majoritário simples* para senadores e para prefeitos em cidades com menos de 200 mil eleitores e *sistema proporcional*, deputados e vereadores) não há que se falar em propaganda eleitoral, pois ausente o conteúdo eleitoral específico (não se pede voto para eleição que já passou).

A duas, em eleição de dois turnos (por força do *sistema eleitoral majoritário composto*, para presidente, governadores e prefeitos de cidades com mais de 200 mil eleitores), a propaganda eleitoral de rádio e TV para o segundo turno só se iniciará após 48h da proclamação do resultado (art. 49, *caput*, da Lei nº 9.504/97), o que por si só já afasta a propaganda nestes veículos nas 24h que sucedem a eleição.

É desarrazoada, pois, após as proibições já expressas, se estaria a impedir, por força de norma infraconstitucional (e sem justificativa, considerável, de qual direito estaria sendo colidido), unicamente, o

---

112 CÂNDIDO. *Direito eleitoral brasileiro*, p. 156.

direito de reunião e de manifestação política, direitos intrinsecamente ligados à liberdade de expressão e garantidos constitucionalmente.

Destarte, não pode ter sido recepcionada pela nova ordem constitucional esta proibição, restritiva da liberdade de manifestação do pensamento, expressa no Código Eleitoral, elaborado em anos de autoritarismo e clara restrição às liberdades fundamentais.

Após o fechamento das urnas, justificavam alguns, não se pode ter pressão sobre as mesas escrutinadoras de voto; mas, hoje, com o avanço tecnológico, incluindo a urna eletrônica e o processamento eletrônico dos dados, o resultado é imediato, sendo, mais uma vez, sem razão proibir, por proibir, a festa cívica, quando o povo vai às ruas esperar e, depois, comemorar o resultado do pleito — restando claro e evidente a ausência de *conteúdo eleitoral específico*, não se podendo falar em propaganda eleitoral extemporânea.

3.2 Limites decorrentes da natureza dos bens

Além do limite temporal, estabelecendo o início da propaganda eleitoral, no dia 6 de julho do ano da eleição, surge outro limite legalmente estabelecido decorrente da natureza dos bens.

À partida, vale a distinção da natureza dos bens fixada pelo Código Civil brasileiro: bens públicos e bens particulares.[113] Os bens públicos são os bens "pertencentes às pessoas jurídicas de direito público interno", ou seja, integram o patrimônio dos Municípios, Estados, Distrito Federal, União e respectivas autarquias e fundações públicas. E, todos os demais são bens particulares, "seja qual for a pessoa a que pertencerem".

Porém, como leciona Celso Antônio Bandeira de Mello, "os bens particulares afetados a uma atividade pública (enquanto o estiverem) ficam submissos ao mesmo regime jurídico dos bens de propriedade pública".[114]

Assim, no Direito Administrativo, bens particulares podem considerados bens públicos — uma casa onde funciona uma escola pública faz parte do domínio público, pois o que se está a levar em conta não é a propriedade, mas sim a submissão a uma relação de administração.[115]

---

[113] "Art. 98. São públicos os bens do domínio nacional pertencentes às pessoas jurídicas de direito público interno; todos os outros são particulares, seja qual for a pessoa a que pertencerem."

[114] BANDEIRA DE MELLO. *Curso de direito administrativo*, p. 913-914.

[115] BANDEIRA DE MELLO. *Curso de direito administrativo*, p. 913-914.

Os bens públicos podem ser de uso comum do povo, de uso especial e dominicais, conforme o nosso Código Civil.[116]

Nos *bens públicos de uso comum*, como praças, logradouros, equipamentos públicos, pode ser realizada a propaganda eleitoral, sem necessitar de qualquer autorização, podendo ser comunicada a autoridade policial, apenas para garantir a realização e para efeito de preferência (artigos 38 e 39 da Lei das Eleições).

Nestes bens, pode-se colocar material de propaganda desde que não fixos, como cavaletes e placas (e desde que não dificultem o tráfego de veículos e pedestres), bem como distribuir material impresso, como santinhos, praguinhas, volantes (ou como é chamado em cada em região do Brasil).

A proibição de fixação de propaganda em bens públicos de uso comum, dar-se a partir do conceito de que estes bens são "abertos à livre utilização de todos" e, como tal, podem ser utilizados diretamente por qualquer pessoal, inclusive pelos políticos...

Sempre, com afirma Celso Antônio Bandeira de Mello, esse uso livre deve se dar em "*concorrência igualitária e harmoniosa com os demais*, de acordo com o destino do bem e condições que não lhe causem uma sobrecarga invulgar".[117]

Disso decorre que podem circular livremente veículos com propaganda nas vias próprias de trânsito, pessoas distribuindo material de campanha nos calçadas e nos sinais, cavaletes podem ser colocados e retirados, juntamente com mesas com material, além de bonecos e bandeiras (art. 37, §6º e §7º, e art. 39, *caput*, da Lei das Eleições).

Isso é livre e independe de autorização pública (artigos 38 e 39 da Lei das Eleições), bem como tudo mais que não caracterize fixação de propaganda e tentativa de uso exclusivo ou deturpado de um bem público de uso comum, incluindo aí a proibição de prejudicar o trânsito de pessoas e de pedestres e a proibição de fixação de propagandas em equipamentos públicos (postes, viadutos e passarelas...) e árvores e jardins (art. 37, *caput*, parágrafos 1º, 5º, 6º e 7º da Lei das Eleições).[118]

---

116 "Art. 99. São bens públicos: I - os de uso comum do povo, tais como rios, mares, estradas, ruas e praças; II - os de uso especial, tais como edifícios ou terrenos destinados a serviço ou estabelecimento da administração federal, estadual, territorial ou municipal, inclusive os de suas autarquias; III - os dominicais, que constituem o patrimônio das pessoas jurídicas de direito público, como objeto de direito pessoal, ou real, de cada uma dessas entidades."

117 BANDEIRA DE MELLO. *Curso de direito administrativo*, p. 926.

118 "(...) *Caracteriza propaganda eleitoral irregular aquela veiculada em via pública, por meio de elemento móvel, mas utilizado de forma fixa.* (...). IV - Agravo regimental improvido." (TSE. RESPE-AgR nº 32.738/SP. Rel. Min. Ricardo Lewandowski. Acórdão de 5.5.2009. *DJe*, 2 jun. 2009, grifos nossos).

Pode, ainda, realizar atos políticos como os comícios, passeatas, carreatas, bicicleatas... fazer circular carro de som, bicicletas de som... ou tudo mais o que a criatividade humana produzir, independentemente de autorização da polícia ou do juízo eleitoral.

Mais das vezes, o Ministério Público local ou o Juiz Eleitoral, convocam os partidos e coligações, baixam portarias ou fixam termos de ajustamento de conduta, restringindo ainda mais as limitações previstas na legislação — a exemplo da proibição do carro de som circular numa rua específica, ou alternar dias entre concorrentes para circulação de carro de som, panfletagem, comício ou colocação de cavaletes.

Ora, ao tentar estabelecer critérios de autorização de uso de bem livre e dentro da destinação que lhe é própria, restringindo, ainda, a liberdade de expressão política, exorbitam da sua competência e ferem de morte a Constituição Federal.

A uma, a limitação da propaganda só se dá por previsão legal e no caso há permissão expressa da lei, pois se trata de uso de bem público dentro de sua destinação, que independente de autorização.

A duas, mesmo que houvesse norma proibitiva do exercício de uma liberdade ou de um direito, esta só pode interpretada restritivamente, e não a ampliando, como no caso citado acima.

A três, mesmo que os partidos assinem acordos e termos de ajustamento, estes não têm valor legal, pois se estaria permitindo transação de direito alheio, posto que o direito à propaganda eleitoral também é do candidato, até porque ele paga e é o responsável por tal propaganda política.

Por fim, além de pertencer a outro, possui caráter indisponível, pois a propaganda eleitoral é direito do eleitor, que também é destinatário da liberdade de expressão política, que além do direito de se manifestar, envolve o direito à informação.

Para a realização de passeatas e comícios nos bens públicos de uso comum do povo, também não precisa, nem deve, pedir autorização ao Juiz eleitoral ou qualquer outra autoridade judicial ou de outros órgãos públicos, devendo, aquele que pretende fazer comício, tão somente comunicar para fins de preferência — em cidades pequenas, esse direito de preferência é exercido muitas vezes no primeiro dia da campanha, referente ao último comício na praça principal (às vezes única) da cidade.

Em crítica, Celso Antônio Bandeira de Mello, afirma que apesar de compatíveis com a destinação do bem (ruas e praças), podendo assim ser comportadas pelo mesmo, o comício implicaria, muitas vezes, "em impedimento à normal utilização concorrente de terceiros segundo a destinação principal do logradouro público, dada a grande concentração de pessoas" e como tal, deveriam ser precedidas de autorização.[119]

Vale destacar que se trata de uma excepcionalidade a desnecessidade de autorização para comícios e passeatas, em clara sintonia com a liberdade de expressão, prevista no art. 5º, XVI, da CF, bem como em atendimento ao princípio da igualdade de condições entre os candidatos, posto que poderia o opositor à Administração não receber, ou ver retardada, a autorização para seu evento, enquanto o aliado receberia tratamento privilegiado.

Sabe-se, por outro lado, que a ocupação dos espaços públicos por comícios e utilização de aparelhagens de som independe de autorização, mas sofre restrição de horários, só podem ser realizados entre 8h e 24h, podendo inclusive se dar por meio de trios elétricos (art. 39, §4º e §10, da Lei nº 9.504/97), bem como não podem ocorrer nas 48h que antecedem o pleito (art. 240, parágrafo único, do Código Eleitoral), e, por fim, é tipificado como crime eleitoral se promovido no dia da eleição (art. 39, §5º, da Lei das Eleições).

Assim, o último dia para realização dos comícios é a quinta-feira antes da eleição (que sempre ocorre no primeiro domingo de outubro), sendo livre até a véspera, por outro lado, as demais propagandas de rua, a exemplo de panfletagem, caminhada, carreatas, passeatas e a circulação de carro de som que transite pela cidade com os *jingles* de campanha, mas sem fixação na via pública ou no comitê, sob pena de caracterização de comício ou reuniões públicas (vedados nas 48h anteriores à eleição).

No caso dos *comícios*, mais uma vez de forma equivocada, a Lei nº 11.300/2006, feita no calor do debate do mensalão, caixa 2 e outros temas, para supostamente responder à população, com redução de gastos de campanha, proibiu a realização de *showmícios*, impedindo a contratação de artistas e mais uma vez ferindo a liberdade de expressão do pensamento, sem qualquer apresentação de direito colidido, que se visou proteger — esqueceu-se da importante contribuição da classe artística na resistência à ditadura e na redemocratização — quer forma mais forte de expressão política do que Fafá de Belém cantando o Hino Nacional no comício das *Diretas Já!*?

Ainda mais grave, a nosso sentir, é a proibição de apresentação de artistas para além do ambiente público, ou seja, nas reuniões eleitorais, inclusive as privadas, conforme art. 39, §7º, da Lei as Eleições.

---

[119] BANDEIRA DE MELLO. *Curso de direito administrativo*, p. 928.

Trata-se de um afrontamento direto à liberdade de manifestação do pensamento, posto que a atividade artística é uma das expressões do pensamento humano, conforme o art. 5º, incisos IV e IX da Constituição Federal.

Não há justificativa nem se apresenta qualquer direito que se visou proteger — porque se deve impedir as manifestações culturais de apoiar uma candidatura? Devem os artistas de um maracatu, de um forró, de um toré, de um samba, um rapper ou um grupo de dança de rua, ou qualquer outra forma de manifestação cultura apartarem-se da política? Tolhe-se, mais uma vez, a liberdade de expressão política, por via de uma norma em confronto com Constituição.

A única ressalva feita pelo TSE foi de que não se pretende, com a lei, impedir o exercício profissional dos artistas/candidatos, que podem exercer a sua profissão, desde que apartadas da atividade política[120] — ainda assim a inconstitucionalidade da norma que veda artistas em reuniões políticas é patente.

Nos *bens públicos de uso especial*, onde se realizam as atividades públicas, ou que estejam disponíveis aos serviços públicos, como as repartições públicas, escolas, hospitais, museus, teatros, universidades... a utilização está relacionada com o próprio serviço público nele prestado, sendo vedada a propaganda eleitoral de qualquer natureza.

Primeiramente, vê-se pacífica a construção jurídica que impede a propaganda política em bens de uso especial, dada a possibilidade de desvirtuamento da finalidade do bem e prejuízo aos utentes, bem como pode obter benefício o aliado do gestor, ou o próprio, destes serviços públicos — já se viu muita propaganda de prefeito/candidato a reeleição dentro das repartições, faixas em escolas públicas e até servidores pedindo votos dentro dos prédios públicos.

Tudo isso é o que deve ser combatido, pois fragiliza diretamente o direito de igualdade de concorrência entre situacionistas e opositores, desequilibrando o pleito, podendo caracterizar conduta vedada aos agentes públicos e levar a cassação do registro do candidato.[121] Observa-se, pois, que nesse esteio, surgiu também a proibição de que candidatos participem de inaugurações de obras públicas (art. 77, *caput*, da Lei nº 9.504/97).

---

[120] "Art. 9º (...) §5º A proibição de que trata o parágrafo anterior não se estende aos candidatos profissionais da classe artística — cantores, atores e apresentadores —, que poderão exercer a profissão durante o período eleitoral, desde que não tenha por finalidade a animação de comício e que não haja nenhuma alusão à candidatura ou à campanha eleitoral, ainda que em caráter subliminar, sem prejuízo da proibição constante do art. 27, inciso V e §1º, desta resolução" (Res. TSE nº 23.370/2011).

[121] Conforme art. 73, I a IV, da Lei das Eleições.

Mas há duas exceções levantadas quanto à vedação de propaganda eleitoral em bens de uso especial.

Uma, quando realizadas nas dependências do Poder Legislativo, pois neste caso fica a critério da Mesa Diretora, por determinação legal (art. 37, §3º, da Lei das Eleições), que pode permitir ou proibir a circulação de material de campanha entre gabinetes e funcionários.

Lauro Barretto faz crítica, afirmando que, apesar de poderem ser cedidos para convenções e reuniões partidárias, por força do art. 51 da Lei dos Partidos Políticos, não há justificativa para atribuir à Mesa de um dos Poderes discricionariedade para regulamentar propaganda eleitoral posto que, primeiro, a competência para legislar é da União, conforme art. 22, I, da CF, e, segundo, não há justificativa para o tratamento assimétrico entre bens de uso especial.[122]

A outra exceção seria fruto da manifestação livre (e silenciosa) dos servidores e usuários do serviço público.

Debate-se até que ponto a proibição de propaganda eleitoral em bens de uso especial estende-se à circulação de pessoas com camisas, *botons*, broches, adesivos e à circulação e estacionamento de carros particulares adesivados, nos bens dessa natureza.

Sobre a circulação de pessoas e veículos não há como impedir, nem justificativa para tal, que pessoas deixem de expressar, aí silenciosa e individualmente, a sua opção política — dando-se na mesma forma da permissão do dia da eleição (individual e silenciosa), para não tolher a liberdade de expressão.

No mesmo sentido se dá o estacionamento de veículos, quando da ocupação eventual, ou ao menos não permanente, do estacionamento em bens de uso especial, não devendo ser proibida, pois impedir veículo com propaganda eleitoral estacionar na sede qualquer órgão público ou outros bens de uso especial, seria não só impedimento à livre manifestação do pensamento, como também restrição, aos que estejam exercendo essa liberdade, de acesso aos serviços públicos, às vezes, a serviços públicos essenciais — como um hospital público.[123]

O exemplo desse excesso é a Recomendação PRE/RO nº 003/2010, do Ministério Público Eleitoral de Rondônia, expedida em

---

[122] BARRETTO. *Comentários à Lei das Eleições*: Lei nº 9.504/97 e suas alterações, p. 132.

[123] "Recurso Eleitoral. Representação. Propaganda eleitoral irregular. Bem público. Eleição 2008. Procedência. Multa. Adesivos de campanha afixados em veículos particulares parados em estacionamento da Prefeitura Municipal. Bens de propriedade particular independem de licença municipal, necessitando somente de autorização do proprietário do bem. Recurso a que se dá provimento" (TREMG. RE nº 4.560. Rel. Gutemberg da Mota e Silva. Acórdão nº 490/2009, de 17.2.2009. *DJe-TREMG*, 19 mar. 2009).

2 de agosto de 2010 aos representantes legais e dirigentes de órgãos e entidades públicas federais, estaduais e municipais do Poder Executivo e Legislativo para que proíbam a utilização das repartições públicas para a realização de atos de campanha eleitoral, inclusive uso de estacionamento com veículos, ainda que pertencentes a servidores do órgão, adesivados com propaganda eleitoral.

Criticar essa recomendação não quer dizer que se esteja a defender a permissão de propaganda fixa em bens públicos.

Ora, sabendo-se que um bem considerado em si mesmo móvel pode ser dotado de imobilidade (permanecendo ininterruptamente no mesmo local), e se assim o for, com intuito de fixação de propaganda eleitoral e burla à proibição de ocupação exclusiva de bem público, seja de uso comum (estacionado na rua) ou de uso especial (estacionamento de um hospital), deve ser combatido e aplicado a sanção própria.[124]

Assim, apesar dos riscos de imposição de que servidores usem adesivos nos veículos, pelo gestor do momento, não se pode impedir que bens particulares com a propaganda eleitoral (carros com adesivo), sejam de usuários do serviço público, sejam de servidores, expressando livremente a opção política e exercendo a liberdade de expressão, possam estacionar nos bens de públicos de uso especial — além de caracterizar impedimento a livre manifestação do pensamento, estar-se-ia diante de restrição, aos que estejam exercendo essa liberdade, ao acesso aos serviços públicos, às vezes, a serviços públicos essenciais — como um hospital público —, ou ao seu local de trabalho.

Já os *bens públicos dominicais* são bens que fazem parte do domínio público, mas não possuem destinação específica (nem de uso comum, nem especial), como terrenos e propriedades adquiridas pelo Estado, mas não estão afetados a qualquer destinação pública.[125]

Neles, mesmo que não estejam sendo utilizados pelo Estado e sim por privados (via contrato de locação, arrendamento ou outros), fica proibida a propaganda eleitoral, posto que um gestor poderia se beneficiar da informação da localização destes bens ou, até mais, os que receberam o bem em uso poderiam ser compelidos a colocar propaganda do gestor que, em detrimento aos demais concorrentes, se beneficiaria de um público.

[124] "Recurso Eleitoral. Propaganda eleitoral irregular. Bem particular (ônibus) que permaneceu estacionado em local público. Representação julgada procedente. Recurso desprovido" (TRESP. RE nº 30.881. Rel. Flávio Luiz Yarshell. Acórdão nº 164.490. *DOE*, 3 mar. 2009).

[125] BANDEIRA DE MELLO. *Curso de direito administrativo*, p. 914-915.

Por outro lado, os *bens privados* são tratados de duas formas pela Lei nº 12.034/2009 (que importou o conceito da pacífica Jurisprudência do TSE sobre o assunto).

Primeiro, tem-se os *bens particulares equiparados a bens públicos*: as restrições são as mesmas dos bens públicos especiais, ou seja, há vedação de manifestações coletivas político-eleitorais e fixação de propaganda, que podem ser *bens privados de acesso irrestrito da população*, como estádios de futebol, *shopping centers*, restaurantes,[126] etc., com base no §4º do art. 37 da Lei nº 9.504/97.

E ainda, equiparam-se aos bens públicos, os *bens particulares afetados a uma atividade pública*,[127] a exemplo dos utilizados diretamente pela Administração (um carro ou uma casa locados a um particular e utilizados em um serviço público) e dos bens utilizados em concessões públicas, autorização ou permissão — ônibus, táxis, prédios...

Busca-se, com isso, a prevalência da igualdade de condições, afastando poderio econômico e político de influenciar e modificar o resultado do processo eleitoral — o que justifica a restrição à liberdade de expressão nestes locais.

Os demais são os *bens particulares desafetados*, que são os bens privados residenciais, ou de uso profissional de acesso restrito — novamente incorporando regra jurisprudencial que já vinha desde o fim da propaganda via *outdoor* (2006), a Lei nº 12.034/2009 *limitou a propaganda eleitoral nestes tipos de bens privados a 4m²*, alterando a Lei nº 9.504/97.

E aqui totalmente inconstitucional, pois imposta por uma sequência de equívocos doutrinários e jurisprudenciais, que desconsideraram a liberdade de expressão, sem qualquer justificativa para tal.

Explica-se.

A Lei das Eleições previa a destinação de *outdoors* para propaganda eleitoral, que seriam permitidos após sorteio e distribuição equitativa de pontos de maior e menor impacto, entre os partidos que tinham candidatos[128] — a lista dos *outdoors* disponíveis (50% dos existentes), com os respectivos graus de impacto visual era enviada pelas empresas que exploravam a atividade publicitária.

---

126 "(...) 1. Restaurante é bem de uso comum para fins eleitorais. Interpretação do artigo 37, *caput*, da Lei nº 9.504/97 (na atual redação conferida pela Lei nº 11.300/2006). 2. (...) 3. Agravo a que se nega provimento" (TSE. AAG nº 8.652/SP. Rel. Min. Eros Grau. Acórdão de 5.8.2008. *DJ*, 27 ago. 2008).

127 BANDEIRA DE MELLO. *Curso de direito administrativo*, p. 913-914.

128 Estava prevista no art. 42 da Lei nº 9.504/97, proibido, desde a revogação pela Lei nº 11.300/2006.

Para que um candidato não burlasse a distribuição equitativa, via fixação de novos *outdoors*, e por isso não listados e sorteados, em bens privados, o TSE vedou a fixação de "engenhos publicitários", ou seja, explorados comercialmente e assemelhados aos *outdoors*, que pudessem caracterizar a violação desse equilíbrio de igualdade[129] — justificável. Ora, proibição dava-se com base no regime do bem, que apesar de privado, possuía destinação pública, inclusive, submetido à exploração comercial e, por isso, dependia de autorização administrativa.

Após a edição da Lei nº 11.300/2006, que vedou o uso de *outdoors* e engenhos publicitários assemelhados, manteve-se a permissão expressa de fixação de placas, cartazes e pinturas em bens particulares.

O TSE, provocado por meio da Consulta nº 1.274/2006, entendeu por limitar a propaganda eleitoral em bens particulares a 4m², independentemente de exploração comercial, sob o argumento de atender ao desiderato legal e respeitar o princípio da proporcionalidade, afastando o abuso do poder econômico sobre as eleições.[130]

Ocorre que se criou uma restrição à liberdade fundamental, por via jurisprudencial, sem definir a clara prevalência da "possibilidade de abuso de poder econômico" sobre a liberdade de expressão — impediu-se genericamente a todos de exercer livremente, e pela forma que lhe convier, a manifestação de vontade, sendo certo que havia, como há, ações coibitivas do abuso de poder que seriam eficientes para combater caso a caso, e não feriria a liberdade de expressão de todos os eleitores.

Incorporada pela Lei nº 12.034/2009, essa norma foi ampliada, vedando-se, sem qualquer justificativa, além das placas, a propaganda eleitoral em bens particulares por meio de pinturas, faixas ou qualquer outra forma de manifestação, acima de 4m², somados todas as propagandas no bem (muros + placas+ cartazes ≤ 4m²).

---

[129] Conforme art. 13, §1º da Resolução TSE nº 20.562/2000, que, ao caracterizar o que seria *outdoor*, especificou engenho publicitário, ou seja, destinado a exploração comercial, com tamanho igual ou superior a 20m².

[130] "Possibilidade. Veiculação. Propaganda eleitoral. Lei nº 11.300/2006. Afixação. Placa. Bens de domínio privado. Limitação. Tamanho. A fixação de placas para veiculação de propaganda eleitoral em bens particulares é permitida, com base no §2º do art. 37 da Lei nº 9.504/97. Só não caracteriza *outdoor* a placa, afixada em propriedade particular, cujo tamanho não exceda a 4m². À luz dos princípios da razoabilidade e da proporcionalidade, é admissível, em propriedade particular, placa de tamanho igual ou inferior a 4m². O tamanho máximo de 4m² para placas atende ao desiderato legal, na medida em que, em função de seu custo mais reduzido, não patenteia o abuso de poder econômico e o desequilíbrio entre os competidores do jogo eleitoral. Os abusos serão resolvidos caso a caso, servindo o tamanho de 4m² como parâmetro de aferição" (TSE. Consulta – CTA nº 1.274. Res. nº 22.246, 8.6.2006. Rel. Min. Carlos Augusto Ayres de Freitas Britto. *DJ*, 31 jul. 2006).

Ora, e aí está o equívoco, a proibição dos 4m² estava fundada no equilíbrio do pleito, dada a possibilidade de contratação de *outdoors* ou assemelhados a empresas que exploravam essa atividade.

Não é aceitável a limitação da liberdade de expressão, por ilação de que um muro pintado com o nome do candidato apoiado pelo particular cause prejuízo ao equilíbrio da eleição — tolhe-se a liberdade de todos, por força da possibilidade de uns cometerem irregularidades, havendo norma para coibir essa irregularidade (é como proibir a todos de dirigir, pois alguns são irresponsáveis no trânsito e podem ser punidos por isso).

O que deve ser combatido, por meio da proibição expressa do art. 39, §8º, da Lei das Eleições, é exploração comercial dessa atividade, ou seja, a venda de *outdoors* e assemelhados; e, ainda, pela proibição da compra direta ao eleitor de muros e espaços para propaganda, sob pena de disfarçada compra de votos, como já faz a Lei nº 12.034/2009, ao acrescentar o §8º ao art. 37 da Lei das Eleições.

Apesar da discordância quanto à aplicação de sanção por propaganda eleitoral em bem particular desafetado (residência, por exemplo), com medidas superiores a 4m², mas sem exploração comercial (pintura de muro, a exemplo), vale destacar o tratamento diferenciado dispensado pelo TSE, em acórdão de relatoria do Min. Joelson Dias, que só aplicou a multa do art. 37, §1º, nesses casos, se não retirada a propaganda após a notificação; não cabendo a sanção de *outdoor*, que é mais grave e independe de restauração do bem, só aplicando-a quando há exploração comercial.[131]

[131] "Representação. Propaganda Eleitoral. Painel. Nylon. Superior a 4m². Comitê eleitoral. Bens particulares. *Outdoor*. Não caracterização. Nova disciplina da Lei nº 9.504/97. Ausência de exploração comercial. Placa. Art. 37 §2º. Propaganda eleitoral incontroversa nos autos. Recurso. Desprovimento. 1. A partir da nova disciplina introduzida pela Lei nº 9.504/97, para fins de aplicação das sanções previstas no parágrafo 2º do artigo 37 e no parágrafo 8º do artigo 39, ambos da Lei nº 9.504/97, em decorrência da veiculação de propaganda eleitoral irregular, cumpre distinguir entre as placas ou os engenhos publicitários sem e com destinação ou exploração comercial. 2. Havendo exploração comercial, e, verificada a existência de propaganda eleitoral em bens particulares por meio de placas ou engenhos que ultrapassem a dimensão de 4m², equipara-se a *outdoor*, incidindo a penalidade prevista no art. 39, §8º, da Lei nº 9.504/97. 3. Ausente exploração comercial, o engenho é equiparado à placa, sujeitando-se o infrator às penalidades previstas no parágrafo 1º do artigo 37 da Lei nº 9.504/97, consoante o disposto no parágrafo 2º do referido dispositivo legal. 4. No caso dos autos a propaganda eleitoral é incontroversa, de sorte que, veiculada por meio de engenho publicitário, sem exploração comercial e superior a 4m², atrai as penalidades previstas no parágrafo 1º do artigo 37 da Lei nº 9.504/97, consoante o disposto no parágrafo 2º do referido dispositivo legal. 5. Recurso desprovido" (TSE. R-Rp nº 186.773/DF. Rel. Min. Joelson Costa Dias. Acórdão de 24.8.2010. PSESS – Publicado em Sessão, 24 ago. 2010).

3.3 Propaganda eleitoral em meios de comunicação

3.3.1 Na imprensa escrita

A *propaganda eleitoral* sofreu regulamentação também quando veiculada na *imprensa escrita*. Havia permissão de publicação de anúncios diários de 6 de julho até no dia da eleição, sendo limitada por edição, a anúncio de 1/8 de página de jornal padrão e de 1/4 de página de revista ou tabloide.

Com a edição da Lei nº 12.034/2009, foi reduzida de propaganda diária, para divulgação paga de até 10 anúncios, por veículo no mesmo espaço máximo por edição e agora só podendo ser veiculada até a antevéspera da eleição, sendo obrigatório constar do anúncio, de forma visível, o valor pago pela inserção (art. 43, *caput* e §1º, da Lei nº 9.504/97).

Aumentou-se o limite à liberdade de expressão, sob os auspícios da diminuição dos gatos eleitorais, mas sem qualquer comprovação de que ao fazê-la reduziu-se a interferência do poder econômico nas eleições — ora, a *liberdade de expressão implica em liberdade de escolha de meios e mecanismos para o exercício dessa permissão constitucional*.

Poderia um candidato, dada a sua estratégia de campanha, considerado o seu público-alvo entre os eleitores, entender por concentrar todos os seus gastos em anúncios de jornal, e nem por isso haveria prejuízo ao equilíbrio das eleições, já que outro poderia sequer usar esses meios, também por estratégia, ocupando os espaços públicos, por meio de cavaletes, sendo esse seu único gasto em propaganda e que representasse muito mais do que anúncios diários.

A igualdade protegida é de acesso aos meios, por exemplo, não pode um jornal publicar anúncio de um candidato e rejeitar outro, nem cobrar valores diferenciados ou acima do mercado, impedindo, aquele que tem direito, de exercê-los.[132]

Mas, não se tem igualdade plena de condições, até porque a própria legislação eleitoral permite arrecadação e gastos distintos por candidatos, inclusive distribuindo entre os partidos de forma diferente o fundo partidário e o acesso ao rádio e TV, além de permitir ao partido fixar, livremente, os seus gastos eleitorais e em que meios irão empregá-los.

Por outro lado, não podemos confundir a regulamentação dos anúncios publicitários pagos pelos partidos e candidatos com a

[132] CONEGLIAN. *Propaganda eleitoral*: de acordo com o Código Eleitoral e com a Lei 9.504/07, modificada pelas leis 9.840/99, 10.408/02 e 10.740/03, p. 184.

liberdade de expressão da imprensa escrita — para esta não há norma expressa de vedação, além dos limites constitucionais já estabelecidos, traduzidos no respeito aos direitos fundamentais e ao princípio democrático.

Nessa liberdade inclui-se a possibilidade de que candidatos continuem a escrever artigos e colunas para os jornais, bem como a possibilidade de expressão livre do editorial do veículo, opinando favoravelmente a partido e candidato, conforme entendimento do TSE.[133] [134]

Além disso, tem-se a liberdade de imprensa, como proteção à atividade jornalística em si mesma, ou seja, livre prestação de informações à sociedade, que possui, por outro lado, o direito de recebê-las.

Destaca-se, como já dito, que a liberdade de imprensa, viés da liberdade de expressão, prevista no art. 5º da CF, IV, IX e XIV, apesar de todas as garantias, a exemplo do art. 220, *caput* e §1º, da Constituição, não é plena, como toda liberdade, devendo sofrer limitações, quanto confrontadas com direitos e liberdades garantidos constitucionalmente e que devam prevalecer sobre os demais.

Bem alertou Diego Pessoa Costa Reis: "Não obstante todos os citados permissivos, o papel da imprensa na divulgação de fatos e na comunicação social deve pautar-se em consonância com os direitos e garantias individuais".[135]

---

[133] Retratada na Resolução TSE nº 21.610, para as eleições de 2004, fruto da consolidação da jurisprudência do referido Tribunal sobre a liberdade de expressão, a exemplo do Acórdão no RESPE nº 18.802/AC (Rel. Min. Fernando Neves. *DJ*, 25 maio 2001). Foi novamente estabelecida para as eleições de 2012 na Resolução nº 23.370: "Art. 26. (...) §4º Não caracterizará propaganda eleitoral a divulgação de opinião favorável a candidato, a partido político ou a coligação pela imprensa escrita, desde que não seja matéria paga, mas os abusos e os excessos, assim como as demais formas de uso indevido do meio de comunicação, serão apurados e punidos nos termos do art. 22 da Lei Complementar nº 64/90".

[134] "(...). 1. O entendimento consagrado na jurisprudência desta Corte é de que 'os jornais e os demais veículos impressos de comunicação podem assumir posição em relação aos pleitos eleitorais, sem que tal, por si só, caracterize propaganda eleitoral ilícita' (RESPE nº 18.802/AC, *DJ*, 25 maio 2001, rel. Min. Fernando Neves). 2. A divulgação de matérias relativas à atividade parlamentar, bem como de atos de campanha, não apenas da recorrida, mas de outras lideranças políticas da região, não ocasiona o desequilíbrio da eleição. (...) 4. Recurso contra expedição de diploma a que se nega provimento" (TSE. RCED nº 758. Rel. Min. Marcelo Henriques Ribeiro de Oliveira. Acórdão de 10.12.2009. *DJe*, 12 fev. 2010).

[135] REIS. *Presunção de inocência e liberdade de imprensa*, p. 105. Acrescenta ainda o autor: "certas posturas devem ser adotadas pela imprensa de modo absoluto, abstraindo-se de análises detida caso a caso. Referimo-nos ao respeito que se deve ter pelo acusado, objeto da matéria jornalística. A preocupação de tratá-lo e a ele referir-se como alguém presumidamente inocente, até que se transite em julgado a sentença condenatória, deve estar sempre e invariavelmente presente em toda e qualquer atuação do profissional de comunicação social, sob pena de afronta aos direitos do cidadão" (p. 107).

Resumindo, vê-se que é livre o exercício da imprensa, seja por meio dos noticiários jornalísticos, pelo editorial ou artigos, devendo respeito às garantias e direitos individuais, bem como ao princípio democrático, sendo limitada a propaganda paga pelos partidos, coligações e candidatos, na forma da Lei das Eleições.

3.3.2 Propaganda eleitoral em rádio e TV

A propaganda eleitoral sofre a maior de suas restrições quando exibidas por meio de rádio e TV, seja por conta da sua ostensividade (ingressa nos lares sem que seja diretamente buscada) e compulsoriedade[136] (impõe ao receptor o conteúdo da mensagem), seja por se dar em veículos concessionários de serviços públicos.

Deve-se, de forma distinta, primeiro tratar do horário eleitoral gratuito de rádio e TV, que é uma concessão constitucional, dentro do *direito de antena* e que se traduz em prestação positiva da liberdade de expressão, para, só após essa análise, entender as limitações sofridas à liberdade de imprensa na programação normal de rádio e TV.

3.3.2.1 O horário eleitoral gratuito de rádio e TV

Como já dito, no Brasil, há concessão de veiculação gratuita[137] de propaganda partidária e de horário eleitoral, sendo este *tempo de antena* uma "prestação positiva" referente à liberdade de expressão — é o direito à comunicação, concedidos exclusivamente aos partidos políticos brasileiros, por intermédio do art. 17 da Constituição Federal.[138]

O *horário eleitoral gratuito de rádio e TV* é um direito constitucional dos partidos e candidatos, na mesma matriz do partidário, parte integrante do *direito de antena*, bem como via exclusiva para veiculação da propaganda eleitoral nestes meios, sendo vedada a propaganda paga em rádio e TV.

---

136 Olivar Coneglian fala em compulsoriedade, dada a obrigatoriedade do ouvindo e telespectador receber a mensagem política, mesmo sem pretender (*Propaganda eleitoral*: de acordo com o Código Eleitoral e com a Lei 9.504/07, modificada pelas leis 9.840/99, 10.408/02 e 10.740/03, p. 183).

137 Que de gratuita não tem nada, conforme tratado no item propaganda partidária.

138 Lembra-se que *tempo de antena*, em Portugal estende-se ainda às organizações sociais, sindicais, profissionais e representantes de categorias econômicas, bem como à oposição constitucionalmente organizada, além do que já é comum no Brasil (propaganda partidária e horário eleitoral), conforme Constituição da República Portuguesa, art. 40º, 1, 2 e 3.

Primeiramente, precisa-se saber quais as emissoras de TV e rádio estão submetidas ao horário eleitoral gratuito e devem reservar o tempo para os candidatos. A partir da Lei nº 12.034/2009, foi expressamente proibida a veiculação deste tipo de propaganda eleitoral em TV e rádios piratas, e obrigadas a veicular nas emissoras que operam VHF e UHF, além das por assinatura sob a responsabilidade das casas legislativas — TV Senado, TV Câmara...

Mas, e nos municípios que não possuem emissoras de TV ou de rádio? Segundo Olivar Coneglian, a primeira vez que o legislador preocupou-se com essa extensão do direito a partidos e candidatos em cidades vizinhas sem antena, foi na Lei nº 9.100/95, em seu art. 58.[139]

Com a Lei nº 9.504/97, atribuiu-se aos partidos de cidades sem antena de rádio ou TV, o direito de pleitear a transmissão, tendo restringido a matéria às eleições municipais e garantido a realização de horário eleitoral gratuito naqueles município aptos a realização de segundo turno (ou seja, com mais de 200 mil eleitores), podendo ser estendido a outros em que seja viável a operação, conforme normas do TSE, considerando o número de emissoras geradoras disponíveis (art. 48, *caput*, §1º e §2º, da Lei nº 9.504/97).

Como já dito no tópico referente a limitações à liberdade da propaganda, não se pode admitir propaganda eleitoral, em qualquer modalidade, que tenha natureza caluniosa, difamatória e injuriosa. Mas, no horário eleitoral gratuito de rádio e TV, acrescentam-se outras proibições, como a proibição de propaganda que visa a ridicularizar os candidatos adversários e utilizem montagens e trucagens para tal.

A ridicularização, entendemos, já está incluída no conceito de injúria e difamação, posto que tenta atingir a honra subjetiva e objetiva do candidato, devendo ser repelida, pois a honra é direito da personalidade e como tal, prevalece sobre as liberdades.

Já os mecanismos da propaganda, que vez por outra se tenta impedir, devem ser visto com ressalvas, posto que não é qualquer modificação da realidade sonoro ou audiovisual que merece ser proibida, mas sim aquela que afronte os direitos da personalidade — ora, tudo em rádio e TV é montagem e trucagem, ou seja, sofre edição, não se livrando nem as gravações e transmissões ao vivo, vez que, de uma forma ou de outra, editam-se cenas e sons, alterando a realidade do que fora efetivamente captado — o que se deve combater é conteúdo falso e ofensivo, não os mecanismos de propaganda.

---

139 CONEGLIAN. *Propaganda eleitoral*: de acordo com o Código Eleitoral e com a Lei 9.504/07, modificada pelas leis 9.840/99, 10.408/02 e 10.740/0, p. 201.

Proíbe-se, ainda, utilização de propaganda comercial, ou seja, tentar num ambiente de propaganda política vender produtos comerciais, direta ou indiretamente — o que não quer dizer que isso ocorre quando um candidato opta por um apelido que já lhe é conhecido, como permite a Lei das Eleições, e que seja coincidente com o nome de um produto comercial ou o nome da empresa que trabalha: Zé Coca-Cola, João dos Correios...

Obriga-se, ainda, a utilização de recurso de legenda ou linguagem brasileira de sinais (LIBRAS), bem como a identificação do partido ou coligação.

Apesar destas restrições, *não há censura prévia*, não podendo exigir acesso à propaganda o juiz eleitoral ou qualquer outra autoridade; nem pode proibir um tema específico, um assunto, o que seria afronta à garantia (art. 5º, IX, da CF) de que a liberdade fundamental de expressão independe de censura.

Além de ser proibida a censura prévia, é permitida (vê a jurisprudência do TSE, já apontada no item sobre liberdade da propaganda), a *crítica administrativa*, mesmo que ácida e contundente.

Não se pode confundir, porém, público e privado — a crítica mesmo ácida só pode ser deferida contra atos de natureza pública, com narrativa de envolvimento em escândalos com dinheiro público, problemas na administração, investigações pelos Tribunais de Contas, Ministério Público, polícia etc., enquadramento na Lei da Ficha Limpa, coligações espúrias...

Por outro lado, não se poder invadir a vida íntima, pois prevalente sobre essa liberdade está a intimidade, que é direito da personalidade, não sendo passível de disponibilização nem flexibilização — permite-se a invasão só quando há ato criminoso na conduta íntima.

A propaganda eleitoral de rádio e TV se dá por dois formatos, *em rede* e *por inserções*.

Em rede é quando se dá formação de um bloco de exibição de propagandas ao mesmo tempo em todas as emissoras, com formação diurna e noturna na TV, e duas diurnas no rádio, de segunda a sábado, divididos pelos cargos em disputa.

Em *eleições estaduais e nacionais* são reservados 50 min. para cada rede formada (seja na TV ou no rádio, diurna ou noturna), sendo destinados: nas *terças*, *quintas* e *sábados* aos candidatos a presidente e a deputados federais, igualitariamente para cada cargo em disputa (25 min. para presidente e 25 min. para deputados federais).

E, nas *segundas*, *quartas* e *sextas* serão destinados 50 min. para a propaganda de governadores, deputados estaduais e senadores.

Destaca-se que, em havendo disputa para um cargo de senador apenas (dada a alternância de disputa dos três cargos existentes por Estado e o mandato de 8 anos), esse tempo será dividido em 20 min. para governador, 20 min. para os deputados e 10 min. para os senadores.

Porém, a partir da Lei nº 12.034/2009, nos anos que a disputa de senador se der para dois cargos, o tempo será de 18 min. para governador, 17 min. para os deputados e 15 min. para os senadores, por formação de rede.

No caso de eleições municipais, são destinados 30 min. por formação de rede, sendo nas *segundas, quartas* e *sextas* para cargo de prefeito, e *terças, quintas* e *sábados* para vereadores.

QUADRO 1

Propaganda eleitoral *em rede* de rádio e TV: resumo

(continua)

Eleições estaduais e federais									
Dias	**Cargo**	**Veículo**	**1ª rede**			**2ª rede**			**Total**
			Horário		**Min.**	**Horário**		**Min.**	**Min.**
Terça, quinta e sábado	Presidente	Rádio	7h	7h25	25	12h	12h25	25	50
		TV	13h	13h25	25	20h30	20h55	25	50
	Deputado federal	Rádio	7h25	7h50	25	12h25	12h50	25	50
		TV	13h	13h25	25	20h55	21h20	25	50
Segunda, quarta e sexta	Governador	Rádio	7h	7h20	20	12h	12h20	20	40
		TV	13h	13h20	20	20h30	20h50	20	40
	Deputado estadual	Rádio	7h20	7h40	20	12h20	12h40	20	40
		TV	13h20	13h40	20	20h50	21h10	20	40
	Senador (1)	Rádio	7h40	7h50	10	12h40	12h50	10	20
		TV	13h40	13h50	10	21h10	21h20	10	20
Segunda, quarta e sexta	Governador	Rádio	7h	7h18	18	12h	12h18	18	36
		TV	13h	13h18	18	20h30	20h48	18	36
	Deputado estadual	Rádio	7h18	7h35	17	12h18	12h35	17	34
		TV	13h18	13h35	17	20h48	21h05	17	34
	Senador (2)	Rádio	7h35	7h50	15	12h35	12h50	15	30
		TV	13h35	13h50	15	21h05	21h20	15	30

QUADRO 1

Propaganda eleitoral *em rede* de rádio e TV: resumo

(conclusão)

Eleições municipais										
Dias	Cargo	Veículo	1ª rede			2ª rede			Total
			Horário		Min.	Horário		Min.	Min.
Segunda, quarta e sexta	Prefeito	Rádio	7h	7h30	30	12h	12h30	30	60
		TV	13h	13h30	30	20h30	21h	30	60
Terça, quinta e sábado	Vereador	Rádio	7h	7h30	30	12h	12h30	30	60
		TV	13h	13h30	30	20h30	21h	30	60

As duas redes formadas por dia em cada veículo, devem ser divididos entre todos os partidos ou coligações (art. 47, §2º, da Lei nº 9.504/97):

- um terço, igualitariamente por todos os que possuam representação na Câmara Federal e candidatos naquela eleição especifica; e
- dois terços, na proporção do número de cadeiras conquistadas na eleição para Câmara Federal (art. 47, §3º, da Lei nº 9.504/97, com redação dada pela Lei nº 11.300/2006) e, no caso de coligação, o resultado da soma do número de representantes de todos os partidos que a integram.

Detalhe importante: para os pequenos partidos que não consigam atingir, após a distribuição acima, o tempo de 30 seg., podem acumular os tempos inferiores e exibir propaganda nesse patamar (art. 47, §6º, da Lei nº 9.504/97).

Por fim, como as eleições se dão, por força de dispositivo legal, sempre no primeiro domingo de outubro (art. 1º da Lei nº 9.504/97), a propaganda eleitoral de rádio e TV tem sua última exibição na quinta-feira anterior ao pleito — em 2012, inicia-se em 21 de agosto e termina em 4 de outubro, sendo exibida nos quarenta e cinco dias anteriores à antevéspera das eleições (art. 47, *caput*, da Lei nº 9.504/97).

Quando há segundo turno (em eleições pelo sistema eleitoral majoritário composto, para presidente, governadores e prefeitos em cidades com mais de 200mil eleitores, e que nenhum candidato atinge a maioria absoluta dos votos), dar-se, novamente, 48h depois da proclamação do resultado do primeiro turno, confirmando a necessidade de novo escrutínio, o horário eleitoral gratuito de rádio e TV.

Em regra, dado a fácil contabilização e sistematização de votos pelo TSE, e desde que não ocorram problemas nas urnas eletrônicas, deixando pendentes votos manuais e transmissão de dados, a proclamação dos resultados das eleições se dá imediatamente após a totalização, o que permite o início quase que em sucessivo do horário eleitoral de rádio e TV do segundo turno.

Ocorre que, mais das vezes, os próprios partidos, coligações e candidatos retardam o início, pois precisam refazer a estratégia de comunicação e as peças publicitárias a serem veiculadas, agora, com a polarização da disputa.

Diferente também é a distribuição de tempo de rede: são dois períodos diários de 20 min. cada, no rádio e na TV, para cada cargo em disputa, divididos, igualitariamente, entre os dois candidatos (10 min. para cada) (art. 49, *caput* e §2º, da Lei nº 9.504/97).

Em eleições estaduais e federais, havendo segundo turno para ambos os cargos disputados pelo sistema eleitoral majoritário composto, presidente e governador, o tempo de 20 min. será destinado à propaganda de cada cargo, sendo primeiro exibida a propaganda de presidente e depois, a de governador.

Já nas eleições municipais só há possibilidade de segundo turno para campanhas de prefeito em cidades com mais de 200 mil eleitores, permitindo a exclusividade da propaganda eleitoral de prefeito para esse novo escrutínio.

QUADRO 2

Horário eleitoral em rede no segundo turno

(continua)

Eleições estaduais e federais									
Dias	**Cargo**	**Veículo**	**1ª rede**			**2ª rede**			**Total**
			Horário		**Min.**	**Horário**		**Min.**	**Min.**
Todos os dias	Presidente	Rádio	7h	7h20	20	12h	12h20	20	40
		TV	13h	13h20	20	20h30	20h50	20	40
	Governador*	Rádio	7h20	7h40	20	12h20	12h40	20	40
		TV	13h20	13h40	20	20h50	21h10	20	40

* Em não havendo segundo turno para presidente, mas se confirmando para governador, deve a propaganda se iniciar no primeiro horário disponível.

QUADRO 2

Horário eleitoral em rede no segundo turno

(conclusão)

Eleições municipais										
Dias	Cargo	Veículo	1ª rede			2ª rede			Total
			Horário		Min.	Horário		Min.	Min.
Todos os dias	Prefeito	Rádio	7h	7h20	20	12h	12h20	20	40
		TV	13h	13h20	20	20h30	20h50	20	40

O outro formato de propaganda eleitoral gratuita em rádio e TV se dá via *inserções publicitárias*, que foram acrescidas com a promulgação da Lei nº 9.100/95[140] — são filmetes de até 60 seg. (de 15 seg., 30 seg. ou 60 seg.).

Mais próximos do formato da propaganda comercial e com elas se misturam (xampu, carro, cerveja), as inserções são hoje as vedetes da propaganda eleitoral — a disputa é grande, pois possuem a capacidade de surpreender o eleitor, que não consegue desligar a TV e o rádio, como na formação de rede.

São disponibilizados 30 min. diários, inclusive aos domingos, na mesma proporção da rede, entre os partidos — estas inserções foram utilizadas pela primeira vez nas eleições municipais de 1996, sendo na eleição de 1998 a estreia do formato para eleições presidenciais.[141]

As inserções são veiculadas ao longo da programação, das 8h às 24h, no total de 30 min. diários, inclusive domingos, divididos pelos partidos na mesma proporção do horário eleitoral gratuito, considerando-se quatro blocos de audiência — bloco 1 (entre 8h e 12h), bloco 2 (12h às 18h), bloco (18h às 21h), e bloco 4 (21h às 24h).

[140] "Art. 56. A propaganda eleitoral, no rádio e na televisão, é restrita ao horário gratuito definido nesta Lei, vedada a veiculação de propaganda paga. (...) §4º No mesmo período, as emissoras de televisão reservarão, ainda, trinta minutos diários para a propaganda eleitoral gratuita, a serem utilizados em inserções de trinta ou sessenta segundos, assinadas obrigatoriamente pelo partido ou coligação, e distribuídas proporcionalmente ao longo da programação veiculada entre as oito e as vinte e quatro horas, inclusive aos sábados e domingos, obedecido o seguinte: (...)."

[141] "(...) 3. Salientamos que não há precedente acerca dos temas em questão, notadamente quanto à transmissão mediante inserções, espécie de propaganda não contemplada na legislação reguladora das eleições de 1994" (TSE. Resolução nº 20.377/98).

Nas *eleições estaduais e federais*, divide-se de forma igualitária o tempo entre os cargos majoritários e proporcionais, o que representa a repartição desse *tempo de antena* entre os cinco cargos em disputa: dos 30 min. diários, destinam-se 6 min. para cada um dos cargos — presidente, deputados federais, senadores, governadores e deputados estaduais (Cf. QUADRO 3).

Para as *disputas municipais*, a lei criou um monopólio das inserções — sem qualquer justificativa impediu-se o acesso aos candidatos ao cargo de vereador — esse impedimento injustificado levou a restrição de uma das prestações positivas mais importantes da liberdade de expressão, o *tempo de antena*, sem qualquer ponderação de direitos para que se vedasse o acesso aos vereadores, ferindo inclusive o princípio federativo — mais uma das restrições inconstitucionais.

Assim, aos candidatos a prefeito foi destinada a exclusividade da utilização dos 30 min. diários, todos os dias da semana, do horário eleitoral gratuito de rádio e TV, no formato de inserções.

Ocorre que, em razão dessa desproporção, a disputa de Presidente da República dispõe de 10 min. a menos por dia do que a formação *de rede* da eleição de prefeito; e mais, a disputa de prefeitos dispõe de 5 vezes mais *inserções* (210 min. por semana) do que a disputa de Presidente (42 min. por semana).

QUADRO 3

Inserções

(continua)

Eleições estaduais e federais				
Dias	**Cargo**	**Veículo**	**Diárias**	**Semanal**
			Min.	**7 dias**
Todos os dias	Presidente	Rádio	6	42
		TV	6	42
	Deputado federal	Rádio	6	42
		TV	6	42
	Governador	Rádio	6	42
		TV	6	42
	Deputado estadual	Rádio	6	42
		TV	6	42
	Senador (1) e (2)	Rádio	6	42
		TV	6	42

QUADRO 3
Inserções

(conclusão)

<table>
<tr><th colspan="5">Eleições municipais</th></tr>
<tr><th rowspan="2">Dias</th><th rowspan="2">Cargo</th><th rowspan="2">Veículo</th><th>Diárias</th><th>Semanal</th></tr>
<tr><th>Min.</th><th>7 dias</th></tr>
<tr><td rowspan="4">Todos os dias</td><td rowspan="2">Prefeito</td><td>Rádio</td><td>30</td><td>210</td></tr>
<tr><td>TV</td><td>30</td><td>210</td></tr>
<tr><td rowspan="2">Vereador</td><td>Rádio</td><td>0</td><td>0</td></tr>
<tr><td>TV</td><td>0</td><td>0</td></tr>
</table>

Antonio Lavareda afirma que um dos principais elementos que impulsionam a reeleição de prefeitos, juntamente com *timing* e recursos financeiros, é a propaganda de rádio e TV, posto que "nas eleições municipais, há cinco vezes mais tempo de comerciais ou spots para candidatos a prefeito do que nas campanhas de candidatos à presidência da República".[142]

Reforça, ainda, o referido autor, que a propaganda de televisão tem sido "variável de fundamental importância", constatando que, em 2008, em 20 das 26 capitais "(77%) os candidatos vitoriosos nas urnas haviam contado com a maior fatia de tempo no primeiro turno".[143]

Com o incremento da internet nas campanhas eleitorais especulava-se que a propaganda na TV e no rádio, haveriam de diminuir a sua importância e influência, o que não é verdade, dada a força que a propaganda eleitoral ganhou com as inserções, nos moldes da propaganda comercial.

Constata Lavareda:

> (...) nos próximos ciclos eleitorais, a televisão, e em especial os comerciais nela vinculados, os quais efetivamente substituíram, em grande

[142] LAVAREDA. Principais marcas das eleições municipais brasileiras de 2008. *In*: LAVAREDA; TELLES (Org.). *Como o eleitor escolhe seu prefeito*: campanha e voto nas eleições municipais, p. 18.

[143] LAVAREDA. Principais marcas das eleições municipais brasileiras de 2008. *In*: LAVAREDA; TELLES (Org.). *Como o eleitor escolhe seu prefeito*: campanha e voto nas eleições municipais, p. 18.

medida, a função reservada antes do bloco de programas, continuará a desempenhar papel fundamental nas campanhas, naturalmente, completada e integrada a outras mídias, com destaque para internet e as redes sociais nela tecidas.[144]

Mas, estas inserções sofrem outras restrições, além das gerais à propaganda política (afronta aos direitos fundamentais e à ordem publica) e as específicas à propaganda eleitoral de TV e rádio (ridicularização, montagens e trucagens). Nelas são proibidos certos mecanismos da propaganda — como a utilização de gravações externas, computação gráfica, desenhos animados e efeitos especiais (art. 51, IV, da Lei das Eleições).

Estas proibições referem-se às técnicas pela qual a propaganda é produzida, conforme Luiz Djalma Pinto;[145] e, segundo Adriano Soares da Costa, é fruto de uma incongruência do legislador, que impede essas técnicas nas inserções, mas deixa-as livre na propaganda em rede.[146]

Ora, não há justificativa para intervenção na forma de elaboração da propaganda, posto que fere a liberdade de expressão do pensamento (onde é livre não só o conteúdo do pensamento, como a forma de expressão, a exemplo da artística, cientifica, e as técnicas utilizadas), devendo ser limitado o conteúdo e não a técnica puramente, pois aquele é que pode ferir direitos da personalidade e outras garantias constitucionais e não a forma que é feita a propaganda.

Por exemplo: usar uma gravação externa, mostrando o lastimável estado de um hospital público, como crítica administrativa, que é permitida, não fere a igualdade de condições no jogo eleitoral, nem atenta a qualquer direito personalíssimo — impedi-la, sim, atenta a liberdade de expressão.

Por outro lado, a propaganda de um candidato, falando dentro de um estúdio, sem qualquer outra técnica de propaganda, a não ser a própria gravação e reprodução da sua fala, com conteúdo calunioso e ofensivo à honra do adversário, deve sim ser tolhida, por medida

[144] E acrescenta: "É ingenuidade supor-se que em um futuro próximo, no que toca à política eleitoral, a TV terá seu lugar 'ocupado' pela internet. A tendência visível na relação dessa plataformas é de integração e convergência" (LAVAREDA. Principais marcas das eleições municipais brasileiras de 2008. *In*: LAVAREDA; TELLES (Org.). *Como o eleitor escolhe seu prefeito*: campanha e voto nas eleições municipais, p. 18-19).

[145] PINTO. *Direito eleitoral*: improbidade administrativa e responsabilidade fiscal: noções gerais, p. 280

[146] COSTA. *Instituições de direito eleitoral*: teoria da inelegibilidade, direito processual eleitoral, comentários à lei eleitoral, p. 778.

própria: a suspensão de exibição daquela peça e direito de resposta ao ofendido, na proporção do agravo (conforme se verá em seguida).

Ainda, vê-se que a limitação de técnicas da propaganda, além de incongruente com a liberdade do programa em rede e contrária à liberdade de expressão, vai à contramão dos avanços tecnológicos — não se faz TV e rádio sem técnicas, como computação gráfica (tudo em TV é editado no computador, até a colocação obrigatória do número da Lei das Eleições), e efeitos especiais (no rádio, todo equilíbrio e mixagem dos sons, são feitos por sistemas de computação).

Essa limitação de técnicas é desmedida, desarrazoada, incongruente e, por ferir a liberdade fundamental de expressão do pensamento, é inconstitucional.

Não se deve descuidar de outros temas importantes dentro do horário eleitoral gratuito, a exemplo da *distribuição interna* e da *invasão do majoritário no proporcional*.

A *distribuição interna partidária do tempo de propaganda eleitoral* só se discute quando há mais de um candidato por cargo, ou seja, nas eleições proporcionais (deputados federais e estaduais, e vereadores) e na eleição majoritária simples de Senador, quando há dois cargos em disputa.

A aparente simplicidade da questão pode se atribuir a corriqueira interpretação de que é matéria *interna corporis*, e como tal só interessa ao partido, e apenas dentro de suas instâncias é que se pode resolvê-las — e assim a Justiça Eleitoral tem se afastado, sem resolver o problema.

Porém, os direitos fundamentais valem também nas relações entre o partido e os seus membros, não podendo, no seio da atividade partidária, tratar diferentemente os iguais.[147] Assim, espera-se que os partidos, além de respeitarem os direitos fundamentais e os princípios constitucionais, estabeleçam, até por decorrência daqueles, a democraticidade interna.[148]

Para Jorge Miranda, deve-se transpor para a esfera partidária "certos princípios como o voto individual, directo, secreto e periódico, *o da liberdade e igualdade das candidaturas*, o da pluralidade dos órgãos

---

[147] Chama atenção Canotilho do problema surgido com o estabelecimento de quotas femininas (*Direito constitucional e teoria da Constituição*, p. 319).

[148] Canotilho afirma que a democraticidade interna dos partidos em Portugal só fora exigida na revisão constitucional de 1997, e não criou qualquer "inimizade constitucional" com a liberdade interna partidária (*Direito constitucional e teoria da Constituição*, p. 318).

partidários ou do controlo dos seus actos"[149] — deve-se estabelecer um "Direito eleitoral a nível de partidos".[150]

A democracia interna visa impedir "o culto da personalidade, o domínio dos aparelhos e a corrupção",[151] sendo fundamental uma distribuição equitativa entre as candidaturas do mesmo partido e coligação, não se permitindo que só aqueles detentores dos cargos diretivos partidários apareçam na propaganda eleitoral.

Já defendemos em dissertação de mestrado, justamente, a necessária positivação, em lei própria, da democracia interna dos partidos políticos, porém, cada vez mais a Democracia se faz das portas para fora, sem qualquer controle judicial sobre o partido, mesmo que este esteja a desrespeitar a liberdade de pensamento e os princípios de igualdade de condições entre os seus candidatos.

Não foge do tema da democracia interna dos partidos, o *desvirtuamento da propaganda eleitoral, em decorrência da invasão do tempo de majoritários sobre proporcionais* — dar-se sempre que uma propaganda eleitoral perde a sua destinação, servindo àquele que não é o legitimo detentor do tempo de antena.

Ocorre que, em total desrespeito à igualdade entre os candidatos, independente de cargos que pleiteiem, bem como o direito a gozar diretamente da prestação positiva (tempo de antena) que lhe é garantida pela Constituição Federal e legislação eleitoral, os candidatos proporcionais veem seu tempo de propaganda invadido pelos candidatos majoritários.

Quando essa invasão é uma mera colocação dos símbolos, nomes e números da campanha do majoritário apoiado por aquele partido ou coligação, não se caracteriza invasão, como expressamente autorizado na Lei nº 9.504/97, art. 53-A. Porém, quando há verdadeiro aproveitando por um majoritário em detrimento de todos ou quase todos os proporcionais que lhe apoiam, há desvirtuamento. Pune-se com a suspensão da propaganda tida como irregular, cabendo, ainda, a sanção de compensação do tempo, devendo ser cada minuto invadido ser subtraído do invasor (art. 57, §3º, da Lei nº 9.504/97).

---

149 MIRANDA. Divisão de poder e partidos políticos. *O Direito*, p. 550.

150 "Não implica isto a extensão pura e simples da legislação eleitoral do Estado aos partidos políticos. O que se visa é projectar na lei dos partidos os princípios constitucionais, de modo a evitarem-se quaisquer dúvidas sobre a sua obrigatoriedade e, portanto, sobre a necessidade de os estatutos os consagrarem e concretizarem. O que se pretende é que, sem perda da autonomia organizatória dos partidos e da variedade de soluções, eles acolham tais princípios" (MIRANDA. Estudo com vista a uma nova lei dos partidos políticos. *Revista da Faculdade de Direito da Universidade de Lisboa*, p. 547).

151 MIRANDA. Divisão de poder e partidos políticos. *O Direito*, p. 550.

Por fim, sabe-se que o partido (ou coligação) precisa apresentar *plano de mídia* ou, em todos concordando, pode ser utilizado um programa do TSE (como o criado pela Resolução nº 21.725/2004),[152] que sorteia a ordem de veiculação dos partidos (para que se respeite a alternância) tanto para propaganda em rede quanto para inserções; e faz uma distribuição equitativa (dentro da proporção que cada coligação e partido recebe de tempo de antena) pelos blocos de audiência, no caso das inserções, conforme a previsão legal.

Há um equívoco no art. 50 da Lei nº 9.504/97, pois fala em sorteio *no primeiro dia do horário eleitoral*, quando na verdade o plano de mídia deve ser aprovado antecipadamente, conforme reunião agendada a partir de 8 de julho do ano da eleição, (art. 52 da mesma Lei); e, ainda, conforme a dinâmica fixada na Resolução nº 23.370/2011, devem, os partidos ou coligações, apresentar *mapas de mídia* diários ou periódicos às emissoras até as 14h da véspera de sua veiculação.[153]

Além da apresentação de mapas de mídia e das peças publicitárias, com especificações, horários definidos e sempre por meio de pessoal credenciado, outras tantas regras fixadas nas resoluções do TSE, estabelecem condições para a veiculação em TV e rádio, exigindo, por exemplo, compatibilização com as condições técnicas da emissora e entrega em até 4 horas para propaganda em rede e 12h para as inserções.[154]

3.3.2.2 Restrições à programação normal das emissoras de rádio e TV

Não se trata de propaganda eleitoral propriamente dita, nem de propaganda política, pois não faz parte do conteúdo ou do conceito

[152] "Art. 39. A partir do dia 8 de julho de 2012, os Juízes Eleitorais convocarão os partidos políticos e a representação das emissoras de televisão e de rádio para elaborarem o plano de mídia, nos termos do artigo anterior, para o uso da parcela do horário eleitoral gratuito a que tenham direito, garantida a todos participação nos horários de maior e menor audiência (Lei nº 9.504/97, art. 52). Parágrafo único. Caso os representantes dos partidos políticos e das emissoras não cheguem a acordo, a Justiça Eleitoral deverá elaborar o plano de mídia, utilizando o sistema desenvolvido pelo Tribunal Superior Eleitoral" (TSE. Resolução nº 23.370/2011).

[153] "Art. 40. (...) §1º Sem prejuízo do prazo para a entrega das fitas, os mapas de mídia deverão ser apresentados até as 14 horas da véspera de sua veiculação. §2º Para as transmissões previstas para sábados, domingos e segundas-feiras, os mapas deverão ser apresentados até as 14 horas da sexta-feira imediatamente anterior. §3º As emissoras ficam eximidas de responsabilidade decorrente de transmissão de programa em desacordo com os mapas de mídia apresentados, quando não observado o prazo estabelecido nos §1º e §2º deste artigo" (TSE. Resolução nº 23.370/2011).

[154] A exemplo dos artigos 40 e 41 da Resolução nº 23.370/2011.

gestão de meios para fins política, mas estão a ela ligados, direta ou indiretamente, dada a sua possibilidade de interferência na vontade do eleitorado, e consequentemente, na igualdade e normalidade do pleito.

Assim, há vedações à programação normal de rádio e TV, bem como sofrem regulamentação as empresas de divulgação de pesquisas eleitorais (a ser analisa em item próprio).

A programação normal de rádios e televisões, ou seja, o seu conteúdo jornalístico ou de entretenimento, no período eleitoral, sofre diversas restrições, previstas na Lei nº 9.504/97, atualizada pela Lei nº 12.034/97, em especial no art. 45.

Dada a natureza das transmissões via TV e rádio — *são concessões públicas e têm caráter ostensivo e compulsório* — as emissoras sofrem restrições à sua programação normal, em detrimento da possível interferência sobre o eleitor.

Veda-se, nestas programações, a partir de 1º de julho do ano eleitoral: a exibição de imagem de realização de pesquisas ou consultas populares que se possa identificar o eleitor; a utilização de trucagem ou outros mecanismos de adulteração da realidade para degradar candidato, além da veiculação de filmes, novelas ou programa com alusão, inclusive elogiosa, ou crítica, mesmo que dissimulada, a candidatos.

A partir da convenção de escolha de candidatos,[155] as emissoras de TV e rádio não podem exibir programa apresentado ou comentado por candidato escolhido em convenção; e a partir do dia 1º de julho, divulgar nome de programa que se refira a candidato, mesmo que preexistente.

As maiores controvérsias decorrem da proibição de difundir opinião favorável ou contrária, já que, indiscutivelmente, diferente da imprensa escrita, não podem conter propaganda política ou apoiamento a um candidato em detrimento de outro — lembra-se: são concessões públicas e têm caráter ostensivo e compulsório.

Debate-se a proibição de dar tratamento diferenciado a candidato, dado o caráter subjetivo da norma e a alegação de liberdade de imprensa por parte das empresas de comunicação — o que tem sido permitido é a exposição dos fatos, sem a emissão de opinião, mas, ainda assim, aponta-se que esses fatos, por si só são favoráveis, contrários ou beneficiam apenas um candidato.

Nesse aspecto, tem-se a ponderação entre a igualdade de condições eleitorais e a liberdade de imprensa, devendo prevalecer esta,

---

[155] Entre os dias 10 e 30 de junho do ano da eleição, conforme art. 8º da Lei nº 9.504/97.

segundo as mesmas regras que fazem prevalecer a liberdade de propaganda: se não há afronta a direitos e garantias individuais, nem acintosamente visa a beneficiar um candidato em detrimento de outro, não merece ser tolhida.

Ora, a simples notícia favorável (pois o fato o é), ou uma exposição jornalística de fato negativo (certamente ocorrido), não podem ser considerados prejuízos ao pleito, mas sim liberdade de imprensa e direito à informação que possui cada um dos eleitores — tanto é assim que foram excetuados da lista de proibições do art. 45 — conforme inciso V do referido artigo.

Nos fatos negativos, fruto de investigações criminais, por exemplo, a liberdade de imprensa não libera os meios de comunicação do respeito ao princípio da presunção da inocência (já tão pisoteado), impondo uma postura de tratamento isenta sobre o fato,[156] acrescida, em época eleitoral, do cuidado redobrado por ser o político/candidato o investigado, e não o condenado, como muitas vezes o tratam.

Dentro da programação normal das emissoras não há só conteúdo jornalístico, podendo a crítica política ou o elogio, mesmo que dissimulados, virem a ser exibidos em outras formas de expressão, como a artística e cultural — filmes, musicais, novelas...

Neste ponto, acertadamente, a lei visou proibir tal conduta em respeito ao equilíbrio das eleições, ao princípio da igualdade de condições, tendentes a serem prejudicadas pelo abuso dos meios de comunicação.

Entre as liberdades de imprensa, unidas à liberdade de expressão política, há o direito das emissoras de realizar e exibir *debates eleitorais*, devendo assegurar a participação de candidatos com representação na Câmara Federal, e facultadas aos demais, permitindo-se que as regras sejam estabelecidas pelos próprios candidatos (aprovação de 2/3 dos aptos) e pela emissora responsável, devendo ser sorteada o dia e a hora de cada candidato.

Pode se dar com candidatos majoritários, que será realizado em conjunto, com a presença de todos concorrentes ao mesmo cargo; ou em grupos, com a presença de pelo menos três. E, para os cargos proporcionais, pode ser feito desde que respeitando a presença de todos os partidos e coligações que tenham candidatos ao pleito, podendo se realizar em mais de um dia.

---

[156] Cf. REIS. *Presunção de inocência e liberdade de imprensa*, p. 105, 107.

3.3.3 Propaganda eleitoral na internet

A Lei das Eleições já reconhecia desde 1997, como gasto eleitoral "os custos de criação e inclusão de sítios na internet" (art. 26, XV) e dava aos *sites* de empresas de comunicação social (rádio e jornais) e empresas de telecomunicações, incluindo-se aí os portais de acesso à internet (§3º do art. 45), o mesmo tratamento da programação normal dos referidos veículos (proibia trucagens, montagens ou outros recursos que possam ridiculariza candidatos, difusão de opinião favorável ou contrária a candidato, etc. – as restrições previstas no art. 45, §1º, da mesma Lei).

Assim, como não havia proibição legal nos demais sítios da internet, não havia de se falar em vedação, mas o TSE, ampliando o rol de restrições, apenas permitia a página do próprio candidato (.can), que em verdade era uma garantia de acesso gratuito a internet, e não uma restrição.

Pregavam, alguns, que era impossível a utilização da propaganda pela internet por ausência de leis que regulassem a matéria — era justamente o contrário, já que, como se sabe, é livre toda e qualquer propaganda política, desde que não seja contrária à lei e à Constituição.

A principal mudança na propaganda na internet foi com a edição da Lei nº 12.034/2009, em resposta à tendência de restrição do TSE, juridicizando a propaganda eleitoral neste meio, que estavam restritas (por má compreensão sobre o tema) a permissão de um único *site* de cada candidato (.can).

Apesar de ser uma regulamentação, a nossa legislação serviu para reforçar a liberdade da manifestação do pensamento via internet, que sofre, como toda propaganda política, restrições aplicáveis às propagandas em geral, além de vedações próprias ao ambiente virtual: vedação ao anonimato, à propaganda paga e em páginas de pessoas jurídicas, bem como regulamentação do envio de *e-mail*.

Como já defendido, só se permite prevalência de outro direito sobre a liberdade de expressão, quando há colisão e, após um juízo de ponderação, faz-se opção pela igualdade de condições entre candidatos, por exemplo, em detrimento da liberdade.

Na internet, como fora dela, as manifestações do pensamento são ilimitadas, mas lá foram quebradas as regras temporais e geográficas — são *sites*, *blogs*, perfis e comunidades dos próprios políticos, bem como de jornalistas ou eleitores tratando de política, localizados no Brasil ou na Índia... Informações postadas hoje, respondidas meses depois, repetidas e comentadas...

Misturam-se opiniões jornalísticas, propaganda dos políticos e respostas de eleitores no *twitter* e nos *posts* no *Facebook*... Tudo isso é a nova dimensão da liberdade de expressão — a liberdade virtual.

Nessa, como na liberdade real (não que a outra não seja), não se tem como, nem se pode, calar a todos — tolhê-la é como tentar impedir que as pessoas falem, conversem nas ruas, nos bares e nos lares — podem sim expressar como queiram a sua opinião, o que não quer dizer que não respondam por isso — é a liberdade igual ou a igualdade livre (de Jorge Miranda).

A propaganda política na internet está mais para uma propaganda em um comitê eleitoral ou para um panfleto entregue na esquina — só entra (acessa) quem quer, só lê (segue, curte, comenta, *rettwita*) quem se interessa — bem diferente do horário eleitoral gratuito (TV e rádio) — ligou, ele invade a sua casa e a mensagem política é passada, mesmo sem você querer recepcioná-la.

Ora, se a internet não é bem público nem veículo concessionário de serviço público, muito menos possui qualquer natureza ostensiva e compulsória — à exceção das páginas de acesso ou de meios de comunicação —, não se pode falar em prejuízo à igualdade.

Entende-se que, se assim o é, não se pode impedir a propaganda na internet, podendo, sim, limitá-la pelas mesmas regras gerais de toda propaganda, em que devem respeito aos direitos fundamentais e demais liberdades — se possui natureza ofensiva ou se estiver sendo ostensivamente publicada e enviada, ela pode ser retirada... Na mesma forma que um panfleto ofensivo a um candidato e um cavalete de rua, que atrapalha o trânsito podem ser retirados.

Assim, apesar de entender livre a propaganda na internet, não está ela livre de ser alvo de verificação de conteúdos discriminatórios, preconceituosos, que atente contra a dignidade da pessoa humana ou contra ordem pública — como não estão os cidadãos em seus atos cotidianos, nas ruas, nas empresas... Assim, submete-se também ao mesmo controle e responsabilidade após divulgado o conteúdo, sem prévia censura.

Ocorre que a propaganda na internet vem recebendo análises equivocadas, buscando-se justificar a sua restrição em razão de ser um veiculo de comunicação — ora, como defendido acima, não se pode compará-la com TV e rádio, nem se deve, ao justificar restrição à liberdade de expressão, fundamentá-la tão somente na natureza do veículo, devendo ser submetida a analise do conteúdo.

No caso da antecipação de propaganda no *twitter*: primeiro, há uma dissonância entre a realidade fática (inclusive virtual) e o direito, devendo prevalecer a liberdade de expressão do pensamento por qualquer via, independentemente do veículo (veja-se a já exposta defesa da permissão da propaganda partidária tratar de matérias eleitorais), e, em se limitando a propaganda eleitoral ao período posterior ao registro de candidaturas (como faz a Lei das Eleições), deve-se analisar, para enquadrá-la em propaganda eleitoral antecipada, se está presente o *conteúdo eleitoral específico* ou não, e nunca o veículo por si só.

Ou seja, não se justifica a limitação da propaganda eleitoral para o período compreendido entre 6 de julho e o dia da eleição, sendo uma esquizofrenia legal, distante da realidade fática (e virtual) da política, que inicia os debates eleitorais (até para formação do capital político), bem antes da formalização das candidaturas.

Mas, em havendo limitações, que sejam baseadas na veiculação em período proibido de um *conteúdo eleitoral específico* (tentativa de convencer o eleitor a votar em alguém em uma dada eleição para um dado cargo), e não na natureza do bem, do veículo ou do tipo de propaganda.

Por exemplo, um *blog* onde são postadas propagandas tipicamente elaboradas pela campanha, como *jingles*, no período proibido pela legislação eleitoral, ou seja, antes do dia 6 de julho do ano da eleição, é propaganda eleitoral antecipada da mesma forma que um carro de som divulgando este *jingle* nas ruas, no mesmo período de proibição.

Nesse contexto, não foram consideradas, assim, pela própria Lei das Eleições (art. 36-A), as entrevistas e debates sobre plataformas de campanha na internet, vedando o pedido expresso de voto.

Afora o debate da antecipação de campanha, a lei permitiu a propaganda na internet após o dia 5 de julho (art. 57-A da Lei nº 9.504/97), como todas as propagandas com conteúdo eleitoral específico, ou seja, a partir daí o pedido de voto pode ser expresso.

Foi, por outro lado, proibida a veiculação em *sites* de pessoas jurídicas (art. 57-B, *caput*, incisos I, II e IV, da Lei nº 9.504/97) — tenta-se impedir, com isso, o abuso de poder econômico e uso indevido dos meios de comunicação.

Mas há duas exceções: a primeira é a permissão de *sites* de campanha, não só do candidato, mas também dos partidos e coligações, que são pessoas jurídicas de direito privado.

A segunda, foi a permissão de propaganda eleitoral por meio de *blogs* e redes sociais — neste caso, o legislador foi atento ao problema que surgiria com o tratamento desses mecanismos como páginas de pessoas jurídicas. Ora, apesar de o *Facebook* ser um *site* de uma empresa que criou e gerencia essa rede social, são os usuários (pessoas físicas e jurídicas) quem geram o conteúdo.

Assim, pode-se dizer que nas redes sociais, onde conteúdos são editados pelos usuários, pode ser *postada* propaganda eleitoral, desde que não o faça a empresa que gerencia a rede, nem pessoas jurídicas, ou seja, é livre a propaganda eleitoral gerada por pessoas físicas, candidatos, partidos e coligações.

No entanto, a propaganda eleitoral virtual não escapa do controle, pós-exibição (não há censura prévia), dos conteúdos, como qualquer outra propaganda — responderá aquele que colocar propaganda eleitoral ofensiva à honra, por exemplo.

Descomplicando a questão, dentro de uma equiparação da propaganda virtual com as de rua, vê-se que: é livre o *chat* (bate-papo), como é o boca a boca; é livre o *post* no "*face*", como é a distribuição de panfletos; é livre o *site* do partido, como é o comitê.

E, no mesmo espírito da proibição da compra direta ao eleitor de muros e espaços para propaganda,[157] sob pena de disfarçada compra de votos, tem-se a proibição de veiculação de propaganda paga na internet (art. 57-C da Lei nº 9.504/97).

Mais das vezes tenta-se se enquadrar o novo (a internet) na lógica de processos já existentes (TVs e rádios), apesar de estar muito mais próxima da lógica das ruas, onde é livre a ilimitada criatividade humana.

Diferente, por outro lado, é o tratamento do envio de mensagens eletrônicas, seja via *e-mails*, seja via telefone, dada a possibilidade de ostensividade e compulsoriedade (características comuns ao rádio e a TV), podendo, pois, sofrer restrições na liberdade de expressão do pensamento em prevalência da própria liberdade de não ser compelido a ouvir algo que não se deseja.

Assim, legislador ordinário buscou normatizar estes envios de conteúdos políticos, por meio da técnica de *descredenciamento* — até se pode receber uma mensagem política indesejada no *e-mail*, mais não duas da mesma origem, posto que há imposição de vir nela mecanismo que permita o descadastramento pelo receptor da mensagem, sob pena de multa de R$100,00 por cada nova mensagem enviada (art. 57-G, *caput* e parágrafo único, da Lei nº 9.504/97).

Por fim, proibiu-se a venda de cadastros de endereços eletrônicos, bem como a cessão de bando de dados por pessoas jurídicas que são vedadas fazer doações eleitorais (art. 57-E c/c art. 24 da Lei nº 9504/97) — tudo isso justificado pela prevalência, sobre a liberdade, da igualdade de concorrência que pode ser comprometida pela real

[157] Como já faz a Lei nº 12.034/2009, ao acrescentar, ao art. 37 da Lei das Eleições, o §8º.

vantagem dos que abusarem do poder econômico que dispõe para comprar cadastros e obrigar um número maior de pessoas a serem a receber a sua propaganda.

Busca-se com isso, legitimamente, a vedação do abuso do poder econômico e político sobre as eleições, que pode desequilibrar a igualdade de condições entre os candidatos e por isso, ferir a legitimidade democrática da representação política.

3.4 O direito de resposta

O art. 5º, V, da Constituição Federal de 1988, trouxe entre os direitos fundamentais o direito de resposta, proporcional ao agravo, àqueles que sejam ofendidos em sua honra objetiva ou subjetiva, por imputações que lhe prejudiquem a reputação ou atinjam a sua dignidade.

Dado o campo fértil para ataques e ofensas (até porque o impulso humano provocado na propaganda política é, mais das vezes, o impulso combativo[158]), o período de disputa eleitoral sofreu regulamentação pela legislação ordinária, conforme art. 58 e 57-D da Lei nº 9.504/97, atualizada pela Lei nº 12.034/2009, garantindo-se o direito de resposta a candidato, partido ou coligação atingidos por calúnia, difamação, injuria ou afirmações sabidamente inverídicas.

Pode-se falar que o direito de resposta é uma *prestação positiva*, uma proteção ao direito à honra e a intimidade, o que não permite o seu exercício por meras críticas a posturas públicas, na propaganda política, ou narrativa jornalística nos meios de comunicação, pois aí, estar-se-ia limitando, excessivamente, a liberdade de expressão política.

A jurisprudência do E. TSE chega a ser exaustiva em não conceder o direito de resposta quando o fato é *público e notório*, bem como quando não caracteriza a calúnia, injúria ou difamação.[159]

Como afirma Olivar Coneglian:

> Não constitui ofensa a simples crítica eleitoral, a crítica a programa de partido, à realização de ato, à atitude administrativa do ofendido. O homem público, principalmente o que está no exercício do poder de

---

[158] RIBEIRO. *Direito eleitoral*, p. 380.

[159] A título exemplificativo: "Direito de resposta. Menção a fatos amplamente noticiados na mídia. Ausência de imputação da prática de atos ilícitos pelo candidato à reeleição. Crítica política que, embora dura, não autoriza a concessão do direito de resposta. Representação julgada improcedente" (TSE. RP nº 1.305/DF. Rel. Min. Marcelo Henriques Ribeiro de Oliveira. Acórdão de 26.10.2006. PSESS – Publicado em Sessão, 26.10.2006. Decisão: Unânime em julgar improcedente o pedido formulado).

administração, ou aquele que se submete ao crivo de uma eleição, fica sujeito a críticas mais acerbadas e mais generalizadas. Muitas vezes, essa crítica é injusta, mas não chega a caracterizar injúria ou difamação.[160]

E reforça Adriano Soares da Costa:

> Não cabe direito de resposta por qualquer crítica, ou por qualquer análise objetiva da vida pública do candidato, de seus atos administrativos ou políticos, ainda mais quando sabidamente verdadeiros.[161]

Vê-se, mais uma vez que é livre a propaganda — o que não quer dizer que é irresponsável, posto que sempre se concederá direito de resposta por matéria ou propaganda veiculada com ofensa à honra, na proporção do agravo.

O direito de resposta para ser exercido na seara eleitoral, dada a dinâmica da campanha, impõe um ritmo alucinante de prazos, até porque como não se permite a censura prévia da propaganda — cada dia que ela for exibida contrariando direitos fundamentais, achincalhado o adversário, ela desequilibra o pleito e fere o princípio da igualdade de condições.

Ou seja, só com o direito de resposta é que se poderá, além de restabelecer a verdade e a honra atingida, punir com suspensão da propaganda ofensiva e com a concessão do tempo de propaganda eleitoral do adversário, para que se exerça a resposta, ou o pagamento por um anúncio de jornal para se defender.

Mas, qual o conteúdo ofensivo é assim considerado pelo Direito? Isso leva a acertada busca por saber qual direito se pretende proteger e porque ele deve prevalecer pela liberdade de expressão.

E, como já dito, a liberdade de expressão encontra limitação na própria necessidade de manutenção da condição de livre do homem, ou seja, dos seus direitos fundamentais, devendo respeito à dignidade da pessoa humana, impedindo-se, aí, a invasão da privacidade, a ofensa à honra, a incitação à violência ou atentar contra a vida.

Assim, o direito de resposta dá-se nesse esteio de proteção aos direitos fundamentais, impedindo a veiculação de ofensa que atinja à honra subjetiva (autoestima) e que por isso caracterizar-se-ia em injúria;

---

[160] CONEGLIAN. *Propaganda eleitoral*: de acordo com o Código Eleitoral e com a Lei 9.504/07, modificada pelas leis 9.840/99, 10.408/02 e 10.740/03, p. 219.

[161] COSTA. *Instituições de direito eleitoral*: teoria da inelegibilidade, direito processual eleitoral, comentários à lei eleitoral, p. 794.

à honra objetiva (reputação), podendo se caracterizar difamação, ou ainda por tentar impingir à algum dos candidatos a pecha de criminoso, atribuindo-o uma conduta tipificada como crime, o que levaria ao enquadramento da calúnia.

Não há exclusividade da proteção eleitoral, pois pode o ofendido buscar no direito civil a reparação pelo ato ilícito, ou o processamento na esfera penal do ofensor pelas condutas tidas como crimes contra a honra.

Como afirma Geraldo de Oliveira Santos Neves é a *guerra do direito de resposta*: ao verificar a existência de ofensa à honra de um candidato, deve, em exíguo tempo, ser apresentado ao juiz competente para analisar a propaganda eleitoral, representação eleitoral, que, em vistas de garantir efetiva prestação jurisdicional ao ofendido, corre por um rito sumaríssimo — 24h para contestar, visitas do MP e Justiça Eleitoral há de proferir decisão em 72h, cabendo recurso em 24h (art. 58 da Lei das Eleições).

Dentro da lógica de liberdade/limite, a honra, subjetiva e objetiva, ganha então essa proteção jurídico-eleitoral, mas só quando veiculada: em *horário eleitoral gratuito*, na *programação normal de rádio e TV*, na *imprensa escrita* e na *internet*.

Quando a ofensa é veiculada em *horário eleitoral gratuito*, tem-se o prazo decadencial de 24h para ingressar com a representação (art. 58, §1º, I, da Lei das Eleições), contado da veiculação, buscando-se suspender a propaganda ofensiva e garantir o exercício do direito de resposta.

A peculiaridade neste caso, além de ser o menor prazo decadencial, é que no horário eleitoral gratuito, o tempo de resposta deve ser concedido na mesma proporção do agravo, a ser exibido dentro da propaganda eleitoral do ofensor, mas nunca inferior a 1 min., mesmo que tenha sido veiculada em menos tempo.

Há, e é importante que se diga, desnecessidade de colocar o texto de resposta ou apresentar antecipadamente o filme (o que poderia caracteriza censura prévia), mas deve ser apontado o horário em que foi veiculada a ofensa, bem como juntada a mídia contendo o filme ou o áudio, a propaganda tida como irregular, devidamente degravada e destacada na petição, a parte ofensiva.

Muito parecido é o tratamento dado à ofensa veiculada na *programação normal da TV e do rádio*, devendo-se juntar a mídia, ou requisitá-la; mas, diferencia-se quanto ao prazo decadencial, pois deve ingressar com o pedido de resposta em até 48h da veiculação, bem como por serem réus a emissora, onde foi proferida a ofensa, e o ofensor.

Na *imprensa escrita*, além de tudo dito, e do prazo diferenciado de 72h para ingressar com a representação com pedido de direito de resposta, há de se juntar o exemplar (todo o exemplar) com o conteúdo ofensivo, para que se deferido seja veiculado no mesmo espaço, local, tamanho e realce dada a ofensa.

E, pasmem, há de se juntar também o texto de resposta — neste ponto fere de morte a liberdade de expressão do pensamento e, em especial, a garantia constitucional de impedimento da censura prévia — é daquelas normas de limitação da liberdade sem qualquer justificação e por isso inconstitucional a norma contida no art. 58, §3º, I, "a", da Lei das Eleições.

Para o *direito de resposta na internet*, instituído pela Lei nº 12.034/09, não fora estabelecido prazo decadencial, até porque, ante a quebra dos limites geográfico-temporais da rede mundial de computadores, o que está hoje na rede, não quer dizer que só foi exibido agora — a solução passa pelo conhecimento do ofendido, ou seja, dentro do processo eleitoral, sempre que descobrir conteúdo ofensivo a sua honra, poderá ingressar com o pedido de direito de resposta, mesmo que este tenha sido postado há dias, há meses...

Os conteúdos ofensivos deverão ser analisados uma a um, não se podendo estabelecer censura prévia, nem proibição de temas ou assuntos pela Justiça, sendo livre a crítica administrativa no horário eleitoral gratuito, na internet e na imprensa escrita, sofrendo as emissoras de rádio e TV as restrições específicas acima tratadas, quando na opinião favorável ou contrária aos candidatos e, devendo ser garantida resposta proporcional à ofensa, sempre que atingir a honra de candidatos, bem como de partidos e coligações (é a extensão dos direitos da personalidade às pessoas jurídicas).

Em recebendo o direito de resposta, deve-se utilizá-lo para defender a honra atacada, seja esclarecendo os fatos, seja enaltecendo e demonstrando quão honrado é o candidato, não podendo desvirtuar a finalidade dessa garantia, dentro da lógica da melhor defesa é o ataque.

Alguns tentam impor um *conteúdo à defesa e uma forma ao direito de resposta* que foge à previsão constitucional e legal — o tempo há de ser usado na resposta, mas como se responder à ofensa é puro exercício da liberdade de expressão, novamente, só podendo ser tolhida ou limitada se em colisão com outro direito fundamental.

Assim, não se pode exigir que a resposta seja veiculada na TV, por exemplo, com caracteres brancos num fundo preto e um locutor lendo o texto da resposta — *ora, se foi ofendido a cores, por que a resposta deve ser em preto e branco?*

A Constituição e a Lei garantem a resposta na proporção do agravo, e nessa proporção entra a forma e os mecanismos de veiculação, sendo infundadas as decisões limitando esse exercício da garantia constitucional.

Deve evitar, sim, num controle pós-exibição, que o ofendido não responda e, ainda, ataque o adversário (ofensor), e, por isso, caracterize claro desvirtuamento do direito de resposta, devendo-lhe ser aplicada a sanção de perda do mesmo tempo em seu horário eleitoral.

Por outro lado, difícil caracterizar quando for exercido com conteúdo diverso da matéria a ser respondida, pois, volta-se à liberdade de expressão e à dificuldade de definir qual deve ser o conteúdo de uma reposta à ofensa à honra.

A única permissão que existe para uma censura prévia, e apresentação antecipada do filme a ser exibido, é quando há necessidade de direito de resposta em dias em que o horário eleitoral gratuito de rádio e TV já não estão mais sendo exibidos, inclusive nas 48h que antecedem a eleição, para impedir exatamente o direito de tréplica — é uma concessão especial por um lado, e por outro, restrições à liberdade justificáveis.[162]

Por fim, além dos candidatos, partidos e coligações, estão legitimados a requerer direito de reposta, na Justiça Eleitoral, e nas mesmas bases dos requeridos por aqueles, *terceiros ofendidos* em sua honra no horário eleitoral gratuito — é concedido o tempo no programa do ofensor, e se não responder poderá ser condenado a pagar multa, por desvirtuamento (p.ex. após ser ofendido, um eleitor requer e consegue direito de resposta, entra na propaganda adversária para se defender, mas faz campanha para o outro concorrente, sofrerá sanção).

Outro tema que merece destaque é uso indevido do instituto do direito de resposta em carros de som, comícios e passeatas. Nesse sentido, aduz Olivar Coneglian: "não há possibilidade de se conceder direito de resposta por ofensa produzida em comícios ou conversas de rua".[163]

Neste sentido, dar-se a impossibilidade de concessão do direito de resposta em decorrência de veiculação de propaganda em carro de som e comício, por não haver previsão lei eleitoral, e pela dificuldade operacional que isso representaria, determinando a lei, pelo contrário, rol taxativo de hipóteses passíveis de direito de resposta (em horário eleitoral gratuito, na programação normal de rádio e TV, na imprensa escrita e na internet).

---

162 Prevista no §4º do art. 58 da Lei nº 9.504/97.

163 CONEGLIAN. *Propaganda eleitoral*: de acordo com o Código Eleitoral e com a Lei 9.504/07, modificada pelas leis 9.840/99, 10.408/02 e 10.740/03, p. 220.

3.5 Pesquisas eleitorais

As pesquisas eleitorais que interessam ao Direito Eleitoral são as realizadas para serem divulgadas — reduz-se, assim, sensivelmente, o campo de estudo, já que, em sua maioria, as pesquisas servem para o consumo interno dos políticos: estão lá na análise da viabilidade do postulante a candidato, e dos seus apoios, políticos e financeiros, no planejamento de campanha, na definição de estratégias eleitorais e na qualificação prévia de peças e filmes a serem exibidos e, ainda, na análise dos resultados do impacto da própria campanha e da do adversário.

Assim, todas estas, apesar de terem influência direta na propaganda política e nos caminhos para o convencimento do eleitor, não sofrem restrições, sendo livre o uso dos mecanismos para elaboração e confirmação das estratégias eleitorais e da propaganda política — não importam ao Direito Eleitoral.

Só interessou ao legislador regulamentação das pesquisas eleitorais elaboradas para serem divulgadas, posto que estas podem influenciar, diretamente, na opinião pública sobre uma candidatura e por isso, possuem regulamentação no Direito Eleitoral.

Dada a possibilidade de interferência direta no pleito, seja por inflar candidatos ou pelo prejuízo direto a uma campanha em ascensão que seja tratada como minoritária, tudo a partir de manipulação de dados ou avaliação equivocada intencional, as pesquisas sofrem restrições em ano eleitoral.

A Lei das Eleições estabelece que toda pesquisa de opinião pública sobre eleições e candidatos que se pretenda divulgar deve ser registrada cinco dias antes da divulgação (art. 33) — o TSE fixou que a partir de 1º de janeiro do ano eleitoral é que deverão ser exigidos os registros, que ocorrerão no órgão da Justiça Eleitoral competente para registrar os candidatos.

Ao registrar, o instituto deverá informar quem contratou a pesquisa, o valor gasto e quem pagou, a metodologia e o período de campo, bem como os seus critérios de amostragem e ponderação e sistema de controle, além do questionário completo.

Ou seja, antes de divulgada a pesquisa poderá ser submetida ao crivo dos interessados (partidos, candidatos, coligações e Ministério Público), que poderão nesse ínterim, apresentar impugnação, seja ao método (via urna fixa em local conhecido), seja pelos critérios (mapeamento equivocado da amostragem), seja por possibilidade de fraudes ou resultados deturpados em face de equívocos (ou subterfúgios) contidos no próprio questionário (nome errado de um concorrente, perguntas indutoras de respostas consistentes).

Pretendia a referida lei, ainda, que os partidos tivessem acesso, antes mesmo da divulgação, do resultado da pesquisa, no art. 34, que vetado (Mensagem 1090 da Presidência da República), por possibilitar censura prévia pelos partidos, incompatível como interesse público.

Isso não quer dizer que registrada pesquisa já realizada, com resultados juntados aos autos do pedido de registro, não possam ser impugnados, se equivocados ou fraudulentos.

Mas, em regra, registram-se tão somente os elementos exigidos na lei, permitindo-se a impugnação, sem censura prévia (até porque desconhecido o resultado), antes da divulgação, só dos elementos de registro.

Após divulgado o resultado, os partidos podem ter acesso ao sistema interno de controle, verificação, coleta de dados, incluindo a possibilidade de confrontamento de dados existentes com os publicados, sendo inclusive tipificado como crime a conduta de retardar, impedir ou dificultar a fiscalização.

Além desse controle, prévio e posterior, pune-se a divulgação de pesquisa sem registro e/ou fraudulenta, bem como pode ser obrigada, a empresa, a veicular no mesmo espaço, local e destaque (na forma de um direito de resposta) o resultado correto, respondendo o responsável pela empresa realizadora e da divulgadora.

Destaca-se, por fim, a declaração de inconstitucionalidade do art. 35-A da Lei nº 9.504/97, acrescido pela Lei nº 11.300/2006, que vedava a divulgação de pesquisas eleitorais, por qualquer meio de comunicação, nos 15 dias que antecedessem a eleição, além da vedação no dia do pleito, com fulcro no "direto à informação livre e plural como valor indissociável da ideia de democracia".[164]

No esteio dessa decisão, mesmo havendo preocupação de que pesquisas possam prejudicar o equilíbrio das eleições (o que mais das vezes ocorre), há de se utilizar os mecanismos de controle permitidos na lei (impugnar previamente e/ou confrontar o resultado veiculado), e não se proibir a divulgação de pesquisas eleitorais, que representam uma das formas de livre circulação de informações, próprias do sistema democrático.

---

[164] "Ação Direta de Inconstitucionalidade. Lei 11.300/2006 (Mini-Reforma Eleitoral). (...) Proibição de divulgação de pesquisas eleitorais quinze dias antes do pleito. Inconstitucionalidade. Garantia da liberdade de expressão e do direito à informação livre e plural no estado democrático de direito. Procedência parcial da ação direta. I (...). VI - *Direto à informação livre e plural como valor indissociável da idéia de democracia.* VII - *Ação direta julgada parcialmente procedente para declarar a inconstitucionalidade do art. 35-A da Lei introduzido pela Lei 11.300/2006 na Lei nº 9.504/1997*" (STF. ADI nº 3.741/DF, Pleno. Rel. Min. Ricardo Lewandowski. Julg. 6.8.2006. *DJ*, 23 fev. 2007, grifos nossos).

3.6 O dia da eleição

Há de se destacar, por fim e ao cabo, a propaganda eleitoral no dia da eleição.

Como dito, a propaganda eleitoral ao final do período eleitoral vai minguando, ou melhor, as limitações dão-se de forma crescente — primeiro na quinta-feira, há três dias da votação, dar-se o último programa do horário eleitoral gratuito e o último comício; na antevéspera, é veiculado o último anúncio em jornais e revistas.

Na véspera, ainda restam as passeatas e caminhadas e carros de som, a fixação de colocação de cavaletes e a distribuição de panfletos, sem discursos e pedidos coletivos de voto.

As propagandas permitidas no dia da eleição são as remanescentes, colocadas em residências e comitês eleitorais, sejam muros ou placas, bem como na internet, dada a sua quebra dos limites temporais, pois o que está lá no dia, pode ser de hoje ou, mais das vezes, já estava postado.

E, após a edição da Lei nº 11.300/2006, onde se deu a vedação de propaganda eleitoral de rua no dia da eleição, em especial a manifestação coletiva, a aglomeração de militantes e a boca de urna, em vista de maior proteção ao eleitor, restou tão somente, além da internet, a manifestação silenciosa dos eleitores, utilizando camisas com as cores dos candidatos, *botons* ou adesivos contendo propaganda, dede que não seja para a distribuição.

Ampliando as vedações, a Lei nº 12.034/2009 acrescentou proibição aos fiscais partidários de utilização de camisas nas cores e símbolos do partido, impedindo a padronização e estabelecendo que nos locais de votação, só podem atuar com seus crachás, constem o nome e a sigla do partido político ou coligação a que sirvam (art. 39-A, §3º), tudo a fim de evitar a interferência no exercício do voto, no local da votação.

Ao final, poderemos concluir que a limitação da propaganda eleitoral no dia da eleição (e não a sua vedação total), faz-se na esteira do *princípio da liberdade do voto*, princípio material do sufrágio, valor essencial à Democracia, que segundo Canotilho significa: "garantir ao eleitor o exercício de voto sem qualquer coação física ou psicológica de entidades públicas ou de entidades privadas".[165]

---

[165] CANOTILHO. *Direito constitucional e teoria da Constituição*, p. 303.

CONSIDERAÇÕES FINAIS

Consciente de que nenhum sistema político é mudo, e que o mesmo fala e ecoa suas ideias pela propaganda política, num sistema democrático só se pode defender que a propaganda política é livre.

Ao buscar criar estados mentais favoráveis a um projeto político, num ambiente democrático, essa propaganda liga-se, diretamente, à pluralidade de opiniões e à livre circulação de ideias, que só se dá pela propagação e pelo debate — é assim que afasta a "ilusão do uno" e franqueia-se a voz a uma pluralidade de pessoas, permitindo o debate ilimitado.

Assim, dar-se o princípio da liberdade da propaganda política, que nada mais é do que a projeção da liberdade de expressão na esfera política, e, por isso, é liberdade fundamental que detém função de defesa em relação aos destinatários passivos (Estado e particulares), bem como possui "direitos a prestações", a exemplo do direito de antena (TV e rádio).

Mas, sabe-se que um Estado Democrático de Direito só existe quando há limitação material do poder político, e esta equivale à salvaguarda dos direitos fundamentais da pessoa humana.

Assim, a existência do princípio democrático não pode acarretar violação de direitos fundamentais, em nome da maioria, nem o ordenamento jurídico pode restringir ou impedir a participação política de uns cidadãos em detrimento de outros — é a liberdade igual ou igualdade livre.

Pode a liberdade de expressão política sofrer restrição, mas só após exercido um juízo de ponderação e proporcionalidade, evitando que a legislação eleitoral, as resoluções do TSE ou decisões judiciais, restringem (limitam) essa liberdade de expressão política, sem especificar a que direitos e liberdades se estar a dar prevalência.

Após analisar uma a uma das propagandas políticas, vê-se que, em todas, sempre há várias normas restritivas — a maioria fundada em premissas equivocadas sobre a propaganda política, esquecendo mais das vezes de que a mesma é parte da liberdade de expressão e, por isso, para ser limitada há de se ter justificativa, que leve em consideração as variáveis do caso e o direito a que se estar a proteger, não meras ilações e supostos prejuízos à igualdade de condições ou outras liberdades individuais.

Assim, busca-se afastar a aplicabilidade de normas legais, resoluções e decisões meramente restritivas ao princípio da liberdade da propaganda política, posto que, inaceitáveis pelo nosso ordenamento jurídico, que não só estabelece, a partida, abstenção do Estado e dos particulares diante dessa liberdade fundamental, como também a protege por meio de prestações positivas, garantido o efetivo exercício da propaganda política.

Ao se adotar, nesse trabalho, uma postura combativa em defesa da liberdade de expressão política, faz-se, com estes fundamentos, mas em especial na defesa da circulação de ideias, do contraditório, inclusive respeitando-se às vozes contrárias a tese aqui exposta, permitindo o debate ilimitado, para que, livres, possam os eleitores (e leitores) responder, positiva ou negativamente, as propostas apresentadas.

REFERÊNCIAS

AGRA, Walber de Moura. *Curso de direito constitucional*. 3. ed. Rio de Janeiro: Forense, 2007.

ALEXY, Robert. *Teoria dos direitos fundamentais*. Tradução de Virgílio Afonso da Silva. São Paulo: Malheiros, 2008.

BANDEIRA DE MELLO, Celso Antônio. *Curso de direito administrativo*. 27. ed. rev. atual. até a Emenda Constitucional 64, de 4.2.2010. São Paulo: Malheiros, 2010.

BARRETTO, Lauro. *Comentários à Lei das Eleições*: Lei nº 9.504/97 e suas alterações. São Paulo: Edipro, 2000.

BORN, Rogério Carlos. O direito à compensação fiscal pela propaganda política gratuita. *Jus Navigandi*, Teresina, ano 7, n. 60, 1º nov. 2002. Disponível em: <http://jus.com.br/revista/texto/3469>. Acesso em: 27 mar. 2012.

CÂNDIDO, Joel José. *Direito eleitoral brasileiro*. 14. ed. rev. atual. ampl. Bauru: Edipro, 2010.

CANOTILHO, José Joaquim Gomes. *Direito constitucional e teoria da Constituição*. 7. ed., 8. reimpr. Coimbra: Almedina, 2010.

CAPELATO, Maria Helena Rolim. *Multidões em cena*: propaganda política no varguismo e no peronismo. 2. ed. São Paulo: Unesp, 2009.

CHARÃO, Cristina. Emissoras recebem R$267 milhões ao ano por propaganda partidária. *Observatório do Direito à Comunicação*, Brasília, 21 ago. 2008. Disponível em: <http://www.direitoacomunicacao.org.br/content.php?option=com_content&task=view&id=3870>. Acesso em: 28 mar. 2012.

COÊLHO, Marcus Vinicius Furtado. *Direito eleitoral e processo eleitoral – Direito penal eleitoral e direito público*. Rio de Janeiro: Renovar, 2008.

CONEGLIAN, Olivar. *Propaganda eleitoral*: de acordo com o Código Eleitoral e com a Lei 9.504/07, modificada pelas leis 9.840/99, 10.408/02 e 10.740/03. 6. ed. atual. Curitiba: Juruá, 2004.

COSTA, Adriano Soares da. *Instituições de direito eleitoral*: teoria da inelegibilidade, direito processual eleitoral, comentários à lei eleitoral. 5. ed. rev. ampl. atual. Belo Horizonte: Del Rey, 2002.

COSTA, Amanda; KLEBER, Leandro. Sem eleições, propaganda eleitoral custará R$206 milhões em 2011. *Contas abertas*, Brasília, 8 set. 2010. Disponível em: <http://contasabertas.uol.com.br/WebSite/Noticias/DetalheNoticias.aspx?Id=255>. Acesso em: 28 mar. 2012.

DOMENACH, Jean-Marie. *A propaganda política*. Tradução de Ciro J. Pádua. São Paulo: Difusão Européia do Livro, 1955.

DUVERGER, Maurice. *Os grandes sistemas políticos*. Tradução de Fernando Ruivo e Fernando Augusto Ferreira Pinto. Coimbra: Almedina, 1985.

DUVERGER, Maurice. *Os partidos políticos*. Tradução de Cristiano Monteiro Oiticica. 3. ed. Rio de Janeiro: Ed. Guanabara, 1987.

GONÇALVES, Bruno Lupino. *Marcos regulatórios e democratização da mídia*: o direito de antena. 2006. 100 p. Tese (Doutorado em Direito) – Universidade de São Paulo, São Paulo, 2006. Disponível em: <http://www.direitoacomunicacao.org.br>.

LA PALOMBARA, Joseph G. *A política no interior das nações*. Tradução de Marilu Seixas Correa e Oswaldo Biato. Brasília: Ed. UnB, 1982.

LAVAREDA, Antonio. *A democracia nas urnas*: o processo partidário eleitoral brasileiro. 2. ed. rev. Rio de Janeiro: Iuperj, 1999.

LAVAREDA, Antonio. Principais marcas das eleições municipais brasileiras de 2008. *In*: LAVAREDA, Antonio; TELLES, Helcimara (Org.). *Como o eleitor escolhe seu prefeito*: campanha e voto nas eleições municipais. Rio de Janeiro: FGV, 2011.

LEWANDOWSKI, Enrique Ricardo; TAVARES, André Ramos (Org.). *Vade-mécum eleitoral*: integrado com resoluções, súmulas e jurisprudência. Belo Horizonte: Fórum, 2011.

MIRANDA, Jorge. *Ciência política*: formas de governo. Lisboa: Pedro Ferreira, 1996.

MIRANDA, Jorge. *Direito constitucional III*: direito eleitoral e direito parlamentar. Lisboa: Associação Acadêmica da Faculdade de Direito, 2003.

MIRANDA, Jorge. Divisão de poder e partidos políticos. *O Direito*, v. 133, n. 3, p. 547-555, jul./set. 2001.

MIRANDA, Jorge. Estudo com vista a uma nova lei dos partidos políticos. *Revista da Faculdade de Direito da Universidade de Lisboa*, v. 40, n. 1-2, p. 541-571, 1998.

MIRANDA, Jorge. *Manual de direito constitucional*. 5. ed. Coimbra: Coimbra Ed., 2012. v. 4. Direitos fundamentais.

MIRANDA, Jorge. *Manual de direito constitucional*. Coimbra: Coimbra Ed., 2007. v. 7. Estrutura constitucional da democracia.

MORAES, Alexandre de. *Direito constitucional*. 26. ed. rev. atual. São Paulo: Atlas, 2010.

NEVES FILHO, Carlos. O direito à participação política na Convenção Americana sobre Direitos Humanos e na Constituição da República Federativa do Brasil. *In*: MARTINS, Ana Maria Guerra (Coord.). *Estudos de direito europeu e internacional dos direitos humanos*. Coimbra: Almedina, 2005.

NEVES FILHO, Carlos. *O político e o partido*: por uma representação político-partidária brasileira. 2006. Dissertação (Mestrado) – Faculdade de Direito, Universidade de Lisboa, Lisboa, 2006.

NEVES, Geraldo de Oliveira Santos. *Guia teórico e prático do direito eleitoral de 2006*. Recife: Business, 2006.

NICOLAU, Jairo Marconi. *Sistemas eleitorais*: uma introdução. 5. ed. rev. atual. Rio de Janeiro: FGV, 2004.

PASQUINO, Gianfranco. *Curso de ciência política*. Tradução de Ana Sassetti da Mota. Cascais: Principia, 2002.

PINTO, Luiz Djalma. *Direito eleitoral*: improbidade administrativa e responsabilidade fiscal: noções gerais. 5. ed. rev. atual. São Paulo: Atlas, 2010.

PIOVESAN, Flávia. *Direitos humanos e o direito constitucional internacional*. 5. ed. rev. ampl. atual. São Paulo: M. Limonad, 2002.

PITKIN, Hanna Fenichel. *El concepto de representación*. Traducción de Ricardo Montoro Romero. Madrid: Centro de Estudios Constitucionales, 1985.

PORTUGAL. (Constituição 1976). CANOTILHO José Joaquim Gomes; MOREIRA, Vital (Org.). *Constituição da República Portuguesa*: lei do Tribunal Constitucional, 1976. 8. ed. rev. Coimbra: Coimbra Ed., 2005.

PUGLIESI. Mariza Crasto. *Os partidos políticos nas constituições brasileiras*. Recife: Nossa Livraria, 2006.

RAMAYANA, Marcos. *Direito eleitoral*. 12. ed. rev. ampl. atual. Niterói: Impetus, 2011.

REIS, Diego Pessoa Costa. *Presunção de inocência e liberdade de imprensa*. Recife: Bagaço, 2007.

RIBEIRO, Fávila. *Direito eleitoral*. 4. ed. Rio de Janeiro: Forense, 1996.

SARTORI, Giovanni. *A teoria da representação no Estado representativo moderno*. Tradução de Ernesta Gaetani e Rosa Gaetani. Belo Horizonte: Revista Brasileira de Estudos Políticos, 1962.

SILVA, José Afonso da. *Curso de direito constitucional positivo*. 19. ed. rev. atual. São Paulo: Malheiros, 2001.

SILVA, Virgílio Afonso da. *Direitos fundamentais*: conteúdo essencial, restrições e eficácia. São Paulo: Malheiros, 2009.

SOUSA, Marcelo Rebelo de. *Os partidos políticos no direito constitucional português*. Braga: Livraria Cruz, 1983.

TAVARES, André Ramos. *Curso de direito constitucional*. 8. ed. rev. atual. São Paulo: Saraiva, 2010.

TELLES, Olivia Raposo da Silva. *Direito eleitoral comparado*: Brasil, Estados Unidos, França. São Paulo: Saraiva, 2002.

WEBER, Max. *Economía y sociedad*: esbozo de sociología comprensiva. México: Fondo de Cultura Económica, 1963. v. 1. Teoría de la organización social.

ANEXOS

Lei nº 9.504, de 30 de setembro de 1997

(*DOU*, 1º.10.1997)

Estabelece normas para as eleições.

O VICE PRESIDENTE DA REPÚBLICA no exercício do cargo de PRESIDENTE DA REPÚBLICA Faço saber que o Congresso Nacional decreta e eu sanciono a seguinte Lei:

Disposições Gerais

Art. 1º As eleições para Presidente e Vice-Presidente da República, Governador e Vice-Governador de Estado e do Distrito Federal, Prefeito e Vice-Prefeito, Senador, Deputado Federal, Deputado Estadual, Deputado Distrital e Vereador dar-se-ão, em todo o País, no primeiro domingo de outubro do ano respectivo.
Parágrafo único. Serão realizadas simultaneamente as eleições:
I - para Presidente e Vice-Presidente da República, Governador e Vice-Governador de Estado e do Distrito Federal, Senador, Deputado Federal, Deputado Estadual e Deputado Distrital;
II - para Prefeito, Vice-Prefeito e Vereador.

Art. 2º Será considerado eleito o candidato a Presidente ou a Governador que obtiver a maioria absoluta de votos, não computados os em branco e os nulos.
§1º Se nenhum candidato alcançar maioria absoluta na primeira votação, far-se-á nova eleição no último domingo de outubro, concorrendo os dois candidatos mais votados, e considerando-se eleito o que obtiver a maioria dos votos válidos.
§2º Se, antes de realizado o segundo turno, ocorrer morte, desistência ou impedimento legal de candidato, convocar-se-á, dentre os remanescentes, o de maior votação.
§3º Se, na hipótese dos parágrafos anteriores, remanescer em segundo lugar mais de um candidato com a mesma votação, qualificar-se-á o mais idoso.
§4º A eleição do Presidente importará a do candidato a Vice-Presidente com ele registrado, o mesmo se aplicando à eleição de Governador.

Art. 3º Será considerado eleito Prefeito o candidato que obtiver a maioria dos votos, não computados os em branco e os nulos.
§1º A eleição do Prefeito importará a do candidato a Vice-Prefeito com ele registrado.
§2º Nos Municípios com mais de duzentos mil eleitores, aplicar-se-ão as regras estabelecidas nos §§1º a 3º do artigo anterior.

Art. 4º Poderá participar das eleições o partido que, até um ano antes do pleito, tenha registrado seu estatuto no Tribunal Superior Eleitoral, conforme o disposto em lei, e tenha, até a data da convenção, órgão de direção constituído na circunscrição, de acordo com o respectivo estatuto.

Art. 5º Nas eleições proporcionais, contam-se como válidos apenas os votos dados a candidatos regularmente inscritos e às legendas partidárias.

Das Coligações

Art. 6º É facultado aos partidos políticos, dentro da mesma circunscrição, celebrar coligações para eleição majoritária, proporcional, ou para ambas, podendo, neste último caso, formar-se mais de uma coligação para a eleição proporcional dentre os partidos que integram a coligação para o pleito majoritário.
§1º A coligação terá denominação própria, que poderá ser a junção de todas as siglas dos partidos que a integram, sendo a ela atribuídas as prerrogativas e obrigações de partido político no que se refere ao processo eleitoral, e devendo funcionar como um só partido no relacionamento com a Justiça Eleitoral e no trato dos interesses interpartidários.
§1º-A. A denominação da coligação não poderá coincidir, incluir ou fazer referência a nome ou número de candidato, nem conter pedido de voto para partido político.
§2º Na propaganda para eleição majoritária, a coligação usará, obrigatoriamente, sob sua denominação, as legendas de todos os partidos que a integram; na propaganda para eleição proporcional, cada partido usará apenas sua legenda sob o nome da coligação.
§3º Na formação de coligações, devem ser observadas, ainda, as seguintes normas:
I - na chapa da coligação, podem inscrever-se candidatos filiados a qualquer partido político dela integrante;
II - o pedido de registro dos candidatos deve ser subscrito pelos presidentes dos partidos coligados, por seus delegados, pela maioria dos membros dos respectivos órgãos executivos de direção ou por representante da coligação, na forma do inciso III;
III - os partidos integrantes da coligação devem designar um representante, que terá atribuições equivalentes às de presidente de partido político, no trato dos interesses e na representação da coligação, no que se refere ao processo eleitoral;
IV - a coligação será representada perante a Justiça Eleitoral pela pessoa designada na forma do inciso III ou por delegados indicados pelos partidos que a compõem, podendo nomear até:
a) três delegados perante o Juízo Eleitoral;
b) quatro delegados perante o Tribunal Regional Eleitoral;
c) cinco delegados perante o Tribunal Superior Eleitoral.
§4º O partido político coligado somente possui legitimidade para atuar de forma isolada no processo eleitoral quando questionar a validade da própria coligação, durante o período compreendido entre a data da convenção e o termo final do prazo para a impugnação do registro de candidatos.

Das Convenções para a Escolha de Candidatos

Art. 7º As normas para a escolha e substituição dos candidatos e para a formação de coligações serão estabelecidas no estatuto do partido, observadas as disposições desta Lei.
§1º Em caso de omissão do estatuto, caberá ao órgão de direção nacional do partido estabelecer as normas a que se refere este artigo, publicando-as no Diário Oficial da União até cento e oitenta dias antes das eleições.
§2º Se a convenção partidária de nível inferior se opuser, na deliberação sobre coligações, às diretrizes legitimamente estabelecidas pelo órgão de direção nacional, nos termos do respectivo estatuto, poderá esse órgão anular a deliberação e os atos dela decorrentes.
§3º As anulações de deliberações dos atos decorrentes de convenção partidária, na condição acima estabelecida, deverão ser comunicadas à Justiça Eleitoral no prazo de 30 (trinta) dias após a data limite para o registro de candidatos.
§4º Se, da anulação, decorrer a necessidade de escolha de novos candidatos, o pedido de registro deverá ser apresentado à Justiça Eleitoral nos 10 (dez) dias seguintes à deliberação, observado o disposto no art. 13.

Art. 8º A escolha dos candidatos pelos partidos e a deliberação sobre coligações deverão ser feitas no período de 10 a 30 de junho do ano em que se realizarem as eleições, lavrando-se a respectiva ata em livro aberto e rubricado pela Justiça Eleitoral.

§1º Aos detentores de mandato de Deputado Federal, Estadual ou Distrital, ou de Vereador, e aos que tenham exercido esses cargos em qualquer período da legislatura que estiver em curso, é assegurado o registro de candidatura para o mesmo cargo pelo partido a que estejam filiados. (Vide ADIn nº 2.530-9)
§2º Para a realização das convenções de escolha de candidatos, os partidos políticos poderão usar gratuitamente prédios públicos, responsabilizando-se por danos causados com a realização do evento.

Art. 9º Para concorrer às eleições, o candidato deverá possuir domicílio eleitoral na respectiva circunscrição pelo prazo de, pelo menos, um ano antes do pleito e estar com a filiação deferida pelo partido no mesmo prazo.
Parágrafo único. Havendo fusão ou incorporação de partidos após o prazo estipulado no *caput*, será considerada, para efeito de filiação partidária, a data de filiação do candidato ao partido de origem.

Do Registro de Candidatos

Art. 10. Cada partido poderá registrar candidatos para a Câmara dos Deputados, Câmara Legislativa, Assembléias Legislativas e Câmaras Municipais, até cento e cinqüenta por cento do número de lugares a preencher.
§1º No caso de coligação para as eleições proporcionais, independentemente do número de partidos que a integrem, poderão ser registrados candidatos até o dobro do número de lugares a preencher.
§2º Nas unidades da Federação em que o número de lugares a preencher para a Câmara dos Deputados não exceder de vinte, cada partido poderá registrar candidatos a Deputado Federal e a Deputado Estadual ou Distrital até o dobro das respectivas vagas; havendo coligação, estes números poderão ser acrescidos de até mais cinqüenta por cento.
§3º Do número de vagas resultante das regras previstas neste artigo, cada partido ou coligação preencherá o mínimo de 30% (trinta por cento) e o máximo de 70% (setenta por cento) para candidaturas de cada sexo.
§4º Em todos os cálculos, será sempre desprezada a fração, se inferior a meio, e igualada a um, se igual ou superior.
§5º No caso de as convenções para a escolha de candidatos não indicarem o número máximo de candidatos previsto no *caput* e nos §§1º e 2º deste artigo, os órgãos de direção dos partidos respectivos poderão preencher as vagas remanescentes até sessenta dias antes do pleito.

Art. 11. Os partidos e coligações solicitarão à Justiça Eleitoral o registro de seus candidatos até as dezenove horas do dia 5 de julho do ano em que se realizarem as eleições.
§1º O pedido de registro deve ser instruído com os seguintes documentos:
I - cópia da ata a que se refere o art. 8º;
II - autorização do candidato, por escrito;
III - prova de filiação partidária;
IV - declaração de bens, assinada pelo candidato;
V - cópia do título eleitoral ou certidão, fornecida pelo cartório eleitoral, de que o candidato é eleitor na circunscrição ou requereu sua inscrição ou transferência de domicílio no prazo previsto no art. 9º;
VI - certidão de quitação eleitoral;
VII - certidões criminais fornecidas pelos órgãos de distribuição da Justiça Eleitoral, Federal e Estadual;
VIII - fotografia do candidato, nas dimensões estabelecidas em instrução da Justiça Eleitoral, para efeito do disposto no §1º do art. 59.
IX - propostas defendidas pelo candidato a Prefeito, a Governador de Estado e a Presidente da República.
§2º A idade mínima constitucionalmente estabelecida como condição de elegibilidade é verificada tendo por referência a data da posse.
§3º Caso entenda necessário, o Juiz abrirá prazo de setenta e duas horas para diligências.
§4º Na hipótese de o partido ou coligação não requerer o registro de seus candidatos, estes poderão fazê-lo perante a Justiça Eleitoral, observado o prazo máximo de quarenta e oito horas seguintes à publicação da lista dos candidatos pela Justiça Eleitoral.

§5º Até a data a que se refere este artigo, os Tribunais e Conselhos de Contas deverão tornar disponíveis à Justiça Eleitoral relação dos que tiveram suas contas relativas ao exercício de cargos ou funções públicas rejeitadas por irregularidade insanável e por decisão irrecorrível do órgão competente, ressalvados os casos em que a questão estiver sendo submetida à apreciação do Poder Judiciário, ou que haja sentença judicial favorável ao interessado.

§6º A Justiça Eleitoral possibilitará aos interessados acesso aos documentos apresentados para os fins do disposto no §1º.

§7º A certidão de quitação eleitoral abrangerá exclusivamente a plenitude do gozo dos direitos políticos, o regular exercício do voto, o atendimento a convocações da Justiça Eleitoral para auxiliar os trabalhos relativos ao pleito, a inexistência de multas aplicadas, em caráter definitivo, pela Justiça Eleitoral e não remitidas, e a apresentação de contas de campanha eleitoral.

§8º Para fins de expedição da certidão de que trata o §7º, considerar-se-ão quites aqueles que:

I - condenados ao pagamento de multa, tenham, até a data da formalização do seu pedido de registro de candidatura, comprovado o pagamento ou o parcelamento da dívida regularmente cumprido;

II - pagarem a multa que lhes couber individualmente, excluindo-se qualquer modalidade de responsabilidade solidária, mesmo quando imposta concomitantemente com outros candidatos e em razão do mesmo fato.

§9º A Justiça Eleitoral enviará aos partidos políticos, na respectiva circunscrição, até o dia 5 de junho do ano da eleição, a relação de todos os devedores de multa eleitoral, a qual embasará a expedição das certidões de quitação eleitoral.

§10. As condições de elegibilidade e as causas de inelegibilidade devem ser aferidas no momento da formalização do pedido de registro da candidatura, ressalvadas as alterações, fáticas ou jurídicas, supervenientes ao registro que afastem a inelegibilidade.

§11. A Justiça Eleitoral observará, no parcelamento a que se refere o §8º deste artigo, as regras de parcelamento previstas na legislação tributária federal.

§12. (Vetado).

Art. 12. O candidato às eleições proporcionais indicará, no pedido de registro, além de seu nome completo, as variações nominais com que deseja ser registrado, até o máximo de três opções, que poderão ser o prenome, sobrenome, cognome, nome abreviado, apelido ou nome pelo qual é mais conhecido, desde que não se estabeleça dúvida quanto à sua identidade, não atente contra o pudor e não seja ridículo ou irreverente, mencionando em que ordem de preferência deseja registrar-se.

§1º Verificada a ocorrência de homonímia, a Justiça Eleitoral procederá atendendo ao seguinte:

I - havendo dúvida, poderá exigir do candidato prova de que é conhecido por dada opção de nome, indicada no pedido de registro;

II - ao candidato que, na data máxima prevista para o registro, esteja exercendo mandato eletivo ou o tenha exercido nos últimos quatro anos, ou que nesse mesmo prazo se tenha candidatado com um dos nomes que indicou, será deferido o seu uso no registro, ficando outros candidatos impedidos de fazer propaganda com esse mesmo nome;

III - ao candidato que, pela sua vida política, social ou profissional, seja identificado por um dado nome que tenha indicado, será deferido o registro com esse nome, observado o disposto na parte final do inciso anterior;

IV - tratando-se de candidatos cuja homonímia não se resolva pelas regras dos dois incisos anteriores, a Justiça Eleitoral deverá notificá-los para que, em dois dias, cheguem a acordo sobre os respectivos nomes a serem usados;

V - não havendo acordo no caso do inciso anterior, a Justiça Eleitoral registrará cada candidato com o nome e sobrenome constantes do pedido de registro, observada a ordem de preferência ali definida.

§2º A Justiça Eleitoral poderá exigir do candidato prova de que é conhecido por determinada opção de nome por ele indicado, quando seu uso puder confundir o eleitor.

§3º A Justiça Eleitoral indeferirá todo pedido de variação de nome coincidente com nome de candidato a eleição majoritária, salvo para candidato que esteja exercendo mandato eletivo ou o tenha exercido nos últimos quatro anos, ou que, nesse mesmo prazo, tenha concorrido em eleição com o nome coincidente.
§4º Ao decidir sobre os pedidos de registro, a Justiça Eleitoral publicará as variações de nome deferidas aos candidatos.
§5º A Justiça Eleitoral organizará e publicará, até trinta dias antes da eleição, as seguintes relações, para uso na votação e apuração:
I - a primeira, ordenada por partidos, com a lista dos respectivos candidatos em ordem numérica, com as três variações de nome correspondentes a cada um, na ordem escolhida pelo candidato;
II - a segunda, com o índice onomástico e organizada em ordem alfabética, nela constando o nome completo de cada candidato e cada variação de nome, também em ordem alfabética, seguidos da respectiva legenda e número.

Art. 13. É facultado ao partido ou coligação substituir candidato que for considerado inelegível, renunciar ou falecer após o termo final do prazo do registro ou, ainda, tiver seu registro indeferido ou cancelado.
§1º A escolha do substituto far-se-á na forma estabelecida no estatuto do partido a que pertencer o substituído, e o registro deverá ser requerido até 10 (dez) dias contados do fato ou da notificação do partido da decisão judicial que deu origem à substituição.
§2º Nas eleições majoritárias, se o candidato for de coligação, a substituição deverá fazer-se por decisão da maioria absoluta dos órgãos executivos de direção dos partidos coligados, podendo o substituto ser filiado a qualquer partido dela integrante, desde que o partido ao qual pertencia o substituído renuncie ao direito de preferência.
§3º Nas eleições proporcionais, a substituição só se efetivará se o novo pedido for apresentado até sessenta dias antes do pleito.

Art. 14. Estão sujeitos ao cancelamento do registro os candidatos que, até a data da eleição, forem expulsos do partido, em processo no qual seja assegurada ampla defesa e sejam observadas as normas estatutárias.
Parágrafo único. O cancelamento do registro do candidato será decretado pela Justiça Eleitoral, após solicitação do partido.

Art. 15. A identificação numérica dos candidatos se dará mediante a observação dos seguintes critérios:
I - os candidatos aos cargos majoritários concorrerão com o número identificador do partido ao qual estiverem filiados;
II - os candidatos à Câmara dos Deputados concorrerão com o número do partido ao qual estiverem filiados, acrescido de dois algarismos à direita;
III - os candidatos às Assembléias Legislativas e à Câmara Distrital concorrerão com o número do partido ao qual estiverem filiados acrescido de três algarismos à direita;
IV - o Tribunal Superior Eleitoral baixará resolução sobre a numeração dos candidatos concorrentes às eleições municipais.
§1º Aos partidos fica assegurado o direito de manter os números atribuídos à sua legenda na eleição anterior, e aos candidatos, nesta hipótese, o direito de manter os números que lhes foram atribuídos na eleição anterior para o mesmo cargo.
§2º Aos candidatos a que se refere o §1º do art. 8º, é permitido requerer novo número ao órgão de direção de seu partido, independentemente do sorteio a que se refere o §2º do art. 100 da Lei nº 4.737, de 15 de julho de 1965 – Código Eleitoral.
§3º Os candidatos de coligações, nas eleições majoritárias, serão registrados com o número de legenda do respectivo partido e, nas eleições proporcionais, com o número de legenda do respectivo partido acrescido do número que lhes couber, observado o disposto no parágrafo anterior.

Art. 16. Até quarenta e cinco dias antes da data das eleições, os Tribunais Regionais Eleitorais enviarão ao Tribunal Superior Eleitoral, para fins de centralização e divulgação de dados, a relação dos candidatos às eleições majoritárias e proporcionais,

da qual constará obrigatoriamente a referência ao sexo e ao cargo a que concorrem.
§1º Até a data prevista no *caput*, todos os pedidos de registro de candidatos, inclusive os impugnados, e os respectivos recursos, devem estar julgados em todas as instâncias, e publicadas as decisões a eles relativas.
§2º Os processos de registro de candidaturas terão prioridade sobre quaisquer outros, devendo a Justiça Eleitoral adotar as providências necessárias para o cumprimento do prazo previsto no §1º, inclusive com a realização de sessões extraordinárias e a convocação dos juízes suplentes pelos Tribunais, sem prejuízo da eventual aplicação do disposto no art. 97 e de representação ao Conselho Nacional de Justiça.

Art. 16-A. O candidato cujo registro esteja *sub judice* poderá efetuar todos os atos relativos à campanha eleitoral, inclusive utilizar o horário eleitoral gratuito no rádio e na televisão e ter seu nome mantido na urna eletrônica enquanto estiver sob essa condição, ficando a validade dos votos a ele atribuídos condicionada ao deferimento de seu registro por instância superior.
Parágrafo único. O cômputo, para o respectivo partido ou coligação, dos votos atribuídos ao candidato cujo registro esteja *sub judice* no dia da eleição fica condicionado ao deferimento do registro do candidato.

Da Arrecadação e da Aplicação de Recursos nas Campanhas Eleitorais

Art. 17. As despesas da campanha eleitoral serão realizadas sob a responsabilidade dos partidos, ou de seus candidatos, e financiadas na forma desta Lei.

Art. 17-A. A cada eleição caberá à lei, observadas as peculiaridades locais, fixar até o dia 10 de junho de cada ano eleitoral o limite dos gastos de campanha para os cargos em disputa; não sendo editada lei até a data estabelecida, caberá a cada partido político fixar o limite de gastos, comunicando à Justiça Eleitoral, que dará a essas informações ampla publicidade.

Art. 18. No pedido de registro de seus candidatos, os partidos e coligações comunicarão aos respectivos Tribunais Eleitorais os valores máximos de gastos que farão por cargo eletivo em cada eleição a que concorrerem, observados os limites estabelecidos, nos termos do art. 17-A desta Lei.
§1º Tratando-se de coligação, cada partido que a integra fixará o valor máximo de gastos de que trata este artigo.
§2º Gastar recursos além dos valores declarados nos termos deste artigo sujeita o responsável ao pagamento de multa no valor de cinco a dez vezes a quantia em excesso.

Art. 19. Até dez dias úteis após a escolha de seus candidatos em convenção, o partido constituirá comitês financeiros, com a finalidade de arrecadar recursos e aplicá-los nas campanhas eleitorais.
§1º Os comitês devem ser constituídos para cada uma das eleições para as quais o partido apresente candidato próprio, podendo haver reunião, num único comitê, das atribuições relativas às eleições de uma dada circunscrição.
§2º Na eleição presidencial é obrigatória a criação de comitê nacional e facultativa a de comitês nos Estados e no Distrito Federal.
§3º Os comitês financeiros serão registrados, até cinco dias após sua constituição, nos órgãos da Justiça Eleitoral aos quais compete fazer o registro dos candidatos.

Art. 20. O candidato a cargo eletivo fará, diretamente ou por intermédio de pessoa por ele designada, a administração financeira de sua campanha, usando recursos repassados pelo comitê, inclusive os relativos à cota do Fundo Partidário, recursos próprios ou doações de pessoas físicas ou jurídicas, na forma estabelecida nesta Lei.

Art. 21. O candidato é solidariamente responsável com a pessoa indicada na forma do art. 20 desta Lei pela veracidade das informações financeiras e contábeis de sua campanha, devendo ambos assinar a respectiva prestação de contas.

Art. 22. É obrigatório para o partido e para os candidatos abrir conta bancária específica para registrar todo o movimento financeiro da campanha.

§1º Os bancos são obrigados a acatar, em até 3 (três) dias, o pedido de abertura de conta de qualquer comitê financeiro ou candidato escolhido em convenção, sendo-lhes vedado condicioná-la a depósito mínimo e à cobrança de taxas e/ou outras despesas de manutenção.

§2º O disposto neste artigo não se aplica aos casos de candidatura para Prefeito e Vereador em Municípios onde não haja agência bancária, bem como aos casos de candidatura para Vereador em Municípios com menos de vinte mil eleitores.

§3º O uso de recursos financeiros para pagamentos de gastos eleitorais que não provenham da conta específica de que trata o *caput* deste artigo implicará a desaprovação da prestação de contas do partido ou candidato; comprovado abuso de poder econômico, será cancelado o registro da candidatura ou cassado o diploma, se já houver sido outorgado.

§4º Rejeitadas as contas, a Justiça Eleitoral remeterá cópia de todo o processo ao Ministério Público Eleitoral para os fins previstos no art. 22 da Lei Complementar nº 64, de 18 de maio de 1990.

Art. 22-A. Candidatos e Comitês Financeiros estão obrigados à inscrição no Cadastro Nacional da Pessoa Jurídica – CNPJ.

§1º Após o recebimento do pedido de registro da candidatura, a Justiça Eleitoral deverá fornecer em até 3 (três) dias úteis, o número de registro de CNPJ.

§2º Cumprido o disposto no §1º deste artigo e no §1º do art. 22, ficam os candidatos e comitês financeiros autorizados a promover a arrecadação de recursos financeiros e a realizar as despesas necessárias à campanha eleitoral.

Art. 23. Pessoas físicas poderão fazer doações em dinheiro ou estimáveis em dinheiro para campanhas eleitorais, obedecido o disposto nesta Lei.

§1º As doações e contribuições de que trata este artigo ficam limitadas:

I - no caso de pessoa física, a dez por cento dos rendimentos brutos auferidos no ano anterior à eleição;

II - no caso em que o candidato utilize recursos próprios, ao valor máximo de gastos estabelecido pelo seu partido, na forma desta Lei.

§2º Toda doação a candidato específico ou a partido deverá ser feita mediante recibo, em formulário impresso ou em formulário eletrônico, no caso de doação via internet, em que constem os dados do modelo constante do Anexo, dispensada a assinatura do doador.

§3º A doação de quantia acima dos limites fixados neste artigo sujeita o infrator ao pagamento de multa no valor de cinco a dez vezes a quantia em excesso.

§4º As doações de recursos financeiros somente poderão ser efetuadas na conta mencionada no art. 22 desta Lei por meio de:

I - cheques cruzados e nominais ou transferência eletrônica de depósitos;

II - depósitos em espécie devidamente identificados até o limite fixado no inciso I do §1º deste artigo;

III - mecanismo disponível em sítio do candidato, partido ou coligação na internet, permitindo inclusive o uso de cartão de crédito, e que deverá atender aos seguintes requisitos:

a) identificação do doador;

b) emissão obrigatória de recibo eleitoral para cada doação realizada.

§5º Ficam vedadas quaisquer doações em dinheiro, bem como de troféus, prêmios, ajudas de qualquer espécie feitas por candidato, entre o registro e a eleição, a pessoas físicas ou jurídicas.

§6º Na hipótese de doações realizadas por meio da internet, as fraudes ou erros cometidos pelo doador sem conhecimento dos candidatos, partidos ou coligações não ensejarão a responsabilidade destes nem a rejeição de suas contas eleitorais.

§7º O limite previsto no inciso I do §1º não se aplica a doações estimáveis em dinheiro relativas à utilização de bens móveis ou imóveis de propriedade do doador, desde que o valor da doação não ultrapasse R$50.000,00 (cinquenta mil reais).

Art. 24. É vedado, a partido e candidato, receber direta ou indiretamente doação em dinheiro ou estimável em dinheiro, inclusive por meio de publicidade de qualquer espécie, procedente de:
I - entidade ou governo estrangeiro;
II - órgão da administração pública direta e indireta ou fundação mantida com recursos provenientes do Poder Público;
III - concessionário ou permissionário de serviço público;
IV - entidade de direito privado que receba, na condição de beneficiária, contribuição compulsória em virtude de disposição legal;
V - entidade de utilidade pública;
VI - entidade de classe ou sindical;
VII - pessoa jurídica sem fins lucrativos que receba recursos do exterior.
VIII - entidades beneficentes e religiosas;
IX - entidades esportivas;
X - organizações não-governamentais que recebam recursos públicos;
XI - organizações da sociedade civil de interesse público.
Parágrafo único. Não se incluem nas vedações de que trata este artigo as cooperativas cujos cooperados não sejam concessionários ou permissionários de serviços públicos, desde que não estejam sendo beneficiadas com recursos públicos, observado o disposto no art. 81.

Art 25. O partido que descumprir as normas referentes à arrecadação e aplicação de recursos fixadas nesta Lei perderá o direito ao recebimento da quota do Fundo Partidário do ano seguinte, sem prejuízo de responderem os candidatos beneficiados por abuso do poder econômico.
Parágrafo único. A sanção de suspensão do repasse de novas quotas do Fundo Partidário, por desaprovação total ou parcial da prestação de contas do candidato, deverá ser aplicada de forma proporcional e razoável, pelo período de 1 (um) mês a 12 (doze) meses, ou por meio do desconto, do valor a ser repassado, na importância apontada como irregular, não podendo ser aplicada a sanção de suspensão, caso a prestação de contas não seja julgada, pelo juízo ou tribunal competente, após 5 (cinco) anos de sua apresentação.

Art. 26. São considerados gastos eleitorais, sujeitos a registro e aos limites fixados nesta Lei:
I - confecção de material impresso de qualquer natureza e tamanho;
II – propaganda e publicidade direta ou indireta, por qualquer meio de divulgação, destinada a conquistar votos;
III - aluguel de locais para a promoção de atos de campanha eleitoral;
IV - despesas com transporte ou deslocamento de candidato e de pessoal a serviço das candidaturas;
V - correspondência e despesas postais;
VI - despesas de instalação, organização e funcionamento de Comitês e serviços necessários às eleições;
VII - remuneração ou gratificação de qualquer espécie a pessoal que preste serviços às candidaturas ou aos comitês eleitorais;
VIII - montagem e operação de carros de som, de propaganda e assemelhados;
IX - a realização de comícios ou eventos destinados à promoção de candidatura;
X - produção de programas de rádio, televisão ou vídeo, inclusive os destinados à propaganda gratuita;
XI - (Revogado);
XII - realização de pesquisas ou testes pré-eleitorais;
XIII - (Revogado);
XIV - aluguel de bens particulares para veiculação, por qualquer meio, de propaganda eleitoral;
XV - custos com a criação e inclusão de sítios na internet;
XVI - multas aplicadas aos partidos ou candidatos por infração do disposto na legislação eleitoral;
XVII - produção de *jingles*, vinhetas e *slogans* para propaganda eleitoral.

Art. 27. Qualquer eleitor poderá realizar gastos, em apoio a candidato de sua preferência, até a quantia equivalente a um mil UFIR, não sujeitos a contabilização, desde que não reembolsados.

Da Prestação de Contas

Art. 28. A prestação de contas será feita:
I - no caso dos candidatos às eleições majoritárias, na forma disciplinada pela Justiça Eleitoral;

II - no caso dos candidatos às eleições proporcionais, de acordo com os modelos constantes do Anexo desta Lei.

§1º As prestações de contas dos candidatos às eleições majoritárias serão feitas por intermédio do comitê financeiro, devendo ser acompanhadas dos extratos das contas bancárias referentes à movimentação dos recursos financeiros usados na campanha e da relação dos cheques recebidos, com a indicação dos respectivos números, valores e emitentes.

§2º As prestações de contas dos candidatos às eleições proporcionais serão feitas pelo comitê financeiro ou pelo próprio candidato.

§3º As contribuições, doações e as receitas de que trata esta Lei serão convertidas em UFIR, pelo valor desta no mês em que ocorrerem.

§4º Os partidos políticos, as coligações e os candidatos são obrigados, durante a campanha eleitoral, a divulgar, pela rede mundial de computadores (internet), nos dias 6 de agosto e 6 de setembro, relatório discriminando os recursos em dinheiro ou estimáveis em dinheiro que tenham recebido para financiamento da campanha eleitoral, e os gastos que realizarem, em sítio criado pela Justiça Eleitoral para esse fim, exigindo-se a indicação dos nomes dos doadores e os respectivos valores doados somente na prestação de contas final de que tratam os incisos III e IV do art. 29 desta Lei.

Art. 29. Ao receber as prestações de contas e demais informações dos candidatos às eleições majoritárias e dos candidatos às eleições proporcionais que optarem por prestar contas por seu intermédio, os comitês deverão:

I - verificar se os valores declarados pelo candidato à eleição majoritária como tendo sido recebidos por intermédio do comitê conferem com seus próprios registros financeiros e contábeis;

II - resumir as informações contidas nas prestações de contas, de forma a apresentar demonstrativo consolidado das campanhas dos candidatos;

III - encaminhar à Justiça Eleitoral, até o trigésimo dia posterior à realização das eleições, o conjunto das prestações de contas dos candidatos e do próprio comitê, na forma do artigo anterior, ressalvada a hipótese do inciso seguinte;

IV - havendo segundo turno, encaminhar a prestação de contas dos candidatos que o disputem, referente aos dois turnos, até o trigésimo dia posterior a sua realização.

§1º Os candidatos às eleições proporcionais que optarem pela prestação de contas diretamente à Justiça Eleitoral observarão o mesmo prazo do inciso III do *caput*.

§2º A inobservância do prazo para encaminhamento das prestações de contas impede a diplomação dos eleitos, enquanto perdurar.

§3º Eventuais débitos de campanha não quitados até a data de apresentação da prestação de contas poderão ser assumidos pelo partido político, por decisão do seu órgão nacional de direção partidária.

§4º No caso do disposto no §3º, o órgão partidário da respectiva circunscrição eleitoral passará a responder por todas as dívidas solidariamente com o candidato, hipótese em que a existência do débito não poderá ser considerada como causa para a rejeição das contas.

Art. 30. A Justiça Eleitoral verificará a regularidade das contas de campanha, decidindo:

I - pela aprovação, quando estiverem regulares;

II - pela aprovação com ressalvas, quando verificadas falhas que não lhes comprometam a regularidade;

III - pela desaprovação, quando verificadas falhas que lhes comprometam a regularidade;

IV - pela não prestação, quando não apresentadas as contas após a notificação emitida pela Justiça Eleitoral, na qual constará a obrigação expressa de prestar as suas contas, no prazo de setenta e duas horas.

§1º A decisão que julgar as contas dos candidatos eleitos será publicada em sessão até 8 (oito) dias antes da diplomação.

§2º Erros formais e materiais corrigidos não autorizam a rejeição das contas e a cominação de sanção a candidato ou partido.

§2º-A. Erros formais ou materiais irrelevantes no conjunto da prestação de contas,

que não comprometam o seu resultado, não acarretarão a rejeição das contas.
§3º Para efetuar os exames de que trata este artigo, a Justiça Eleitoral poderá requisitar técnicos do Tribunal de Contas da União, dos Estados, do Distrito Federal ou dos Municípios, pelo tempo que for necessário.
§4º Havendo indício de irregularidade na prestação de contas, a Justiça Eleitoral poderá requisitar diretamente do candidato ou do comitê financeiro as informações adicionais necessárias, bem como determinar diligências para a complementação dos dados ou o saneamento das falhas.
§5º Da decisão que julgar as contas prestadas pelos candidatos e comitês financeiros caberá recurso ao órgão superior da Justiça Eleitoral, no prazo de 3 (três) dias, a contar da publicação no Diário Oficial.
§6º No mesmo prazo previsto no §5º, caberá recurso especial para o Tribunal Superior Eleitoral, nas hipóteses previstas nos incisos I e II do §4º do art. 121 da Constituição Federal.
§7º O disposto neste artigo aplica-se aos processos judiciais pendentes.

Art. 30-A. Qualquer partido político ou coligação poderá representar à Justiça Eleitoral, no prazo de 15 (quinze) dias da diplomação, relatando fatos e indicando provas, e pedir a abertura de investigação judicial para apurar condutas em desacordo com as normas desta Lei, relativas à arrecadação e gastos de recursos.
§1º Na apuração de que trata este artigo, aplicar-se-á o procedimento previsto no art. 22 da Lei Complementar nº 64, de 18 de maio de 1990, no que couber.
§2º Comprovados captação ou gastos ilícitos de recursos, para fins eleitorais, será negado diploma ao candidato, ou cassado, se já houver sido outorgado.
§3º O prazo de recurso contra decisões proferidas em representações propostas com base neste artigo será de 3 (três) dias, a contar da data da publicação do julgamento no Diário Oficial.

Art. 31. Se, ao final da campanha, ocorrer sobra de recursos financeiros, esta deve ser declarada na prestação de contas e, após julgados todos os recursos, transferida ao órgão do partido na circunscrição do pleito ou à coligação, neste caso, para divisão entre os partidos que a compõem.
Parágrafo único. As sobras de recursos financeiros de campanha serão utilizadas pelos partidos políticos, devendo tais valores ser declarados em suas prestações de contas perante a Justiça Eleitoral, com a identificação dos candidatos.

Art. 32. Até cento e oitenta dias após a diplomação, os candidatos ou partidos conservarão a documentação concernente a suas contas.
Parágrafo único. Estando pendente de julgamento qualquer processo judicial relativo às contas, a documentação a elas concernente deverá ser conservada até a decisão final.

Das Pesquisas e Testes Pré-Eleitorais

Art. 33. As entidades e empresas que realizarem pesquisas de opinião pública relativas às eleições ou aos candidatos, para conhecimento público, são obrigadas, para cada pesquisa, a registrar, junto à Justiça Eleitoral, até cinco dias antes da divulgação, as seguintes informações:
I - quem contratou a pesquisa;
II - valor e origem dos recursos despendidos no trabalho;
III - metodologia e período de realização da pesquisa;
IV - plano amostral e ponderação quanto a sexo, idade, grau de instrução, nível econômico e área física de realização do trabalho, intervalo de confiança e margem de erro;
V - sistema interno de controle e verificação, conferência e fiscalização da coleta de dados e do trabalho de campo;
VI - questionário completo aplicado ou a ser aplicado;
VII - o nome de quem pagou pela realização do trabalho.
§1º As informações relativas às pesquisas serão registradas nos órgãos da Justiça Eleitoral aos quais compete fazer o registro dos candidatos.
§2º A Justiça Eleitoral afixará no prazo de vinte e quatro horas, no local de costume,

bem como divulgará em seu sítio na internet, aviso comunicando o registro das informações a que se refere este artigo, colocando-as à disposição dos partidos ou coligações com candidatos ao pleito, os quais a elas terão livre acesso pelo prazo de 30 (trinta) dias.
§3º A divulgação de pesquisa sem o prévio registro das informações de que trata este artigo sujeita os responsáveis a multa no valor de cinqüenta mil a cem mil UFIR.
§4º A divulgação de pesquisa fraudulenta constitui crime, punível com detenção de seis meses a um ano e multa no valor de cinqüenta mil a cem mil UFIR.

Art. 34. (Vetado).
§1º Mediante requerimento à Justiça Eleitoral, os partidos poderão ter acesso ao sistema interno de controle, verificação e fiscalização da coleta de dados das entidades que divulgaram pesquisas de opinião relativas às eleições, incluídos os referentes à identificação dos entrevistadores e, por meio de escolha livre e aleatória de planilhas individuais, mapas ou equivalentes, confrontar e conferir os dados publicados, preservada a identidade dos respondentes.
§2º O não-cumprimento do disposto neste artigo ou qualquer ato que vise a retardar, impedir ou dificultar a ação fiscalizadora dos partidos constitui crime, punível com detenção, de seis meses a um ano, com a alternativa de prestação de serviços à comunidade pelo mesmo prazo, e multa no valor de dez mil a vinte mil UFIR.
§3º A comprovação de irregularidade nos dados publicados sujeita os responsáveis às penas mencionadas no parágrafo anterior, sem prejuízo da obrigatoriedade da veiculação dos dados corretos no mesmo espaço, local, horário, página, caracteres e outros elementos de destaque, de acordo com o veículo usado.

Art. 35. Pelos crimes definidos nos arts. 33, §4º e 34, §§2º e 3º, podem ser responsabilizados penalmente os representantes legais da empresa ou entidade de pesquisa e do órgão veiculador.

Art. 35-A. (Vide ADIn nº 3.741-2)

Da Propaganda Eleitoral em Geral

Art. 36. A propaganda eleitoral somente é permitida após o dia 5 de julho do ano da eleição.
§1º Ao postulante a candidatura a cargo eletivo é permitida a realização, na quinzena anterior à escolha pelo partido, de propaganda intrapartidária com vista à indicação de seu nome, vedado o uso de rádio, televisão e *outdoor*.
§2º No segundo semestre do ano da eleição, não será veiculada a propaganda partidária gratuita prevista em lei nem permitido qualquer tipo de propaganda política paga no rádio e na televisão.
§3º A violação do disposto neste artigo sujeitará o responsável pela divulgação da propaganda e, quando comprovado o seu prévio conhecimento, o beneficiário à multa no valor de R$5.000,00 (cinco mil reais) a R$25.000,00 (vinte e cinco mil reais), ou ao equivalente ao custo da propaganda, se este for maior.
§4º Na propaganda dos candidatos a cargo majoritário, deverão constar, também, o nome dos candidatos a vice ou a suplentes de Senador, de modo claro e legível, em tamanho não inferior a 10% (dez por cento) do nome do titular.
§5º A comprovação do cumprimento das determinações da Justiça Eleitoral relacionadas a propaganda realizada em desconformidade com o disposto nesta Lei poderá ser apresentada no Tribunal Superior Eleitoral, no caso de candidatos a Presidente e Vice-Presidente da República, nas sedes dos respectivos Tribunais Regionais Eleitorais, no caso de candidatos a Governador, Vice-Governador, Deputado Federal, Senador da República, Deputados Estadual e Distrital, e, no Juízo Eleitoral, na hipótese de candidato a Prefeito, Vice-Prefeito e Vereador.

Art. 36-A. Não será considerada propaganda eleitoral antecipada:
I - a participação de filiados a partidos políticos ou de pré-candidatos em entrevistas, programas, encontros ou debates no rádio, na televisão e na internet, inclusive com a exposição de plataformas e projetos políticos, desde que não haja pedido de votos,

observado pelas emissoras de rádio e de televisão o dever de conferir tratamento isonômico;

II - a realização de encontros, seminários ou congressos, em ambiente fechado e a expensas dos partidos políticos, para tratar da organização dos processos eleitorais, planos de governos ou alianças partidárias visando às eleições;

III - a realização de prévias partidárias e sua divulgação pelos instrumentos de comunicação intrapartidária; ou

IV - a divulgação de atos de parlamentares e debates legislativos, desde que não se mencione a possível candidatura, ou se faça pedido de votos ou de apoio eleitoral.

Art. 37. Nos bens cujo uso dependa de cessão ou permissão do Poder Público, ou que a ele pertençam, e nos de uso comum, inclusive postes de iluminação pública e sinalização de tráfego, viadutos, passarelas, pontes, paradas de ônibus e outros equipamentos urbanos, é vedada a veiculação de propaganda de qualquer natureza, inclusive pichação, inscrição a tinta, fixação de placas, estandartes, faixas e assemelhados.

§1º A veiculação de propaganda em desacordo com o disposto no *caput* deste artigo sujeita o responsável, após a notificação e comprovação, à restauração do bem e, caso não cumprida no prazo, a multa no valor de R$2.000,00 (dois mil reais) a R$8.000,00 (oito mil reais).

§2º Em bens particulares, independe de obtenção de licença municipal e de autorização da Justiça Eleitoral a veiculação de propaganda eleitoral por meio da fixação de faixas, placas, cartazes, pinturas ou inscrições, desde que não excedam a 4m² (quatro metros quadrados) e que não contrariem a legislação eleitoral, sujeitando-se o infrator às penalidades previstas no §1º.

§3º Nas dependências do Poder Legislativo, a veiculação de propaganda eleitoral fica a critério da Mesa Diretora.

§4º Bens de uso comum, para fins eleitorais, são os assim definidos pela Lei nº 10.406, de 10 de janeiro de 2002 – Código Civil e também aqueles a que a população em geral tem acesso, tais como cinemas, clubes, lojas, centros comerciais, templos, ginásios, estádios, ainda que de propriedade privada.

§5º Nas árvores e nos jardins localizados em áreas públicas, bem como em muros, cercas e tapumes divisórios, não é permitida a colocação de propaganda eleitoral de qualquer natureza, mesmo que não lhes cause dano.

§6º É permitida a colocação de cavaletes, bonecos, cartazes, mesas para distribuição de material de campanha e bandeiras ao longo das vias públicas, desde que móveis e que não dificultem o bom andamento do trânsito de pessoas e veículos.

§7º A mobilidade referida no §6º estará caracterizada com a colocação e a retirada dos meios de propaganda entre as seis horas e as vinte e duas horas.

§8º A veiculação de propaganda eleitoral em bens particulares deve ser espontânea e gratuita, sendo vedado qualquer tipo de pagamento em troca de espaço para esta finalidade.

Art. 38. Independe da obtenção de licença municipal e de autorização da Justiça Eleitoral a veiculação de propaganda eleitoral pela distribuição de folhetos, volantes e outros impressos, os quais devem ser editados sob a responsabilidade do partido, coligação ou candidato.

§1º Todo material impresso de campanha eleitoral deverá conter o número de inscrição no Cadastro Nacional da Pessoa Jurídica – CNPJ ou o número de inscrição no Cadastro de Pessoas Físicas – CPF do responsável pela confecção, bem como de quem a contratou, e a respectiva tiragem.

§2º Quando o material impresso veicular propaganda conjunta de diversos candidatos, os gastos relativos a cada um deles deverão constar na respectiva prestação de contas, ou apenas naquela relativa ao que houver arcado com os custos.

Art. 39. A realização de qualquer ato de propaganda partidária ou eleitoral, em recinto aberto ou fechado, não depende de licença da polícia.

§1º O candidato, partido ou coligação promotora do ato fará a devida comunicação à autoridade policial em, no mínimo, vinte e quatro horas antes de sua realização, a fim de que esta lhe garanta, segundo a prioridade do aviso, o direito contra quem tencione usar o local no mesmo dia e horário.

§2º A autoridade policial tomará as providências necessárias à garantia da realização do ato e ao funcionamento do tráfego e dos serviços públicos que o evento possa afetar.

§3º O funcionamento de alto-falantes ou amplificadores de som, ressalvada a hipótese contemplada no parágrafo seguinte, somente é permitido entre as oito e as vinte e duas horas, sendo vedados a instalação e o uso daqueles equipamentos em distância inferior a duzentos metros:

I - das sedes dos Poderes Executivo e Legislativo da União, dos Estados, do Distrito Federal e dos Municípios, das sedes dos Tribunais Judiciais, e dos quartéis e outros estabelecimentos militares;

II - dos hospitais e casas de saúde;

III - das escolas, bibliotecas públicas, igrejas e teatros, quando em funcionamento.

§4º A realização de comícios e a utilização de aparelhagem de sonorização fixa são permitidas no horário compreendido entre as 8 (oito) e as 24 (vinte e quatro) horas.

§5º Constituem crimes, no dia da eleição, puníveis com detenção, de seis meses a um ano, com a alternativa de prestação de serviços à comunidade pelo mesmo período, e multa no valor de cinco mil a quinze mil UFIR:

I - o uso de alto-falantes e amplificadores de som ou a promoção de comício ou carreata;

II - a arregimentação de eleitor ou a propaganda de boca de urna;

III - a divulgação de qualquer espécie de propaganda de partidos políticos ou de seus candidatos.

§6º É vedada na campanha eleitoral a confecção, utilização, distribuição por comitê, candidato, ou com a sua autorização, de camisetas, chaveiros, bonés, canetas, brindes, cestas básicas ou quaisquer outros bens ou materiais que possam proporcionar vantagem ao eleitor.

§7º É proibida a realização de *showmício* e de evento assemelhado para promoção de candidatos, bem como a apresentação, remunerada ou não, de artistas com a finalidade de animar comício e reunião eleitoral.

§8º É vedada a propaganda eleitoral mediante *outdoors*, sujeitando-se a empresa responsável, os partidos, coligações e candidatos à imediata retirada da propaganda irregular e ao pagamento de multa no valor de 5.000 (cinco mil) a 15.000 (quinze mil) UFIRs.

§9º Até as vinte e duas horas do dia que antecede a eleição, serão permitidos distribuição de material gráfico, caminhada, carreata, passeata ou carro de som que transite pela cidade divulgando jingles ou mensagens de candidatos.

§10. Fica vedada a utilização de trios elétricos em campanhas eleitorais, exceto para a sonorização de comícios.

Art. 39-A. É permitida, no dia das eleições, a manifestação individual e silenciosa da preferência do eleitor por partido político, coligação ou candidato, revelada exclusivamente pelo uso de bandeiras, broches, dísticos e adesivos.

§1º É vedada, no dia do pleito, até o término do horário de votação, a aglomeração de pessoas portando vestuário padronizado, bem como os instrumentos de propaganda referidos no *caput*, de modo a caracterizar manifestação coletiva, com ou sem utilização de veículos.

§2º No recinto das seções eleitorais e juntas apuradoras, é proibido aos servidores da Justiça Eleitoral, aos mesários e aos escrutinadores o uso de vestuário ou objeto que contenha qualquer propaganda de partido político, de coligação ou de candidato.

§3º Aos fiscais partidários, nos trabalhos de votação, só é permitido que, em seus crachás, constem o nome e a sigla do partido político ou coligação a que sirvam, vedada a padronização do vestuário.

§4º No dia do pleito, serão afixadas cópias deste artigo em lugares visíveis nas partes interna e externa das seções eleitorais.

Art. 40. O uso, na propaganda eleitoral, de símbolos, frases ou imagens, associadas ou semelhantes às empregadas por órgão de governo, empresa pública ou sociedade de economia mista constitui crime, punível com detenção, de seis meses a um ano, com a alternativa de prestação de serviços à comunidade pelo mesmo período, e multa no valor de dez mil a vinte mil UFIR.

Art. 40-A. (Vetado).

Art. 40-B. A representação relativa à propaganda irregular deve ser instruída com prova da autoria ou do prévio conhecimento do beneficiário, caso este não seja por ela responsável.
Parágrafo único. A responsabilidade do candidato estará demonstrada se este, intimado da existência da propaganda irregular, não providenciar, no prazo de quarenta e oito horas, sua retirada ou regularização e, ainda, se as circunstâncias e as peculiaridades do caso específico revelarem a impossibilidade de o beneficiário não ter tido conhecimento da propaganda.

Art. 41. A propaganda exercida nos termos da legislação eleitoral não poderá ser objeto de multa nem cerceada sob alegação do exercício do poder de polícia ou de violação de postura municipal, casos em que se deve proceder na forma prevista no art. 40.
§1º O poder de polícia sobre a propaganda eleitoral será exercido pelos juízes eleitorais e pelos juízes designados pelos Tribunais Regionais Eleitorais.
§2º O poder de polícia se restringe às providências necessárias para inibir práticas ilegais, vedada a censura prévia sobre o teor dos programas a serem exibidos na televisão, no rádio ou na internet.

Art. 41-A. Ressalvado o disposto no art. 26 e seus incisos, constitui captação de sufrágio, vedada por esta Lei, o candidato doar, oferecer, prometer, ou entregar, ao eleitor, com o fim de obter-lhe o voto, bem ou vantagem pessoal de qualquer natureza, inclusive emprego ou função pública, desde o registro da candidatura até o dia da eleição, inclusive, sob pena de multa de mil a cinqüenta mil Ufir, e cassação do registro ou do diploma, observado o procedimento previsto no art. 22 da Lei Complementar nº 64, de 18 de maio de 1990.
§1º Para a caracterização da conduta ilícita, é desnecessário o pedido explícito de votos, bastando a evidência do dolo, consistente no especial fim de agir.
§2º As sanções previstas no *caput* aplicam-se contra quem praticar atos de violência ou grave ameaça a pessoa, com o fim de obter-lhe o voto.
§3º A representação contra as condutas vedadas no *caput* poderá ser ajuizada até a data da diplomação.
§4º O prazo de recurso contra decisões proferidas com base neste artigo será de 3 (três) dias, a contar da data da publicação do julgamento no Diário Oficial.

Da Propaganda Eleitoral Mediante *Outdoors*

Art. 42. (Revogado).

Da Propaganda Eleitoral na Imprensa

Art. 43. São permitidas, até a antevéspera das eleições, a divulgação paga, na imprensa escrita, e a reprodução na internet do jornal impresso, de até 10 (dez) anúncios de propaganda eleitoral, por veículo, em datas diversas, para cada candidato, no espaço máximo, por edição, de 1/8 (um oitavo) de página de jornal padrão e de 1/4 (um quarto) de página de revista ou tabloide.
§1º Deverá constar do anúncio, de forma visível, o valor pago pela inserção.
§2º A inobservância do disposto neste artigo sujeita os responsáveis pelos veículos de divulgação e os partidos, coligações ou candidatos beneficiados a multa no valor de R$1.000,00 (mil reais) a R$10.000,00 (dez mil reais) ou equivalente ao da divulgação da propaganda paga, se este for maior.

Da Propaganda Eleitoral no Rádio e na Televisão

Art. 44. A propaganda eleitoral no rádio e na televisão restringe-se ao horário gratuito definido nesta Lei, vedada a veiculação de propaganda paga.
§1º A propaganda eleitoral gratuita na televisão deverá utilizar a Linguagem Brasileira de Sinais – LIBRAS ou o recurso de legenda, que deverão constar obrigatoriamente do material entregue às emissoras.

§2º No horário reservado para a propaganda eleitoral, não se permitirá utilização comercial ou propaganda realizada com a intenção, ainda que disfarçada ou subliminar, de promover marca ou produto.
§3º Será punida, nos termos do §1º do art. 37, a emissora que, não autorizada a funcionar pelo poder competente, veicular propaganda eleitoral.

Art. 45. A partir de 1º de julho do ano da eleição, é vedado às emissoras de rádio e televisão, em sua programação normal e noticiário:
I - transmitir, ainda que sob a forma de entrevista jornalística, imagens de realização de pesquisa ou qualquer outro tipo de consulta popular de natureza eleitoral em que seja possível identificar o entrevistado ou em que haja manipulação de dados;
II - usar trucagem, montagem ou outro recurso de áudio ou vídeo que, de qualquer forma, degradem ou ridicularizem candidato, partido ou coligação, ou produzir ou veicular programa com esse efeito; (Vide ADIn nº 4.451).
III - veicular propaganda política ou difundir opinião favorável ou contrária a candidato, partido, coligação, a seus órgãos ou representantes;
IV - dar tratamento privilegiado a candidato, partido ou coligação;
V - veicular ou divulgar filmes, novelas, minisséries ou qualquer outro programa com alusão ou crítica a candidato ou partido político, mesmo que dissimuladamente, exceto programas jornalísticos ou debates políticos;
VI - divulgar nome de programa que se refira a candidato escolhido em convenção, ainda quando preexistente, inclusive se coincidente com o nome do candidato ou com a variação nominal por ele adotada. Sendo o nome do programa o mesmo que o do candidato, fica proibida a sua divulgação, sob pena de cancelamento do respectivo registro.
§1º A partir do resultado da convenção, é vedado, ainda, às emissoras transmitir programa apresentado ou comentado por candidato escolhido em convenção.
§2º Sem prejuízo do disposto no parágrafo único do art. 55, a inobservância do disposto neste artigo sujeita a emissora ao pagamento de multa no valor de vinte mil a cem mil UFIR, duplicada em caso de reincidência.
§3º (Revogado).
§4º Entende-se por trucagem todo e qualquer efeito realizado em áudio ou vídeo que degradar ou ridicularizar candidato, partido político ou coligação, ou que desvirtuar a realidade e beneficiar ou prejudicar qualquer candidato, partido político ou coligação.
§5º Entende-se por montagem toda e qualquer junção de registros de áudio ou vídeo que degradar ou ridicularizar candidato, partido político ou coligação, ou que desvirtuar a realidade e beneficiar ou prejudicar qualquer candidato, partido político ou coligação.
§6º É permitido ao partido político utilizar na propaganda eleitoral de seus candidatos em âmbito regional, inclusive no horário eleitoral gratuito, a imagem e a voz de candidato ou militante de partido político que integre a sua coligação em âmbito nacional.

Art 46. Independentemente da veiculação de propaganda eleitoral gratuita no horário definido nesta Lei, é facultada a transmissão, por emissora de rádio ou televisão, de debates sobre as eleições majoritária ou proporcional, sendo assegurada a participação de candidatos dos partidos com representação na Câmara dos Deputados, e facultada a dos demais, observado o seguinte:
I - nas eleições majoritárias, a apresentação dos debates poderá ser feita:
a) em conjunto, estando presentes todos os candidatos a um mesmo cargo eletivo;
b) em grupos, estando presentes, no mínimo, três candidatos;
II - nas eleições proporcionais, os debates deverão ser organizados de modo que assegurem a presença de número equivalente de candidatos de todos os partidos e coligações a um mesmo cargo eletivo, podendo desdobrar-se em mais de um dia;
III - os debates deverão ser parte de programação previamente estabelecida e divulgada pela emissora, fazendo-se mediante sorteio a escolha do dia e da ordem de

fala de cada candidato, salvo se celebrado acordo em outro sentido entre os partidos e coligações interessados.

§1º Será admitida a realização de debate sem a presença de candidato de algum partido, desde que o veículo de comunicação responsável comprove havê-lo convidado com a antecedência mínima de setenta e duas horas da realização do debate.

§2º É vedada a presença de um mesmo candidato a eleição proporcional em mais de um debate da mesma emissora.

§3º O descumprimento do disposto neste artigo sujeita a empresa infratora às penalidades previstas no art. 56.

§4º O debate será realizado segundo as regras estabelecidas em acordo celebrado entre os partidos políticos e a pessoa jurídica interessada na realização do evento, dando-se ciência à Justiça Eleitoral.

§5º Para os debates que se realizarem no primeiro turno das eleições, serão consideradas aprovadas as regras que obtiverem a concordância de pelo menos 2/3 (dois terços) dos candidatos aptos no caso de eleição majoritária, e de pelo menos 2/3 (dois terços) dos partidos ou coligações com candidatos aptos, no caso de eleição proporcional.

Art. 47. As emissoras de rádio e de televisão e os canais de televisão por assinatura mencionados no art. 57 reservarão, nos quarenta e cinco dias anteriores à antevéspera das eleições, horário destinado à divulgação, em rede, da propaganda eleitoral gratuita, na forma estabelecida neste artigo.

§1º A propaganda será feita:

I - na eleição para Presidente da República, às terças e quintas-feiras e aos sábados:

a) das sete horas às sete horas e vinte e cinco minutos e das doze horas às doze horas e vinte e cinco minutos, no rádio;

b) das treze horas às treze horas e vinte e cinco minutos e das vinte horas e trinta minutos às vinte horas e cinqüenta e cinco minutos, na televisão;

II - nas eleições para Deputado Federal, às terças e quintas-feiras e aos sábados:

a) das sete horas e vinte e cinco minutos às sete horas e cinqüenta minutos e das doze horas e vinte e cinco minutos às doze horas e cinqüenta minutos, no rádio;

b) das treze horas e vinte e cinco minutos às treze horas e cinqüenta minutos e das vinte horas e cinqüenta e cinco minutos às vinte e uma horas e vinte minutos, na televisão;

III - nas eleições para Governador de Estado e do Distrito Federal, às segundas, quartas e sextas-feiras:

a) das sete horas às sete horas e vinte minutos e das doze horas às doze horas e vinte minutos, no rádio, nos anos em que a renovação do Senado Federal se der por 1/3 (um terço);

b) das treze horas às treze horas e vinte minutos e das vinte horas e trinta minutos às vinte horas e cinquenta minutos, na televisão, nos anos em que a renovação do Senado Federal se der por 1/3 (um terço);

c) das sete horas às sete horas e dezoito minutos e das doze horas às doze horas e dezoito minutos, no rádio, nos anos em que a renovação do Senado Federal se der por 2/3 (dois terços);

d) das treze horas às treze horas e dezoito minutos e das vinte horas e trinta minutos às vinte horas e quarenta e oito minutos, na televisão, nos anos em que a renovação do Senado Federal se der por 2/3 (dois terços);

IV - nas eleições para Deputado Estadual e Deputado Distrital, às segundas, quartas e sextas-feiras:

a) das sete horas e vinte minutos às sete horas e quarenta minutos e das doze horas e vinte minutos às doze horas e quarenta minutos, no rádio, nos anos em que a renovação do Senado Federal se der por 1/3 (um terço);

b) das treze horas e vinte minutos às treze horas e quarenta minutos e das vinte horas e cinquenta minutos às vinte e uma horas e dez minutos, na televisão, nos anos em que a renovação do Senado Federal se der por 1/3 (um terço);

c) das sete horas e dezoito minutos às sete horas e trinta e cinco minutos e das doze horas e dezoito minutos às doze horas e trinta e cinco minutos, no rádio, nos anos em que a renovação do Senado Federal se der por 2/3 (dois terços);

d) das treze horas e dezoito minutos às treze horas e trinta e cinco minutos e das vinte horas e quarenta e oito minutos às vinte e uma horas e cinco minutos, na

televisão, nos anos em que a renovação do Senado Federal se der por 2/3 (dois terços);
V - na eleição para Senador, às segundas, quartas e sextas-feiras:
a) das sete horas e quarenta minutos às sete horas e cinquenta minutos e das doze horas e quarenta minutos às doze horas e cinquenta minutos, no rádio, nos anos em que a renovação do Senado Federal se der por 1/3 (um terço);
b) das treze horas e quarenta minutos às treze horas e cinquenta minutos e das vinte e uma horas e dez minutos às vinte e uma horas e vinte minutos, na televisão, nos anos em que a renovação do Senado Federal se der por 1/3 (um terço);
c) das sete horas e trinta e cinco minutos às sete horas e cinquenta minutos e das doze horas e trinta e cinco minutos às doze horas e cinquenta minutos, no rádio, nos anos em que a renovação do Senado Federal se der por 2/3 (dois terços);
d) das treze horas e trinta e cinco minutos às treze horas e cinquenta minutos e das vinte e uma horas e cinco minutos às vinte e uma horas e vinte minutos, na televisão, nos anos em que a renovação do Senado Federal se der por 2/3 (dois terços);
VI - nas eleições para Prefeito e Vice-Prefeito, às segundas, quartas e sextas-feiras:
a) das sete horas às sete horas e trinta minutos e das doze horas às doze horas e trinta minutos, no rádio;
b) das treze horas às treze horas e trinta minutos e das vinte horas e trinta minutos às vinte e uma horas, na televisão;
VII - nas eleições para Vereador, às terças e quintas-feiras e aos sábados, nos mesmos horários previstos no inciso anterior.
§2º Os horários reservados à propaganda de cada eleição, nos termos do parágrafo anterior, serão distribuídos entre todos os partidos e coligações que tenham candidato e representação na Câmara dos Deputados, observados os seguintes critérios:
I - um terço, igualitariamente;
II - dois terços, proporcionalmente ao número de representantes na Câmara dos Deputados, considerado, no caso de coligação, o resultado da soma do número de representantes de todos os partidos que a integram.
§3º Para efeito do disposto neste artigo, a representação de cada partido na Câmara dos Deputados é a resultante da eleição.
§4º O número de representantes de partido que tenha resultado de fusão ou a que se tenha incorporado outro corresponderá à soma dos representantes que os partidos de origem possuíam na data mencionada no parágrafo anterior.
§5º Se o candidato a Presidente ou a Governador deixar de concorrer, em qualquer etapa do pleito, e não havendo a substituição prevista no art. 13 desta Lei, far-se-á nova distribuição do tempo entre os candidatos remanescentes.
§6º Aos partidos e coligações que, após a aplicação dos critérios de distribuição referidos no *caput*, obtiverem direito a parcela do horário eleitoral inferior a trinta segundos, será assegurado o direito de acumulá-lo para uso em tempo equivalente.

Art. 48. Nas eleições para Prefeitos e Vereadores, nos Municípios em que não haja emissora de rádio e televisão, a Justiça Eleitoral garantirá aos Partidos Políticos participantes do pleito a veiculação de propaganda eleitoral gratuita nas localidades aptas à realização de segundo turno de eleições e nas quais seja operacionalmente viável realizar a retransmissão.
§1º A Justiça Eleitoral regulamentará o disposto neste artigo, de forma que o número máximo de Municípios a serem atendidos seja igual ao de emissoras geradoras disponíveis.
§2º O disposto neste artigo aplica-se às emissoras de rádio, nas mesmas condições.

Art. 49. Se houver segundo turno, as emissoras de rádio e televisão reservarão, a partir de quarenta e oito horas da proclamação dos resultados do primeiro turno e até a antevéspera da eleição, horário destinado à divulgação da propaganda eleitoral gratuita, dividido em dois períodos diários de vinte minutos para cada eleição, iniciando-se às sete e às doze horas, no rádio, e às treze e às vinte horas e trinta minutos, na televisão.
§1º Em circunscrição onde houver segundo turno para Presidente e Governador, o horário reservado à propaganda deste

iniciar-se-á imediatamente após o término do horário reservado ao primeiro.
§2º O tempo de cada período diário será dividido igualitariamente entre os candidatos.

Art. 50. A Justiça Eleitoral efetuará sorteio para a escolha da ordem de veiculação da propaganda de cada partido ou coligação no primeiro dia do horário eleitoral gratuito; a cada dia que se seguir, a propaganda veiculada por último, na véspera, será a primeira, apresentando-se as demais na ordem do sorteio.

Art. 51. Durante os períodos previstos nos arts. 47 e 49, as emissoras de rádio e televisão e os canais por assinatura mencionados no art. 57 reservarão, ainda, trinta minutos diários para a propaganda eleitoral gratuita, a serem usados em inserções de até sessenta segundos, a critério do respectivo partido ou coligação, assinadas obrigatoriamente pelo partido ou coligação, e distribuídas, ao longo da programação veiculada entre as oito e as vinte e quatro horas, nos termos do §2º do art. 47, obedecido o seguinte:
I - o tempo será dividido em partes iguais para a utilização nas campanhas dos candidatos às eleições majoritárias e proporcionais, bem como de suas legendas partidárias ou das que componham a coligação, quando for o caso;
II - destinação exclusiva do tempo para a campanha dos candidatos a Prefeito e Vice-Prefeito, no caso de eleições municipais;
III - a distribuição levará em conta os blocos de audiência entre as oito e as doze horas, as doze e as dezoito horas, as dezoito e as vinte e uma horas, as vinte e uma e as vinte e quatro horas;
IV - na veiculação das inserções é vedada a utilização de gravações externas, montagens ou trucagens, computação gráfica, desenhos animados e efeitos especiais, e a veiculação de mensagens que possam degradar ou ridicularizar candidato, partido ou coligação.

Art. 52. A partir do dia 8 de julho do ano da eleição, a Justiça Eleitoral convocará os partidos e a representação das emissoras de televisão para elaborarem plano de mídia, nos termos do artigo anterior, para o uso da parcela do horário eleitoral gratuito a que tenham direito, garantida a todos participação nos horários de maior e menor audiência.

Art. 53. Não serão admitidos cortes instantâneos ou qualquer tipo de censura prévia nos programas eleitorais gratuitos.
§1º É vedada a veiculação de propaganda que possa degradar ou ridicularizar candidatos, sujeitando-se o partido ou coligação infratores à perda do direito à veiculação de propaganda no horário eleitoral gratuito do dia seguinte.
§2º Sem prejuízo do disposto no parágrafo anterior, a requerimento de partido, coligação ou candidato, a Justiça Eleitoral impedirá a reapresentação de propaganda ofensiva à honra de candidato, à moral e aos bons costumes.

Art. 53-A. É vedado aos partidos políticos e às coligações incluir no horário destinado aos candidatos às eleições proporcionais propaganda das candidaturas a eleições majoritárias, ou vice-versa, ressalvada a utilização, durante a exibição do programa, de legendas com referência aos candidatos majoritários, ou, ao fundo, de cartazes ou fotografias desses candidatos.
§1º É facultada a inserção de depoimento de candidatos a eleições proporcionais no horário da propaganda das candidaturas majoritárias e vice-versa, registrados sob o mesmo partido ou coligação, desde que o depoimento consista exclusivamente em pedido de voto ao candidato que cedeu o tempo.
§2º Fica vedada a utilização da propaganda de candidaturas proporcionais como propaganda de candidaturas majoritárias e vice-versa.
§3º O partido político ou a coligação que não observar a regra contida neste artigo perderá, em seu horário de propaganda gratuita, tempo equivalente no horário reservado à propaganda da eleição disputada pelo candidato beneficiado.

Art. 54. Dos programas de rádio e televisão destinados à propaganda eleitoral gratuita

de cada partido ou coligação poderá participar, em apoio aos candidatos desta ou daquele, qualquer cidadão não filiado a outra agremiação partidária ou a partido integrante de outra coligação, sendo vedada a participação de qualquer pessoa mediante remuneração.
Parágrafo único. No segundo turno das eleições não será permitida, nos programas de que trata este artigo, a participação de filiados a partidos que tenham formalizado o apoio a outros candidatos.

Art. 55. Na propaganda eleitoral no horário gratuito, são aplicáveis ao partido, coligação ou candidato as vedações indicadas nos incisos I e II do art. 45.
Parágrafo único. A inobservância do disposto neste artigo sujeita o partido ou coligação à perda de tempo equivalente ao dobro do usado na prática do ilícito, no período do horário gratuito subseqüente, dobrada a cada reincidência, devendo, no mesmo período, exibir-se a informação de que a não-veiculação do programa resulta de infração da lei eleitoral.

Art. 56. A requerimento de partido, coligação ou candidato, a Justiça Eleitoral poderá determinar a suspensão, por vinte e quatro horas, da programação normal de emissora que deixar de cumprir as disposições desta Lei sobre propaganda.
§1º No período de suspensão a que se refere este artigo, a emissora transmitirá a cada quinze minutos a informação de que se encontra fora do ar por ter desobedecido à lei eleitoral.
§2º Em cada reiteração de conduta, o período de suspensão será duplicado.

Art. 57. As disposições desta Lei aplicam-se às emissoras de televisão que operam em VHF e UHF e os canais de televisão por assinatura sob a responsabilidade do Senado Federal, da Câmara dos Deputados, das Assembléias Legislativas, da Câmara Legislativa do Distrito Federal ou das Câmaras Municipais.

Art. 57-A. É permitida a propaganda eleitoral na internet, nos termos desta Lei, após o dia 5 de julho do ano da eleição.

Art. 57-B. A propaganda eleitoral na internet poderá ser realizada nas seguintes formas:
I - em sítio do candidato, com endereço eletrônico comunicado à Justiça Eleitoral e hospedado, direta ou indiretamente, em provedor de serviço de internet estabelecido no País;
II - em sítio do partido ou da coligação, com endereço eletrônico comunicado à Justiça Eleitoral e hospedado, direta ou indiretamente, em provedor de serviço de internet estabelecido no País;
III - por meio de mensagem eletrônica para endereços cadastrados gratuitamente pelo candidato, partido ou coligação;
IV - por meio de blogs, redes sociais, sítios de mensagens instantâneas e assemelhados, cujo conteúdo seja gerado ou editado por candidatos, partidos ou coligações ou de iniciativa de qualquer pessoa natural.

Art. 57-C. Na internet, é vedada a veiculação de qualquer tipo de propaganda eleitoral paga.
§1º É vedada, ainda que gratuitamente, a veiculação de propaganda eleitoral na internet, em sítios:
I - de pessoas jurídicas, com ou sem fins lucrativos;
II - oficiais ou hospedados por órgãos ou entidades da administração pública direta ou indireta da União, dos Estados, do Distrito Federal e dos Municípios.
§2º A violação do disposto neste artigo sujeita o responsável pela divulgação da propaganda e, quando comprovado seu prévio conhecimento, o beneficiário à multa no valor de R$5.000,00 (cinco mil reais) a R$30.000,00 (trinta mil reais).

Art. 57-D. É livre a manifestação do pensamento, vedado o anonimato durante a campanha eleitoral, por meio da rede mundial de computadores - internet, assegurado o direito de resposta, nos termos das alíneas a, b e c do inciso IV do §3º do art. 58 e do 58-A, e por outros meios de comunicação interpessoal mediante mensagem eletrônica.
§1º (Vetado).
§2º A violação do disposto neste artigo sujeitará o responsável pela divulgação

da propaganda e, quando comprovado seu prévio conhecimento, o beneficiário à multa no valor de R$5.000,00 (cinco mil reais) a R$30.000,00 (trinta mil reais).

Art. 57-E. São vedadas às pessoas relacionadas no art. 24 a utilização, doação ou cessão de cadastro eletrônico de seus clientes, em favor de candidatos, partidos ou coligações.
§1º É proibida a venda de cadastro de endereços eletrônicos.
§2º A violação do disposto neste artigo sujeita o responsável pela divulgação da propaganda e, quando comprovado seu prévio conhecimento, o beneficiário à multa no valor de R$5.000,00 (cinco mil reais) a R$30.000,00 (trinta mil reais).

Art. 57-F. Aplicam-se ao provedor de conteúdo e de serviços multimídia que hospeda a divulgação da propaganda eleitoral de candidato, de partido ou de coligação as penalidades previstas nesta Lei, se, no prazo determinado pela Justiça Eleitoral, contado a partir da notificação de decisão sobre a existência de propaganda irregular, não tomar providências para a cessação dessa divulgação.
Parágrafo único. O provedor de conteúdo ou de serviços multimídia só será considerado responsável pela divulgação da propaganda se a publicação do material for comprovadamente de seu prévio conhecimento.

Art. 57-G. As mensagens eletrônicas enviadas por candidato, partido ou coligação, por qualquer meio, deverão dispor de mecanismo que permita seu descadastramento pelo destinatário, obrigado o remetente a providenciá-lo no prazo de quarenta e oito horas.
Parágrafo único. Mensagens eletrônicas enviadas após o término do prazo previsto no *caput* sujeitam os responsáveis ao pagamento de multa no valor de R$100,00 (cem reais), por mensagem.

Art. 57-H. Sem prejuízo das demais sanções legais cabíveis, será punido, com multa de R$5.000,00 (cinco mil reais) a R$30.000,00 (trinta mil reais), quem realizar propaganda eleitoral na internet, atribuindo indevidamente sua autoria a terceiro, inclusive a candidato, partido ou coligação.

Art. 57-I. A requerimento de candidato, partido ou coligação, observado o rito previsto no art. 96, a Justiça Eleitoral poderá determinar a suspensão, por vinte e quatro horas, do acesso a todo conteúdo informativo dos sítios da internet que deixarem de cumprir as disposições desta Lei.
§1º A cada reiteração de conduta, será duplicado o período de suspensão.
§2º No período de suspensão a que se refere este artigo, a empresa informará, a todos os usuários que tentarem acessar seus serviços, que se encontra temporariamente inoperante por desobediência à legislação eleitoral.

Do Direito de Resposta

Art. 58. A partir da escolha de candidatos em convenção, é assegurado o direito de resposta a candidato, partido ou coligação atingidos, ainda que de forma indireta, por conceito, imagem ou afirmação caluniosa, difamatória, injuriosa ou sabidamente inverídica, difundidos por qualquer veículo de comunicação social.
§1º O ofendido, ou seu representante legal, poderá pedir o exercício do direito de resposta à Justiça Eleitoral nos seguintes prazos, contados a partir da veiculação da ofensa:
I - vinte e quatro horas, quando se tratar do horário eleitoral gratuito;
II - quarenta e oito horas, quando se tratar da programação normal das emissoras de rádio e televisão;
III - setenta e duas horas, quando se tratar de órgão da imprensa escrita.
§2º Recebido o pedido, a Justiça Eleitoral notificará imediatamente o ofensor para que se defenda em vinte e quatro horas, devendo a decisão ser prolatada no prazo máximo de setenta e duas horas da data da formulação do pedido.
§3º Observar-se-ão, ainda, as seguintes regras no caso de pedido de resposta relativo a ofensa veiculada:
I - em órgão da imprensa escrita:

a) o pedido deverá ser instruído com um exemplar da publicação e o texto para resposta;
b) deferido o pedido, a divulgação da resposta dar-se-á no mesmo veículo, espaço, local, página, tamanho, caracteres e outros elementos de realce usados na ofensa, em até quarenta e oito horas após a decisão ou, tratando-se de veículo com periodicidade de circulação maior que quarenta e oito horas, na primeira vez em que circular;
c) por solicitação do ofendido, a divulgação da resposta será feita no mesmo dia da semana em que a ofensa foi divulgada, ainda que fora do prazo de quarenta e oito horas;
d) se a ofensa for produzida em dia e hora que inviabilizem sua reparação dentro dos prazos estabelecidos nas alíneas anteriores, a Justiça Eleitoral determinará a imediata divulgação da resposta;
e) o ofensor deverá comprovar nos autos o cumprimento da decisão, mediante dados sobre a regular distribuição dos exemplares, a quantidade impressa e o raio de abrangência na distribuição;
II - em programação normal das emissoras de rádio e de televisão:
a) a Justiça Eleitoral, à vista do pedido, deverá notificar imediatamente o responsável pela emissora que realizou o programa para que entregue em vinte e quatro horas, sob as penas do art. 347 da Lei nº 4.737, de 15 de julho de 1965 – Código Eleitoral, cópia da fita da transmissão, que será devolvida após a decisão;
b) o responsável pela emissora, ao ser notificado pela Justiça Eleitoral ou informado pelo reclamante ou representante, por cópia protocolada do pedido de resposta, preservará a gravação até a decisão final do processo;
c) deferido o pedido, a resposta será dada em até quarenta e oito horas após a decisão, em tempo igual ao da ofensa, porém nunca inferior a um minuto;
III - no horário eleitoral gratuito:
a) o ofendido usará, para a resposta, tempo igual ao da ofensa, nunca inferior, porém, a um minuto;
b) a resposta será veiculada no horário destinado ao partido ou coligação responsável pela ofensa, devendo necessariamente dirigir-se aos fatos nela veiculados;
c) se o tempo reservado ao partido ou coligação responsável pela ofensa for inferior a um minuto, a resposta será levada ao ar tantas vezes quantas sejam necessárias para a sua complementação;
d) deferido o pedido para resposta, a emissora geradora e o partido ou coligação atingidos deverão ser notificados imediatamente da decisão, na qual deverão estar indicados quais os períodos, diurno ou noturno, para a veiculação da resposta, que deverá ter lugar no início do programa do partido ou coligação;
e) o meio magnético com a resposta deverá ser entregue à emissora geradora, até trinta e seis horas após a ciência da decisão, para veiculação no programa subseqüente do partido ou coligação em cujo horário se praticou a ofensa;
f) se o ofendido for candidato, partido ou coligação que tenha usado o tempo concedido sem responder aos fatos veiculados na ofensa, terá subtraído tempo idêntico do respectivo programa eleitoral; tratando-se de terceiros, ficarão sujeitos à suspensão de igual tempo em eventuais novos pedidos de resposta e à multa no valor de duas mil a cinco mil UFIR.
IV - em propaganda eleitoral na internet:
a) deferido o pedido, a divulgação da resposta dar-se-á no mesmo veículo, espaço, local, horário, página eletrônica, tamanho, caracteres e outros elementos de realce usados na ofensa, em até quarenta e oito horas após a entrega da mídia física com a resposta do ofendido;
b) a resposta ficará disponível para acesso pelos usuários do serviço de internet por tempo não inferior ao dobro em que esteve disponível a mensagem considerada ofensiva;
c) os custos de veiculação da resposta correrão por conta do responsável pela propaganda original.
§4º Se a ofensa ocorrer em dia e hora que inviabilizem sua reparação dentro dos prazos estabelecidos nos parágrafos anteriores, a resposta será divulgada nos horários que a Justiça Eleitoral determinar, ainda que nas quarenta e oito horas anteriores ao pleito, em termos e forma previamente aprovados, de modo a não ensejar tréplica.

§5º Da decisão sobre o exercício do direito de resposta cabe recurso às instâncias superiores, em vinte e quatro horas da data de sua publicação em cartório ou sessão, assegurado ao recorrido oferecer contra-razões em igual prazo, a contar da sua notificação.

§6º A Justiça Eleitoral deve proferir suas decisões no prazo máximo de vinte e quatro horas, observando-se o disposto nas alíneas d e e do inciso III do §3º para a restituição do tempo em caso de provimento de recurso.

§7º A inobservância do prazo previsto no parágrafo anterior sujeita a autoridade judiciária às penas previstas no art. 345 da Lei nº 4.737, de 15 de julho de 1965 – Código Eleitoral.

§8º O não-cumprimento integral ou em parte da decisão que conceder a resposta sujeitará o infrator ao pagamento de multa no valor de cinco mil a quinze mil UFIR, duplicada em caso de reiteração de conduta, sem prejuízo do disposto no art. 347 da Lei nº 4.737, de 15 de julho de 1965 – Código Eleitoral.

Art. 58-A. Os pedidos de direito de resposta e as representações por propaganda eleitoral irregular em rádio, televisão e internet tramitarão preferencialmente em relação aos demais processos em curso na Justiça Eleitoral.

Do Sistema Eletrônico de Votação e da Totalização dos Votos

Art. 59. A votação e a totalização dos votos serão feitas por sistema eletrônico, podendo o Tribunal Superior Eleitoral autorizar, em caráter excepcional, a aplicação das regras fixadas nos arts. 83 a 89.

§1º A votação eletrônica será feita no número do candidato ou da legenda partidária, devendo o nome e fotografia do candidato e o nome do partido ou a legenda partidária aparecer no painel da urna eletrônica, com a expressão designadora do cargo disputado no masculino ou feminino, conforme o caso.

§2º Na votação para as eleições proporcionais, serão computados para a legenda partidária os votos em que não seja possível a identificação do candidato, desde que o número identificador do partido seja digitado de forma correta.

§3º A urna eletrônica exibirá para o eleitor, primeiramente, os painéis referentes às eleições proporcionais e, em seguida, os referentes às eleições majoritárias.

§4º A urna eletrônica disporá de recursos que, mediante assinatura digital, permitam o registro digital de cada voto e a identificação da urna em que foi registrado, resguardado o anonimato do eleitor.

§5º Caberá à Justiça Eleitoral definir a chave de segurança e a identificação da urna eletrônica de que trata o §4º.

§6º Ao final da eleição, a urna eletrônica procederá à assinatura digital do arquivo de votos, com aplicação do registro de horário e do arquivo do boletim de urna, de maneira a impedir a substituição de votos e a alteração dos registros dos termos de início e término da votação.

§7º O Tribunal Superior Eleitoral colocará à disposição dos eleitores urnas eletrônicas destinadas a treinamento.

§8º O Tribunal Superior Eleitoral colocará à disposição dos eleitores urnas eletrônicas destinadas a treinamento.

Art. 60. No sistema eletrônico de votação considerar-se-á voto de legenda quando o eleitor assinalar o número do partido no momento de votar para determinado cargo e somente para este será computado.

Art 61. A urna eletrônica contabilizará cada voto, assegurando-lhe o sigilo e inviolabilidade, garantida aos partidos políticos, coligações e candidatos ampla fiscalização.

Art. 61-A. (Revogado).

Art. 62. Nas Seções em que for adotada a urna eletrônica, somente poderão votar eleitores cujos nomes estiverem nas respectivas folhas de votação, não se aplicando a ressalva a que se refere o art. 148, §1º, da Lei nº 4.737, de 15 de julho de 1965 – Código Eleitoral.

Parágrafo único. O Tribunal Superior Eleitoral disciplinará a hipótese de falha na urna eletrônica que prejudique o regular processo de votação.

Das Mesas Receptoras

Art. 63. Qualquer partido pode reclamar ao Juiz Eleitoral, no prazo de cinco dias, da nomeação da Mesa Receptora, devendo a decisão ser proferida em 48 horas.
§1º Da decisão do Juiz Eleitoral caberá recurso para o Tribunal Regional, interposto dentro de três dias, devendo ser resolvido em igual prazo.
§2º Não podem ser nomeados presidentes e mesários os menores de dezoito anos.

Art. 64. É vedada a participação de parentes em qualquer grau ou de servidores da mesma repartição pública ou empresa privada na mesma Mesa, Turma ou Junta Eleitoral.

Da Fiscalização das Eleições

Art. 65. A escolha de fiscais e delegados, pelos partidos ou coligações, não poderá recair em menor de dezoito anos ou em quem, por nomeação do Juiz Eleitoral, já faça parte de Mesa Receptora.
§1º O fiscal poderá ser nomeado para fiscalizar mais de uma Seção Eleitoral, no mesmo local de votação.
§2º As credenciais de fiscais e delegados serão expedidas, exclusivamente, pelos partidos ou coligações.
§3º Para efeito do disposto no parágrafo anterior, o presidente do partido ou o representante da coligação deverá registrar na Justiça Eleitoral o nome das pessoas autorizadas a expedir as credenciais dos fiscais e delegados.

Art. 66. Os partidos e coligações poderão fiscalizar todas as fases do processo de votação e apuração das eleições e o processamento eletrônico da totalização dos resultados.
§1º Todos os programas de computador de propriedade do Tribunal Superior Eleitoral, desenvolvidos por ele ou sob sua encomenda, utilizados nas urnas eletrônicas para os processos de votação, apuração e totalização, poderão ter suas fases de especificação e de desenvolvimento acompanhadas por técnicos indicados pelos partidos políticos, Ordem dos Advogados do Brasil e Ministério Público, até seis meses antes das eleições.
§2º Uma vez concluídos os programas a que se refere o §1º, serão eles apresentados, para análise, aos representantes credenciados dos partidos políticos e coligações, até vinte dias antes das eleições, nas dependências do Tribunal Superior Eleitoral, na forma de programas-fonte e de programas executáveis, inclusive os sistemas aplicativo e de segurança e as bibliotecas especiais, sendo que as chaves eletrônicas privadas e senhas eletrônicas de acesso manter-se-ão no sigilo da Justiça Eleitoral. Após a apresentação e conferência, serão lacradas cópias dos programas-fonte e dos programas compilados.
§3º No prazo de cinco dias a contar da data da apresentação referida no §2º, o partido político e a coligação poderão apresentar impugnação fundamentada à Justiça Eleitoral.
§4º Havendo a necessidade de qualquer alteração nos programas, após a apresentação de que trata o §3º, dar-se-á conhecimento do fato aos representantes dos partidos políticos e das coligações, para que sejam novamente analisados e lacrados.
§5º A carga ou preparação das urnas eletrônicas será feita em sessão pública, com prévia convocação dos fiscais dos partidos e coligações para a assistirem e procederem aos atos de fiscalização, inclusive para verificarem se os programas carregados nas urnas são idênticos aos que foram lacrados na sessão referida no §2º deste artigo, após o que as urnas serão lacradas.
§6º No dia da eleição, será realizada, por amostragem, auditoria de verificação do funcionamento das urnas eletrônicas, através de votação paralela, na presença dos fiscais dos partidos e coligações, nos moldes fixados em resolução do Tribunal Superior Eleitoral.
§7º Os partidos concorrentes ao pleito poderão constituir sistema próprio de fiscalização, apuração e totalização dos resultados contratando, inclusive, empresas de auditoria de sistemas, que, credenciadas junto à Justiça Eleitoral, receberão, previamente, os programas de computador e os mesmos dados alimentadores do sistema oficial de apuração e totalização.

Art. 67. Os órgãos encarregados do processamento eletrônico de dados são obrigados a fornecer aos partidos ou coligações, no momento da entrega ao Juiz Encarregado, cópias dos dados do processamento parcial de cada dia, contidos em meio magnético.

Art. 68. O boletim de urna, segundo modelo aprovado pelo Tribunal Superior Eleitoral, conterá os nomes e os números dos candidatos nela votados.
§1º O Presidente da Mesa Receptora é obrigado a entregar cópia do boletim de urna aos partidos e coligações concorrentes ao pleito cujos representantes o requeiram até uma hora após a expedição.
§2º O descumprimento do disposto no parágrafo anterior constitui crime, punível com detenção, de um a três meses, com a alternativa de prestação de serviço à comunidade pelo mesmo período, e multa no valor de um mil a cinco mil UFIR.

Art. 69. A impugnação não recebida pela Junta Eleitoral pode ser apresentada diretamente ao Tribunal Regional Eleitoral, em quarenta e oito horas, acompanhada de declaração de duas testemunhas.
Parágrafo único. O Tribunal decidirá sobre o recebimento em quarenta e oito horas, publicando o acórdão na própria sessão de julgamento e transmitindo imediatamente à Junta, via telex, fax ou qualquer outro meio eletrônico, o inteiro teor da decisão e da impugnação.

Art. 70. O Presidente de Junta Eleitoral que deixar de receber ou de mencionar em ata os protestos recebidos, ou ainda, impedir o exercício de fiscalização, pelos partidos ou coligações, deverá ser imediatamente afastado, além de responder pelos crimes previstos na Lei nº 4.737, de 15 de julho de 1965 – Código Eleitoral.

Art. 71. Cumpre aos partidos e coligações, por seus fiscais e delegados devidamente credenciados, e aos candidatos, proceder à instrução dos recursos interpostos contra a apuração, juntando, para tanto, cópia do boletim relativo à urna impugnada.
Parágrafo único. Na hipótese de surgirem obstáculos à obtenção do boletim, caberá ao recorrente requerer, mediante a indicação dos dados necessários, que o órgão da Justiça Eleitoral perante o qual foi interposto o recurso o instrua, anexando o respectivo boletim de urna.

Art. 72. Constituem crimes, puníveis com reclusão, de cinco a dez anos:
I - obter acesso a sistema de tratamento automático de dados usado pelo serviço eleitoral, a fim de alterar a apuração ou a contagem de votos;
II - desenvolver ou introduzir comando, instrução, ou programa de computador capaz de destruir, apagar, eliminar, alterar, gravar ou transmitir dado, instrução ou programa ou provocar qualquer outro resultado diverso do esperado em sistema de tratamento automático de dados usados pelo serviço eleitoral;
III - causar, propositadamente, dano físico ao equipamento usado na votação ou na totalização de votos ou a suas partes.

Das Condutas Vedadas aos Agentes Públicos em Campanhas Eleitorais

Art. 73. São proibidas aos agentes públicos, servidores ou não, as seguintes condutas tendentes a afetar a igualdade de oportunidades entre candidatos nos pleitos eleitorais:
I - ceder ou usar, em benefício de candidato, partido político ou coligação, bens móveis ou imóveis pertencentes à administração direta ou indireta da União, dos Estados, do Distrito Federal, dos Territórios e dos Municípios, ressalvada a realização de convenção partidária;
II - usar materiais ou serviços, custeados pelos Governos ou Casas Legislativas, que excedam as prerrogativas consignadas nos regimentos e normas dos órgãos que integram;
III - ceder servidor público ou empregado da administração direta ou indireta federal, estadual ou municipal do Poder Executivo, ou usar de seus serviços, para comitês de campanha eleitoral de candidato, partido político ou coligação, durante o horário de expediente normal, salvo se o servidor ou empregado estiver licenciado;

IV - fazer ou permitir uso promocional em favor de candidato, partido político ou coligação, de distribuição gratuita de bens e serviços de caráter social custeados ou subvencionados pelo Poder Público;
V - nomear, contratar ou de qualquer forma admitir, demitir sem justa causa, suprimir ou readaptar vantagens ou por outros meios dificultar ou impedir o exercício funcional e, ainda, *ex officio*, remover, transferir ou exonerar servidor público, na circunscrição do pleito, nos três meses que o antecedem e até a posse dos eleitos, sob pena de nulidade de pleno direito, ressalvados:
a) a nomeação ou exoneração de cargos em comissão e designação ou dispensa de funções de confiança;
b) a nomeação para cargos do Poder Judiciário, do Ministério Público, dos Tribunais ou Conselhos de Contas e dos órgãos da Presidência da República;
c) a nomeação dos aprovados em concursos públicos homologados até o início daquele prazo;
d) a nomeação ou contratação necessária à instalação ou ao funcionamento inadiável de serviços públicos essenciais, com prévia e expressa autorização do Chefe do Poder Executivo;
e) a transferência ou remoção *ex officio* de militares, policiais civis e de agentes penitenciários;
VI - nos três meses que antecedem o pleito:
a) realizar transferência voluntária de recursos da União aos Estados e Municípios, e dos Estados aos Municípios, sob pena de nulidade de pleno direito, ressalvados os recursos destinados a cumprir obrigação formal preexistente para execução de obra ou serviço em andamento e com cronograma prefixado, e os destinados a atender situações de emergência e de calamidade pública;
b) com exceção da propaganda de produtos e serviços que tenham concorrência no mercado, autorizar publicidade institucional dos atos, programas, obras, serviços e campanhas dos órgãos públicos federais, estaduais ou municipais, ou das respectivas entidades da administração indireta, salvo em caso de grave e urgente necessidade pública, assim reconhecida pela Justiça Eleitoral;
c) fazer pronunciamento em cadeia de rádio e televisão, fora do horário eleitoral gratuito, salvo quando, a critério da Justiça Eleitoral, tratar-se de matéria urgente, relevante e característica das funções de governo;
VII - realizar, em ano de eleição, antes do prazo fixado no inciso anterior, despesas com publicidade dos órgãos públicos federais, estaduais ou municipais, ou das respectivas entidades da administração indireta, que excedam a média dos gastos nos três últimos anos que antecedem o pleito ou do último ano imediatamente anterior à eleição.
VIII - fazer, na circunscrição do pleito, revisão geral da remuneração dos servidores públicos que exceda a recomposição da perda de seu poder aquisitivo ao longo do ano da eleição, a partir do início do prazo estabelecido no art. 7º desta Lei e até a posse dos eleitos.
§1º Reputa-se agente público, para os efeitos deste artigo, quem exerce, ainda que transitoriamente ou sem remuneração, por eleição, nomeação, designação, contratação ou qualquer outra forma de investidura ou vínculo, mandato, cargo, emprego ou função nos órgãos ou entidades da administração pública direta, indireta, ou fundacional.
§2º A vedação do inciso I do *caput* não se aplica ao uso, em campanha, de transporte oficial pelo Presidente da República, obedecido o disposto no art. 76, nem ao uso, em campanha, pelos candidatos a reeleição de Presidente e Vice-Presidente da República, Governador e Vice-Governador de Estado e do Distrito Federal, Prefeito e Vice-Prefeito, de suas residências oficiais para realização de contatos, encontros e reuniões pertinentes à própria campanha, desde que não tenham caráter de ato público.
§3º As vedações do inciso VI do *caput*, alíneas b e c, aplicam-se apenas aos agentes públicos das esferas administrativas cujos cargos estejam em disputa na eleição.
§4º O descumprimento do disposto neste artigo acarretará a suspensão imediata da conduta vedada, quando for o caso, e sujeitará os responsáveis a multa no valor de cinco a cem mil UFIR.

§5º Nos casos de descumprimento do disposto nos incisos do *caput* e no §10, sem prejuízo do disposto no §4º, o candidato beneficiado, agente público ou não, ficará sujeito à cassação do registro ou do diploma.
§6º As multas de que trata este artigo serão duplicadas a cada reincidência.
§7º As condutas enumeradas no *caput* caracterizam, ainda, atos de improbidade administrativa, a que se refere o art. 11, inciso I, da Lei nº 8.429, de 2 de junho de 1992, e sujeitam-se às disposições daquele diploma legal, em especial às cominações do art. 12, inciso III.
§8º Aplicam-se as sanções do §4º aos agentes públicos responsáveis pelas condutas vedadas e aos partidos, coligações e candidatos que delas se beneficiarem.
§9º Na distribuição dos recursos do Fundo Partidário (Lei nº 9.096, de 19 de setembro de 1995) oriundos da aplicação do disposto no §4º, deverão ser excluídos os partidos beneficiados pelos atos que originaram as multas.
§10. No ano em que se realizar eleição, fica proibida a distribuição gratuita de bens, valores ou benefícios por parte da Administração Pública, exceto nos casos de calamidade pública, de estado de emergência ou de programas sociais autorizados em lei e já em execução orçamentária no exercício anterior, casos em que o Ministério Público poderá promover o acompanhamento de sua execução financeira e administrativa.
§11. Nos anos eleitorais, os programas sociais de que trata o §10 não poderão ser executados por entidade nominalmente vinculada a candidato ou por esse mantida.
§12. A representação contra a não observância do disposto neste artigo observará o rito do art. 22 da Lei Complementar nº 64, de 18 de maio de 1990, e poderá ser ajuizada até a data da diplomação.
§13. O prazo de recurso contra decisões proferidas com base neste artigo será de 3 (três) dias, a contar da data da publicação do julgamento no Diário Oficial.

Art. 74. Configura abuso de autoridade, para os fins do disposto no art. 22 da Lei Complementar nº 64, de 18 de maio de 1990, a infringência do disposto no §1º do art. 37 da Constituição Federal, ficando o responsável, se candidato, sujeito ao cancelamento do registro ou do diploma.

Art. 75. Nos três meses que antecederem as eleições, na realização de inaugurações é vedada a contratação de shows artísticos pagos com recursos públicos.
Parágrafo único. Nos casos de descumprimento do disposto neste artigo, sem prejuízo da suspensão imediata da conduta, o candidato beneficiado, agente público ou não, ficará sujeito à cassação do registro ou do diploma.

Art. 76. O ressarcimento das despesas com o uso de transporte oficial pelo Presidente da República e sua comitiva em campanha eleitoral será de responsabilidade do partido político ou coligação a que esteja vinculado.
§1º O ressarcimento de que trata este artigo terá por base o tipo de transporte usado e a respectiva tarifa de mercado cobrada no trecho correspondente, ressalvado o uso do avião presidencial, cujo ressarcimento corresponderá ao aluguel de uma aeronave de propulsão a jato do tipo táxi aéreo.
§2º No prazo de dez dias úteis da realização do pleito, em primeiro turno, ou segundo, se houver, o órgão competente de controle interno procederá *ex officio* à cobrança dos valores devidos nos termos dos parágrafos anteriores.
§3º A falta do ressarcimento, no prazo estipulado, implicará a comunicação do fato ao Ministério Público Eleitoral, pelo órgão de controle interno.
§4º Recebida a denúncia do Ministério Público, a Justiça Eleitoral apreciará o feito no prazo de trinta dias, aplicando aos infratores pena de multa correspondente ao dobro das despesas, duplicada a cada reiteração de conduta.

Art. 77. É proibido a qualquer candidato comparecer, nos 3 (três) meses que precedem o pleito, a inaugurações de obras públicas.
Parágrafo único. A inobservância do disposto neste artigo sujeita o infrator à cassação do registro ou do diploma.

Art. 78. A aplicação das sanções cominadas no art. 73, §§4º e 5º, dar-se-á sem prejuízo de outras de caráter constitucional, administrativo ou disciplinar fixadas pelas demais leis vigentes.

Disposições Transitórias

Art. 79. O financiamento das campanhas eleitorais com recursos públicos será disciplinado em lei específica.

Art. 80. Nas eleições a serem realizadas no ano de 1998, cada partido ou coligação deverá reservar, para candidatos de cada sexo, no mínimo, vinte e cinco por cento e, no máximo, setenta e cinco por cento do número de candidaturas que puder registrar.

Art. 81. As doações e contribuições de pessoas jurídicas para campanhas eleitorais poderão ser feitas a partir do registro dos comitês financeiros dos partidos ou coligações.
§1º As doações e contribuições de que trata este artigo ficam limitadas a dois por cento do faturamento bruto do ano anterior à eleição.
§2º A doação de quantia acima do limite fixado neste artigo sujeita a pessoa jurídica ao pagamento de multa no valor de cinco a dez vezes a quantia em excesso.
§3º Sem prejuízo do disposto no parágrafo anterior, a pessoa jurídica que ultrapassar o limite fixado no §1º estará sujeita à proibição de participar de licitações públicas e de celebrar contratos com o Poder Público pelo período de cinco anos, por determinação da Justiça Eleitoral, em processo no qual seja assegurada ampla defesa.
§4º As representações propostas objetivando a aplicação das sanções previstas nos §§2º e 3º observarão o rito previsto no art. 22 da Lei Complementar nº 64, de 18 de maio de 1990, e o prazo de recurso contra as decisões proferidas com base neste artigo será de 3 (três) dias, a contar da data da publicação do julgamento no Diário Oficial.

Art. 82. Nas Seções Eleitorais em que não for usado o sistema eletrônico de votação e totalização de votos, serão aplicadas as regras definidas nos arts. 83 a 89 desta Lei e as pertinentes da Lei 4.737, de 15 de julho de 1965 – Código Eleitoral.

Art. 83. As cédulas oficiais serão confeccionadas pela Justiça Eleitoral, que as imprimirá com exclusividade para distribuição às Mesas Receptoras, sendo sua impressão feita em papel opaco, com tinta preta e em tipos uniformes de letras e números, identificando o gênero na denominação dos cargos em disputa.
§1º Haverá duas cédulas distintas, uma para as eleições majoritárias e outra para as proporcionais, a serem confeccionadas segundo modelos determinados pela Justiça Eleitoral.
§2º Os candidatos à eleição majoritária serão identificados pelo nome indicado no pedido de registro e pela sigla adotada pelo partido a que pertencem e deverão figurar na ordem determinada por sorteio.
§3º Para as eleições realizadas pelo sistema proporcional, a cédula terá espaços para que o eleitor escreva o nome ou o número do candidato escolhido, ou a sigla ou o número do partido de sua preferência.
§4º No prazo de quinze dias após a realização do sorteio a que se refere o §2º, os Tribunais Regionais Eleitorais divulgarão o modelo da cédula completa com os nomes dos candidatos majoritários na ordem já definida.
§5º Às eleições em segundo turno aplica-se o disposto no §2º, devendo o sorteio verificar-se até quarenta e oito horas após a proclamação do resultado do primeiro turno e a divulgação do modelo da cédula nas vinte e quatro horas seguintes.

Art. 84. No momento da votação, o eleitor dirigir-se-á à cabina duas vezes, sendo a primeira para o preenchimento da cédula destinada às eleições proporcionais, de cor branca, e a segunda para o preenchimento da cédula destinada às eleições majoritárias, de cor amarela.
Parágrafo único. A Justiça Eleitoral fixará o tempo de votação e o número de eleitores por seção, para garantir o pleno exercício do direito de voto.

Art. 85. Em caso de dúvida na apuração de votos dados a homônimos, prevalecerá o número sobre o nome do candidato.

Art. 86. No sistema de votação convencional considerar-se-á voto de legenda quando o eleitor assinalar o número do partido no local exato reservado para o cargo respectivo e somente para este será computado.

Art. 87. Na apuração, será garantido aos fiscais e delegados dos partidos e coligações o direito de observar diretamente, a distância não superior a um metro da mesa, a abertura da urna, a abertura e a contagem das cédulas e o preenchimento do boletim.
§1º O não-atendimento ao disposto no *caput* enseja a impugnação do resultado da urna, desde que apresentada antes da divulgação do boletim.
§2º Ao final da transcrição dos resultados apurados no boletim, o Presidente da Junta Eleitoral é obrigado a entregar cópia deste aos partidos e coligações concorrentes ao pleito cujos representantes o requeiram até uma hora após sua expedição.
§3º Para os fins do disposto no parágrafo anterior, cada partido ou coligação poderá credenciar até três fiscais perante a Junta Eleitoral, funcionando um de cada vez.
§4º O descumprimento de qualquer das disposições deste artigo constitui crime, punível com detenção de um a três meses, com a alternativa de prestação de serviços à comunidade pelo mesmo período e multa, no valor de um mil a cinco mil UFIR.
§5º O rascunho ou qualquer outro tipo de anotação fora dos boletins de urna, usados no momento da apuração dos votos, não poderão servir de prova posterior perante a Junta apuradora ou totalizadora.
§6º O boletim mencionado no §2º deverá conter o nome e o número dos candidatos nas primeiras colunas, que precederão aquelas onde serão designados os votos e o partido ou coligação.

Art. 88. O Juiz Presidente da Junta Eleitoral é obrigado a recontar a urna, quando:
I - o boletim apresentar resultado não-coincidente com o número de votantes ou discrepante dos dados obtidos no momento da apuração;
II - ficar evidenciada a atribuição de votos a candidatos inexistentes, o não-fechamento da contabilidade da urna ou a apresentação de totais de votos nulos, brancos ou válidos destoantes da média geral das demais Seções do mesmo Município, Zona Eleitoral.

Art. 89. Será permitido o uso de instrumentos que auxiliem o eleitor analfabeto a votar, não sendo a Justiça Eleitoral obrigada a fornecê-los.

Disposições Finais

Art. 90. Aos crimes definidos nesta Lei, aplica-se o disposto nos arts. 287 e 355 a 364 da Lei nº 4.737, de 15 de julho de 1965 – Código Eleitoral.
§1º Para os efeitos desta Lei, respondem penalmente pelos partidos e coligações os seus representantes legais.
§2º Nos casos de reincidência, as penas pecuniárias previstas nesta Lei aplicam-se em dobro.

Art. 90-A. (Vetado).

Art. 91. Nenhum requerimento de inscrição eleitoral ou de transferência será recebido dentro dos cento e cinqüenta dias anteriores à data da eleição.
Parágrafo único. A retenção de título eleitoral ou do comprovante de alistamento eleitoral constitui crime, punível com detenção, de um a três meses, com a alternativa de prestação de serviços à comunidade por igual período, e multa no valor de cinco mil a dez mil UFIR.

Art. 91-A. No momento da votação, além da exibição do respectivo título, o eleitor deverá apresentar documento de identificação com fotografia.
Parágrafo único. Fica vedado portar aparelho de telefonia celular, máquinas fotográficas e filmadoras, dentro da cabina de votação.

Art. 92. O Tribunal Superior Eleitoral, ao conduzir o processamento dos títulos eleitorais, determinará de ofício a revisão ou correição das Zonas Eleitorais sempre que:
I - o total de transferências de eleitores ocorridas no ano em curso seja dez por cento superior ao do ano anterior;
II - o eleitorado for superior ao dobro da população entre dez e quinze anos, somada à de idade superior a setenta anos do território daquele Município;
III - o eleitorado for superior a sessenta e cinco por cento da população projetada para aquele ano pelo Instituto Brasileiro de Geografia e Estatística – IBGE.

Art. 93. O Tribunal Superior Eleitoral poderá requisitar, das emissoras de rádio e televisão, no período compreendido entre 31 de julho e o dia do pleito, até dez minutos diários, contínuos ou não, que poderão ser somados e usados em dias espaçados, para a divulgação de seus comunicados, boletins e instruções ao eleitorado.

Art. 94. Os feitos eleitorais, no período entre o registro das candidaturas até cinco dias após a realização do segundo turno das eleições, terão prioridade para a participação do Ministério Público e dos Juízes de todas as Justiças e instâncias, ressalvados os processos de *habeas corpus* e mandado de segurança.
§1º É defeso às autoridades mencionadas neste artigo deixar de cumprir qualquer prazo desta Lei, em razão do exercício das funções regulares.
§2º O descumprimento do disposto neste artigo constitui crime de responsabilidade e será objeto de anotação funcional para efeito de promoção na carreira.
§3º Além das polícias judiciárias, os órgãos da receita federal, estadual e municipal, os tribunais e órgãos de contas auxiliarão a Justiça Eleitoral na apuração dos delitos eleitorais, com prioridade sobre suas atribuições regulares.
§4º Os advogados dos candidatos ou dos partidos e coligações serão notificados para os feitos de que trata esta Lei com antecedência mínima de vinte e quatro horas, ainda que por fax, telex ou telegrama.

Art. 94-A. Os órgãos e entidades da Administração Pública direta e indireta poderão, quando solicitados, em casos específicos e de forma motivada, pelos Tribunais Eleitorais:
I - fornecer informações na área de sua competência;
II - ceder funcionários no período de 3 (três) meses antes a 3 (três) meses depois de cada eleição.

Art. 94-B. (Vetado).

Art. 95. Ao Juiz Eleitoral que seja parte em ações judiciais que envolvam determinado candidato é defeso exercer suas funções em processo eleitoral no qual o mesmo candidato seja interessado.

Art. 96. Salvo disposições específicas em contrário desta Lei, as reclamações ou representações relativas ao seu descumprimento podem ser feitas por qualquer partido político, coligação ou candidato, e devem dirigir-se:
I - aos Juízes Eleitorais, nas eleições municipais;
II - aos Tribunais Regionais Eleitorais, nas eleições federais, estaduais e distritais;
III - ao Tribunal Superior Eleitoral, na eleição presidencial.
§1º As reclamações e representações devem relatar fatos, indicando provas, indícios e circunstâncias.
§2º Nas eleições municipais, quando a circunscrição abranger mais de uma Zona Eleitoral, o Tribunal Regional designará um Juiz para apreciar as reclamações ou representações.
§3º Os Tribunais Eleitorais designarão três juízes auxiliares para a apreciação das reclamações ou representações que lhes forem dirigidas.
§4º Os recursos contra as decisões dos juízes auxiliares serão julgados pelo Plenário do Tribunal.
§5º Recebida a reclamação ou representação, a Justiça Eleitoral notificará imediatamente o reclamado ou representado para, querendo, apresentar defesa em quarenta e oito horas.
§6º (Revogado).

§7º Transcorrido o prazo previsto no §5º, apresentada ou não a defesa, o órgão competente da Justiça Eleitoral decidirá e fará publicar a decisão em vinte e quatro horas.
§8º Quando cabível recurso contra a decisão, este deverá ser apresentado no prazo de vinte e quatro horas da publicação da decisão em cartório ou sessão, assegurado ao recorrido o oferecimento de contra-razões, em igual prazo, a contar da sua notificação.
§9º Os Tribunais julgarão o recurso no prazo de quarenta e oito horas.
§10. Não sendo o feito julgado nos prazos fixados, o pedido pode ser dirigido ao órgão superior, devendo a decisão ocorrer de acordo com o rito definido neste artigo.

Art. 96-A. Durante o período eleitoral, as intimações via fac-símile encaminhadas pela Justiça Eleitoral a candidato deverão ser exclusivamente realizadas na linha telefônica por ele previamente cadastrada, por ocasião do preenchimento do requerimento de registro de candidatura.
Parágrafo único. O prazo de cumprimento da determinação prevista no *caput* é de quarenta e oito horas, a contar do recebimento do fac-símile.

Art. 97. Poderá o candidato, partido ou coligação representar ao Tribunal Regional Eleitoral contra o Juiz Eleitoral que descumprir as disposições desta Lei ou der causa ao seu descumprimento, inclusive quanto aos prazos processuais; neste caso, ouvido o representado em vinte e quatro horas, o Tribunal ordenará a observância do procedimento que explicitar, sob pena de incorrer o Juiz em desobediência.
§1º É obrigatório, para os membros dos Tribunais Eleitorais e do Ministério Público, fiscalizar o cumprimento desta Lei pelos juízes e promotores eleitorais das instâncias inferiores, determinando, quando for o caso, a abertura de procedimento disciplinar para apuração de eventuais irregularidades que verificarem.
§2º No caso de descumprimento das disposições desta Lei por Tribunal Regional Eleitoral, a representação poderá ser feita ao Tribunal Superior Eleitoral, observado o disposto neste artigo.

Art. 97-A. Nos termos do inciso LXXVIII do art. 5º da Constituição Federal, considera-se duração razoável do processo que possa resultar em perda de mandato eletivo o período máximo de 1 (um) ano, contado da sua apresentação à Justiça Eleitoral.
§1º A duração do processo de que trata o *caput* abrange a tramitação em todas as instâncias da Justiça Eleitoral.
§2º Vencido o prazo de que trata o *caput*, será aplicável o disposto no art. 97, sem prejuízo de representação ao Conselho Nacional de Justiça.

Art. 98. Os eleitores nomeados para compor as Mesas Receptoras ou Juntas Eleitorais e os requisitados para auxiliar seus trabalhos serão dispensados do serviço, mediante declaração expedida pela Justiça Eleitoral, sem prejuízo do salário, vencimento ou qualquer outra vantagem, pelo dobro dos dias de convocação.

Art. 99. As emissoras de rádio e televisão terão direito a compensação fiscal pela cedência do horário gratuito previsto nesta Lei.
§1º O direito à compensação fiscal das emissoras de rádio e televisão previsto no parágrafo único do art. 52 da Lei nº 9.096, de 19 de setembro de 1995, e neste artigo, pela cedência do horário gratuito destinado à divulgação das propagandas partidárias e eleitoral, estende-se à veiculação de propaganda gratuita de plebiscitos e referendos de que dispõe o art. 8º da Lei nº 9.709, de 18 de novembro de 1998, mantido também, a esse efeito, o entendimento de que:
I - (Vetado);
II - a compensação fiscal consiste na apuração do valor correspondente a 0,8 (oito décimos) do resultado da multiplicação de 100% (cem por cento) ou de 25% (vinte e cinco por cento) do tempo, respectivamente, das inserções e das transmissões em bloco, pelo preço do espaço comercializável comprovadamente vigente, assim considerado aquele divulgado pelas emissoras de rádio e televisão por intermédio de tabela pública de preços de veiculação de publicidade, atendidas as disposições regulamentares e as condições de que trata o §2º-A;

§2º (Vetado).

§2º-A. A aplicação das tabelas públicas de preços de veiculação de publicidade, para fins de compensação fiscal, deverá atender ao seguinte:

I - deverá ser apurada mensalmente a variação percentual entre a soma dos preços efetivamente praticados, assim considerados os valores devidos às emissoras de rádio e televisão pelas veiculações comerciais locais, e o correspondente a 0,8 (oito décimos) da soma dos respectivos preços constantes da tabela pública de veiculação de publicidade;

II - a variação percentual apurada no inciso I deverá ser deduzida dos preços constantes da tabela pública a que se refere o inciso II do §1º.

§3º No caso de microempresas e empresas de pequeno porte optantes pelo Regime Especial Unificado de Arrecadação de Tributos e Contribuições (Simples Nacional), o valor integral da compensação fiscal apurado na forma do inciso II do §1º será deduzido da base de cálculo de imposto e contribuições federais devidos pela emissora, seguindo os critérios definidos pelo Comitê Gestor do Simples Nacional (CGSN).

Art. 100. A contratação de pessoal para prestação de serviços nas campanhas eleitorais não gera vínculo empregatício com o candidato ou partido contratantes.

Art. 101. (Vetado).

Art. 102. O parágrafo único do art. 145 da Lei nº 4.737, de 15 de julho de 1965 - Código Eleitoral passa a vigorar acrescido do seguinte inciso IX:

"Art. 145. (...)

Parágrafo único. (...)

IX - os policiais militares em serviço."

Art. 103. O art. 19, *caput*, da Lei nº 9.096, de 19 de setembro de 1995 – Lei dos Partidos, passa a vigorar com a seguinte redação:

"Art. 19. Na segunda semana dos meses de abril e outubro de cada ano, o partido, por seus órgãos de direção municipais, regionais ou nacional, deverá remeter, aos juízes eleitorais, para arquivamento, publicação e cumprimento dos prazos de filiação partidária para efeito de candidatura a cargos eletivos, a relação dos nomes de todos os seus filiados, da qual constará a data de filiação, o número dos títulos eleitorais e das seções em que estão inscritos."

Art. 104. O art. 44 da Lei nº 9.096, de 19 de setembro de 1995, passa a vigorar acrescido do seguinte §3º:

"Art. 44. (...)

§3º Os recursos de que trata este artigo não estão sujeitos ao regime da Lei nº 8.666, de 21 de junho de 1993."

Art. 105. Até o dia 5 de março do ano da eleição, o Tribunal Superior Eleitoral, atendendo ao caráter regulamentar e sem restringir direitos ou estabelecer sanções distintas das previstas nesta Lei, poderá expedir todas as instruções necessárias para sua fiel execução, ouvidos, previamente, em audiência pública, os delegados ou representantes dos partidos políticos.

§1º O Tribunal Superior Eleitoral publicará o código orçamentário para o recolhimento das multas eleitorais ao Fundo Partidário, mediante documento de arrecadação correspondente.

§2º Havendo substituição da UFIR por outro índice oficial, o Tribunal Superior Eleitoral procederá à alteração dos valores estabelecidos nesta Lei pelo novo índice.

§3º Serão aplicáveis ao pleito eleitoral imediatamente seguinte apenas as resoluções publicadas até a data referida no *caput*.

Art. 105-A. Em matéria eleitoral, não são aplicáveis os procedimentos previstos na Lei nº 7.347, de 24 de julho de 1985.

Art. 106. Esta Lei entra em vigor na data de sua publicação.

Art. 107. Revogam-se os arts. 92, 246, 247, 250, 322, 328, 329, 333 e o parágrafo único do art. 106 da Lei nº 4.737, de 15 de julho de 1965 – Código Eleitoral; o §4º do art. 39 da Lei nº 9.096, de 19 de setembro de 1995; o §2º do art. 50 e o §1º do art. 64 da Lei nº 9.100, de 29 de setembro de 1995; e o §2º do art. 7º do Decreto-Lei nº 201, de 27 de fevereiro de 1967.

Brasília, 30 de setembro de 1997.

ANEXO

Sigla e nº do Partido/série	Nome do Partido Recibo Eleitoral
Recebemos de Endereço: Mun. CEP CPF ou CGC nº a quantia de R$ correspondente a UFIR Data __/ __/ __ Nome do Responsável CPF nº	U.F. |R$| Município |UFIR| Valor por extenso em moeda corrente doação para campanha eleitoral das eleições municipais Data __/ __/ __ (Assinatura do responsável) Nome do Resp. CPF nº Série: sigla e nº do partido/ numeração seqüencial

FICHA DE QUALIFICAÇÃO DO CANDIDATO
(Modelo 1)

Nome: ____ Nº______________

Nº do CPF: __________ Nº da Identidade: __________ Órgão Expedidor:__________

Endereço Residencial: ________________________________ Telefone:_________

Endereço Comercial: __________________________________ Telefone: _________

Partido Político: _____________________ Comitê Financeiro: _________________

Eleição: ___________________________________ Circunscrição: _______________

Conta Bancária nº: _____________ Banco: _____________ Agência: ____________

Limite de Gastos em REAL: ____

DADOS PESSOAIS DO RESPONSÁVEL PELA ADMINISTRAÇÃO FINANCEIRA DA CAMPANHA

Nome: ____ Nº ______________

Nº do CPF: __________ Nº da Identidade: __________ Órgão Expedidor: _________

Endereço Residencial: ________________________________ Telefone: _________

Endereço Comercial: __________________________________ Telefone: _________

LOCAL ____ DATA ___/ ___/ ___

_________________________________ _________________________________

ASSINATURA ASSINATURA

INSTRUÇÕES DE PREENCHIMENTO

a) - DADOS DO CANDIDATO

1 - Nome – informar o nome completo do candidato;
2 - Nº – informar o número atribuído ao candidato para concorrer às eleições;
3 - Nº do CPF – informar o número do documento de identificação do candidato no Cadastro de Pessoas Físicas;
4 - N º da Identidade – informar o número da carteira de identidade do candidato;
5 - Órgão Expedidor – informar o órgão expedidor da Carteira de Identidade;
6 - Endereço Residencial – informar o endereço residencial completo do candidato;
7 - Telefone – informar o número do telefone residencial do candidato, inclusive DDD;
8 - Endereço Comercial – informar o endereço comercial completo do candidato;
9 - Telefone – informar o número do telefone comercial do candidato, inclusive DDD;
10 - Partido Político – informar o nome do partido político pelo qual concorre às eleições;
11 - Comitê Financeiro – informar o nome do comitê financeiro ao qual está vinculado o candidato;
12 - Eleição – informar a eleição para a qual o candidato concorre (cargo eletivo);
13 - Circunscrição – informar a circunscrição à qual está jurisdicionado o Comitê;
14 - Conta Bancária Nº – informar o número da conta-corrente da campanha, caso tenha sido aberta pelo Candidato;
15 - Banco – se o campo anterior foi preenchido, informar o banco onde abriu a conta-corrente;
16 - Agência – informar a agência bancária onde foi aberta a conta-corrente;
17 - Limite de Gastos em REAL – informar, em REAL, o limite de gastos estabelecidos pelo Partido;

b) DADOS DO RESPONSÁVEL PELA ADMINISTRAÇÃO FINANCEIRA DA CAMPANHA

1 - Nome – informar o nome do Responsável indicado pelo candidato para administrar os recursos de sua campanha;
2 - Nº do CPF – informar o número do documento de identificação do Responsável no Cadastro de Pessoas Físicas;
3 - Nº da Identidade – informar o número da carteira de identidade do Responsável;
4 - Órgão Expedidor – informar o órgão expedidor da Carteira de Identidade;
5 - Endereço Residencial – informar o endereço residencial completo do Responsável;
6 - Telefone – informar o número do telefone residencial, inclusive DDD;
7 - Endereço Comercial – informar o endereço comercial completo do Responsável;
8 - Telefone – informar o número do telefone comercial, inclusive DDD;
9 - indicar local e data do preenchimento;
10 - assinaturas do Candidato e do Responsável pela Administração Financeira da Campanha.

DEMONSTRAÇÃO DOS RECIBOS ELEITORAIS RECEBIDOS
(Modelo 2)

Direção Nacional/Estadual do Partido/Comitê Financeiro/Candidato ______________
Eleição: ____ UF/MUNICÍPIO __________

DATA	NUMERAÇÃO	QUANTIDADE	RECEBIDOS DE

LOCAL ____________________________________ DATA ___/ ___/ ___

_____________________________ _____________________________
ASSINATURA ASSINATURA

INSTRUÇÕES DE PREENCHIMENTO

1 - DIREÇÃO NACIONAL/ESTADUAL DO PARTIDO/COMITÊ FINANCEIRO/ CANDIDATO – informar o nome de quem está apresentando a Demonstração: se Direção Nacional do partido político, Direção Estadual, Comitê Financeiro ou Candidato;
2 - ELEIÇÃO – informar a eleição de que se trata (cargo eletivo);
3 - UF/MUNICÍPIO – informar a Unidade da Federação e Município;
4 - DATA – informar a data em que os Recibos Eleitorais foram recebidos, no formato dia, mês e ano;
5 - NUMERAÇÃO – informar a numeração e série dos Recibos Eleitorais Recebidos;
6 - QUANTIDADE – informar a quantidade de Recibos Eleitorais Recebidos;
7 - RECEBIDOS DE – informar o nome do Órgão repassador dos Recibos;
8 - indicar local e data do preenchimento;
9 - assinatura dos responsáveis.

DEMONSTRAÇÃO DOS RECURSOS ARRECADADOS
(Modelo 3)

Direção Nacional/Estadual do Partido/Comitê Financeiro/Candidato ______________
Eleição: ____ UF/MUNICÍPIO ________

DATA	NÚMERO DOS RECIBOS	ESPÉCIE DO RECURSO	DOADOR/ CONTRIBUINTE	CGC/ CPF	VALORES	
					UFIR	R$
TOTAL/TRANSPORTAR						

LOCAL ____ DATA ___/ ___/ ___

____________________________________ ____________________________________
ASSINATURA ASSINATURA

INSTRUÇÕES DE PREENCHIMENTO

1 - Direção Nacional do Partido/Comitê Financeiro/Candidato – informar o nome de quem está apresentando a Demonstração: se Direção Nacional/Estadual do partido político, Comitê ou Candidato;
2 - Eleição – informar a eleição de que se trata (cargo eletivo);
3 - UF/MUNICÍPIO – informar a Unidade da Federação e Município;
4 - DATA – informar a data em que a doação/contribuição foi recebida, no formato dia, mês e ano;
5 - NÚMERO DOS RECIBOS – informar a numeração e série dos Recibos Eleitorais entregues aos doadores/contribuintes;
6 - ESPÉCIE DO RECURSO – informar o tipo de recurso recebido, se em moeda corrente ou estimável em dinheiro;
7 - DOADOR/CONTRIBUINTE – informar o nome completo de quem doou os recursos, inclusive no caso de recursos próprios do candidato;
8 - CGC/CPF – informar o número do CGC ou do CPF do doador/contribuinte, conforme seja pessoa jurídica ou pessoa física;
9 - VALORES
9-a - UFIR – informar o valor das arrecadações em UFIR, dividindo o valor em R$ pelo valor da UFIR do mês da doação em moeda corrente;
9-b - R$ – informar o valor da doação em moeda corrente;
10 - TOTAL/TRANSPORTAR – informar o total em UFIR e R$ dos valores arrecadados;
11 - indicar local e data do preenchimento;
12 - assinatura dos responsáveis.

RELAÇÃO DE CHEQUES RECEBIDOS
(Modelo 4)

Direção Nacional/Estadual do Partido/Comitê Financeiro/Candidato ______________
Eleição: ____ UF/MUNICÍPIO _________

DATA DO RECEBIMENTO	IDENTIFICAÇÃO EMITENTE/ DOADOR		IDENTIFICAÇÃO DO CHEQUE				VALORES
	NOME	CGC/ CPF	DATA DA EMISSÃO	Nº BCO	Nº AG.	Nº CHEQUE	R$
TOTAL/TRANSPORTAR							

LOCAL ____________________________________ DATA ___/ ___/ ___

________________________________ ________________________________
ASSINATURA ASSINATURA

INSTRUÇÕES DE PREENCHIMENTO

1 - DIREÇÃO NACIONAL/ESTADUAL DO PARTIDO/COMITÊ FINANCEIRO/ CANDIDATO – informar o nome de quem está apresentando a Demonstração: se Direção Nacional/Estadual do Partido Político, Comitê ou Candidato;
2 - ELEIÇÃO – informar a eleição de que se trata (cargo eletivo);
3 - UF/MUNICÍPIO – informar a Unidade da Federação e Município;
4 - DATA DO RECEBIMENTO – informar a data em que os cheques foram recebidos, no formato dia, mês e ano;
5 - IDENTIFICAÇÃO DO EMITENTE/DOADOR
5-a - NOME – informar o nome do emitente do cheque;
5-b - CGC/CPF – informar o número do CGC ou CPF do emitente do cheque, conforme seja pessoa jurídica ou pessoa física;
6 - IDENTIFICAÇÃO DO CHEQUE
6-a - DATA DA EMISSÃO – informar a data em que o cheque foi emitido pelo doador, no formato dia, mês e ano;
6-b - Nº DO BANCO – informar o número do Banco sacado;
6-c - Nº DA AGÊNCIA – informar o número da Agência;
6-d - Nº DO CHEQUE – informar o número do cheque;
7 - VALORES - R$ – informar o valor dos cheques em moeda corrente;
8 - TOTAL/TRANSPORTAR – informar o total em R$ dos Cheques recebidos.
9 - indicar local e data do preenchimento;
10 - assinatura dos responsáveis.

MODELO 5
DEMONSTRAÇÃO DAS ORIGENS E APLICAÇÕES DOS RECURSOS

PARTIDO/COMITÊ/CANDIDATO:			
ELEIÇÃO:		UF/MUNICÍPIO	
TÍTULO DA CONTA			TOTAL - R$
1 – RECEITAS			
DOAÇÕES E CONTRIBUIÇÕES			
Recursos Próprios			
Recursos de Pessoas Físicas			
Recursos de Pessoas Jurídicas			
Transferências Financeiras Recebidas			
FUNDO PARTIDÁRIO			
Cotas Recebidas			
RECEITAS FINANCEIRAS			
Variações Monetárias Ativas			
Rendas de Aplicações			
OUTRAS RECEITAS			
Vendas de Bens de Uso			
	F.PARTIDÁRIO	O. RECURSOS	TOTAL - R$
2 - DESPESAS			
Despesas com Pessoal			
Encargos Sociais			
Impostos			
Aluguéis			
Despesas de Viagens			
Honorários Profissionais			
Locações de Bens Móveis			
Despesas Postais			
Materiais de Expediente			
Despesas com Veículos			
Propagandas e Publicidade			
Serviços Prestados por Terceiros			
Cachês de Artistas ou Animadores			
Materiais Impressos			
Lanches e Refeições			

Energia Elétrica			
Despesas de Manutenção e Reparo			
Montagem de Palanques e Equipamentos			
Despesas com Pesquisas ou Testes Eleitorais			
Despesas de Eventos Promocionais			
Despesas Financeiras			
Produção Audiovisuais			
Outras Despesas			
3 - TRANSFERÊNCIAS FINANCEIRAS EFETUADAS			
4 - IMOBILIZAÇÕES - TOTAL			
Bens Móveis			
Bens Imóveis			
SALDO (+ 1 - 2 - 3 - 4 = 5) TOTAL			
Saldo em Caixa			
Saldo em Banco			
Banco (...)			

Obs.: As Obrigações a Pagar deverão ser deduzidas dos saldos financeiros (caixa e banco), sendo demonstradas mediante Demonstração de Obrigações a Pagar (Modelo 11) devidamente assinada pelo Tesoureiro.

FICHA DE QUALIFICAÇÃO DO COMITÊ FINANCEIRO (MODELO 6)

Partido: ____
Direção/Comitê Financeiro/Candidato: _______________Único? Sim: ____ Não: ___
Eleição: ____ UF/Município:_____________
Número da Conta Bancária: __________ Banco: ____________ Agência __________
Endereço: ____

NOME DOS MEMBROS	FUNÇÕES

LOCAL ____________________________________ DATA ___/ ___/ ___

______________________________ ______________________________
ASSINATURA ASSINATURA

INSTRUÇÕES DE PREENCHIMENTO

1 - NOME DO PARTIDO – informar o nome do partido político;
2 - DIREÇÃO/COMITÊ/CANDIDATO – informar se é da Direção Nacional/Estadual/ Comitê Financeiro ou Candidato;
2-a - ÚNICO? SIM? NÃO? – marcar um X no campo correspondente, conforme se trate, no caso de Comitê Estadual/Municipal, de Comitê Único do Partido para as eleições de toda a circunscrição ou de Comitê específico para determinada eleição;
3 - ELEIÇÃO – informar a eleição de que se trata (cargo eletivo);
4 - UF/MUNICÍPIO – informar a Unidade da Federação e Município;
5 - CONTA BANCÁRIA – informar o número da conta-corrente do Comitê Financeiro;
6 - BANCO – informar o banco onde foi aberta a conta-corrente do Comitê;
7 - AGÊNCIA – informar a agência bancária;
8 - NOMES DOS MEMBROS – informar o nome completo dos membros do Comitê Financeiro;
9 - FUNÇÕES – informar as funções (tipo de responsabilidade) por eles exercidas, na mesma ordem da citação dos nomes;
10 - indicar local e data do preenchimento;
11 - assinatura dos responsáveis.

DEMONSTRAÇÃO DO LIMITE DE GASTOS
(Modelo 7)

Nome do Partido: ______________________________
Direção/Comitê Financeiro/Candidato: ______________________

ELEIÇÃO: ______________________________

CANDIDATO		LIMITE EM R$
NOME	NÚMERO	
TOTAL / TRANSPORTAR		

LOCAL ______________________________ DATA ___/ ___/ ___

______________________ ______________________
ASSINATURA ASSINATURA

INSTRUÇÕES DE PREENCHIMENTO

1 - NOME DO PARTIDO – informar o nome do partido político;
2 - COMITÊ FINANCEIRO/DIREÇÃO/CANDIDATO – informar o nome: se da direção Nacional/Estadual, do Comitê e Candidato que está apresentando a Demonstração;
3 - ELEIÇÃO – informar a eleição de que se trata (cargo eletivo);
4 - CANDIDATO
4-a - NOME – informar o nome completo do Candidato;
4-b - NÚMERO – informar o número atribuído ao candidato, com o qual concorre à eleição;
5 - LIMITE EM R$ – informar o valor em Real do limite de gastos atribuído ao Candidato, pelo partido;
6 - TOTAL / TRANSPORTAR – informar o total em REAL;
7 - indicar o local e a data do preenchimento;
8 - assinatura dos responsáveis.

DEMONSTRAÇÃO DOS RECIBOS ELEITORAIS DISTRIBUÍDOS
(Modelo 8)

Direção Nacional/Estadual/Comitê Financeiro: ______________________________
Eleição: ____

DATA	NUMERAÇÃO	QUANTIDADE	DISTRIBUÍDO A

LOCAL ______________________________ DATA ___/ ___/ ___

______________________________ ______________________________
ASSINATURA ASSINATURA

INSTRUÇÕES DE PREENCHIMENTO

1 - DIREÇÃO NACIONAL/ESTADUAL DO PARTIDO/COMITÊ FINANCEIRO - informar o nome de quem está apresentando a Demonstração: se Direção Nacional/Estadual do Partido Político ou Comitê Financeiro;
2 - ELEIÇÃO - informar a eleição de que se trata (cargo eletivo);
3 - DATA - informar a data da entrega dos Recibos Eleitorais, no formato dia, mês e ano;
4 - NUMERAÇÃO - informar a numeração dos Recibos Eleitorais Distribuídos, inclusive com a sua série;
5 - QUANTIDADE - informar a quantidade de Recibos Eleitorais Distribuídos, separados por valor de face;
6 - DISTRIBUÍDO A - informar o nome da Direção (Nacional/Estadual) ou do Comitê ou Candidato que recebeu os Recibos Eleitorais;
7 - indicar local e data do preenchimento;
8 - assinatura dos responsáveis.

DEMONSTRAÇÃO DE TRANSFERÊNCIAS FINANCEIRAS (Modelo 9)

Direção Nacional/Estadual do Partido/Comitê Financeiro: ______________________

DATA	NOME DO PARTIDO/COMITÊ/CANDIDATO BENEFICIÁRIO	VALORES R$
TOTAL / TRANSPORTAR		

LOCAL ____________________________________ DATA ___/___/___

______________________________ ______________________________

ASSINATURA ASSINATURA

INSTRUÇÕES DE PREENCHIMENTO

1 - DIREÇÃO NACIONAL/ESTADUAL DO PARTIDO / COMITÊ FINANCEIRO – informar o nome de quem realizou as transferências: se Direção Nacional/Estadual do Partido ou Comitê Financeiro, inclusive no caso de coligações;
2 - DATA – informar a data em que ocorreu a transferência financeira, no formato dia, mês e ano;
3 - NOME DO PARTIDO / COMITÊ / CANDIDATO – informar o nome do Partido (Direção Nacional/Estadual) do Comitê ou do Candidato beneficiário da transferência dos recursos, inclusive no caso de coligações;
4 - VALORES - R$ – informar o valor das transferências em moeda corrente;
5 - TOTAL / TRANSPORTAR – informar o total e em R$ das transferências efetuadas;
6 - indicar local e data do preenchimento;
7 - assinatura dos responsáveis.

DEMONSTRAÇÃO FINANCEIRA CONSOLIDADA
(Modelo 10)

Nome do Partido: ____________________
Direção Nacional: ____________________

COMITÊS FINANCEIROS VINCULADOS	VALORES R$		
	ARRECADADOS	APLICADOS	SALDOS
TOTAIS/ TRANSPORTAR			

LOCAL ____________________ DATA ___/___/___

ASSINATURA ____________________ ASSINATURA ____________________

INSTRUÇÕES DE PREENCHIMENTO

1 - NOME DO PARTIDO - informar o nome do partido político;
2 - COMITÊS FINANCEIROS VINCULADOS - informar o nome da Direção Estadual ou Comitês Estadual ou Municipal vinculados à Campanha para Prefeito;
3 - VALORES/R$
3-a - ARRECADADOS - informar o total, em moeda corrente, dos valores arrecadados para cada Comitê;
3-b - APLICADOS - informar o total, em moeda corrente, dos valores aplicados para cada comitê;
3-c - SALDOS - informar os saldos financeiros apresentados, de cada Comitê.
4 - TOTAIS/TRANSPORTAR - informar os totais dos recursos arrecadados, aplicados e dos respectivos saldos, representando o movimento financeiro de toda a campanha para Prefeito;
5 - indicar o local e data do preenchimento;
6 - assinatura dos responsáveis.

DEMONSTRAÇÃO CONSOLIDADA DO LIMITE DE GASTOS
(Modelo 11)

Direção Nacional do Partido Político: ______________________________

CIRCUNSCRIÇÃO	VALORES EM R$
TOTAL/TRANSPORTAR	

LOCAL ______________________________ DATA ___/___/___

______________________ ______________________

ASSINATURA ASSINATURA

INSTRUÇÕES DE PREENCHIMENTO

1 - DIREÇÃO NACIONAL DO PARTIDO POLÍTICO – informar o nome do partido político;
2 - Nº – informar o número com o qual o Partido Político concorreu às eleições;
3 - CIRCUNSCRIÇÃO – informar a circunscrição em relação à qual foi estabelecido o limite de gastos;
4 - VALORES REAL – informar o valor em REAL do limite de gastos atribuído pelo Partido, para cada circunscrição;
5 - TOTAL / TRANSPORTAR – informar o total em REAL;
6 - indicar local e data do preenchimento;
7 - assinaturas dos responsáveis.

Resolução TSE nº 23.370, de 13 de dezembro de 2011

(Com a alteração introduzida pela Res. nº 23.377, de 1º.3.2012)

Instrução nº 1162-41.2011.6.00.0000, Classe 19, Brasília/DF.
Rel. Min. Arnaldo Versiani. DJE-TSE, 28.12.2011.

Dispõe sobre a propaganda eleitoral e as condutas ilícitas em campanha eleitoral nas eleições de 2012.

O Tribunal Superior Eleitoral, no uso das atribuições que lhe conferem o art. 23, inciso IX, do Código Eleitoral e o art. 105 da Lei nº 9.504, de 30 de setembro de 1997, resolve expedir a seguinte instrução:

CAPÍTULO I
Disposições Preliminares

Art. 1º A propaganda eleitoral é permitida a partir de 6 de julho de 2012 (Lei nº 9.504/97, art. 36, *caput* e §2º).
§1º Ao postulante a candidatura a cargo eletivo, é permitida a realização, na quinzena anterior à escolha pelo partido político, de propaganda intrapartidária com vista à indicação de seu nome, inclusive mediante a fixação de faixas e cartazes em local próximo da convenção, com mensagem aos convencionais, vedado o uso de rádio, televisão e *outdoor* (Lei nº 9.504/97, art. 36, §1º).
§2º A propaganda de que trata o parágrafo anterior deverá ser imediatamente retirada após a respectiva convenção.
§3º A partir de 1º de julho de 2012, não será veiculada a propaganda partidária gratuita prevista na Lei nº 9.096/95, nem será permitido qualquer tipo de propaganda política paga no rádio e na televisão (Lei nº 9.504/97, art. 36, §2º).
§4º A violação do disposto neste artigo sujeitará o responsável pela divulgação da propaganda e o beneficiário, quando comprovado o seu prévio conhecimento, à multa no valor de R$5.000,00 (cinco mil reais) a R$25.000,00 (vinte e cinco mil reais) ou equivalente ao custo da propaganda, se este for maior (Lei nº 9.504/97, art. 36, §3º).

Art. 2º Não será considerada propaganda eleitoral antecipada (Lei nº 9.504/97, art. 36-A, incisos I a IV):
I - a participação de filiados a partidos políticos ou de pré-candidatos em entrevistas, programas, encontros ou debates no rádio, na televisão e na internet, inclusive com a exposição de plataformas e projetos políticos, desde que não haja pedido de votos, observado pelas emissoras de rádio e de televisão o dever de conferir tratamento isonômico;

II - a realização de encontros, seminários ou congressos, em ambiente fechado e a expensas dos partidos políticos, para tratar da organização dos processos eleitorais, planos de governos ou alianças partidárias visando às eleições;
III - a realização de prévias partidárias e sua divulgação pelos instrumentos de comunicação intrapartidária; ou
IV - a divulgação de atos de parlamentares e debates legislativos, desde que não se mencione a possível candidatura, ou se faça pedido de votos ou de apoio eleitoral.

Art. 3º É vedada, desde 48 horas antes até 24 horas depois da eleição, a veiculação de qualquer propaganda política no rádio ou na televisão — incluídos, entre outros, as rádios comunitárias e os canais de televisão que operam em UHF, VHF e por assinatura — e, ainda, a realização de comícios ou reuniões públicas, ressalvada a propaganda na internet (Código Eleitoral, art. 240, parágrafo único, e Lei nº 12.034/2009, art. 7º).
Parágrafo único. Não se aplica a vedação constante do parágrafo único do art. 240 do Código Eleitoral à propaganda eleitoral veiculada gratuitamente na internet, no sítio eleitoral, *blog*, sítio interativo ou social, ou outros meios eletrônicos de comunicação do candidato, ou no sítio do partido ou coligação, nas formas previstas no art. 57-B da Lei nº 9.504/97 (Lei nº 12.034/2009, art. 7º).

Art. 4º O Juiz Eleitoral é competente para tomar todas as providências relacionadas à propaganda eleitoral, assim como para julgar representações e reclamações a ela pertinentes.
Parágrafo único. Onde houver mais de uma Zona Eleitoral, o Tribunal Regional Eleitoral designará o Juiz Eleitoral que ficará responsável pela propaganda eleitoral.

CAPÍTULO II
Da Propaganda em Geral

Art. 5º A propaganda, qualquer que seja a sua forma ou modalidade, mencionará sempre a legenda partidária e só poderá ser feita em língua nacional, não devendo empregar meios publicitários destinados a criar, artificialmente, na opinião pública, estados mentais, emocionais ou passionais (Código Eleitoral, art. 242, *caput*).
Parágrafo único. Sem prejuízo do processo e das penas cominadas, a Justiça Eleitoral adotará medidas para impedir ou fazer cessar imediatamente a propaganda realizada com infração do disposto neste artigo (Código Eleitoral, art. 242, parágrafo único).

Art. 6º Na propaganda para eleição majoritária, a coligação usará, obrigatoriamente, sob a sua denominação, as legendas de todos os partidos políticos que a integram; na propaganda para eleição proporcional, cada partido político usará apenas a sua legenda sob o nome da coligação (Lei nº 9.504/97, art. 6º, §2º).
§1º Excepcionalmente nas inserções de 15" da propaganda gratuita no rádio para eleição majoritária, a propaganda deverá ser identificada pelo nome da coligação e do partido do candidato, dispensada a identificação dos demais partidos que integram a coligação.
§2º A denominação da coligação não poderá coincidir, incluir ou fazer referência a nome ou número de candidato, nem conter pedido de voto para partido político (Lei nº 9.504/97, art. 6º, §1º-A).

Art. 7º Da propaganda dos candidatos a Prefeito, deverá constar, também, o nome do candidato a Vice-Prefeito, de modo claro e legível, em tamanho não inferior a 10% (dez por cento) do nome do titular (Lei nº 9.504/97, art. 36, §4º).

Art. 8º A realização de qualquer ato de propaganda partidária ou eleitoral, em recinto aberto ou fechado, não depende de licença da polícia (Lei nº 9.504/97, art. 39, *caput*).
§1º O candidato, o partido político ou a coligação que promover o ato fará a devida comunicação à autoridade policial com, no mínimo, 24 horas de antecedência, a fim de que esta lhe garanta, segundo a prioridade do aviso, o direito contra quem pretenda usar o local no mesmo dia e horário (Lei nº 9.504/97, art. 39, §1º).

§2º A autoridade policial tomará as providências necessárias à garantia da realização do ato e ao funcionamento do tráfego e dos serviços públicos que o evento possa afetar (Lei nº 9.504/97, art. 39, §2º).

Art. 9º É assegurado aos partidos políticos e às coligações o direito de, independentemente de licença da autoridade pública e do pagamento de qualquer contribuição (Código Eleitoral, art. 244, I e II, e Lei nº 9.504/97, art. 39, §3º e §5º):
I - fazer inscrever, na fachada de suas sedes e dependências, o nome que os designe, pela forma que melhor lhes parecer;
II - fazer inscrever, na fachada dos seus comitês e demais unidades, o nome que os designe, da coligação ou do candidato, respeitado o tamanho máximo de $4m^2$;
III - instalar e fazer funcionar, no período compreendido entre o início da propaganda eleitoral e a véspera da eleição, das 8 às 22 horas, alto-falantes ou amplificadores de som, nos locais referidos, assim como em veículos seus ou à sua disposição, em território nacional, com a observância da legislação comum e dos §1º e §2º, inclusive dos limites do volume sonoro;
IV - comercializar material de divulgação institucional, desde que não contenha nome e número de candidato, bem como cargo em disputa.
§1º São vedados a instalação e o uso de alto-falantes ou amplificadores de som em distância inferior a 200 metros, respondendo o infrator, conforme o caso, pelo emprego de processo de propaganda vedada e pelo abuso de poder (Lei nº 9.504/97, art. 39, §3º, I a III, Código Eleitoral, arts. 222 e 237, e Lei Complementar nº 64/90, art. 22):
I - das sedes dos Poderes Executivo e Legislativo da União, dos Estados, do Distrito Federal e dos Municípios, das sedes dos órgãos judiciais, dos quartéis e de outros estabelecimentos militares;
II - dos hospitais e casas de saúde;
III - das escolas, bibliotecas públicas, igrejas e teatros, quando em funcionamento.
§2º Pode ser utilizada a aparelhagem de sonorização fixa e trio elétrico durante a realização de comícios no horário compreendido entre as 8 e as 24 horas (Lei nº 9.504/97, art. 39, §4º e §10).
§3º São vedadas na campanha eleitoral confecção, utilização, distribuição por comitê, candidato, ou com a sua autorização, de camisetas, chaveiros, bonés, canetas, brindes, cestas básicas ou quaisquer outros bens ou materiais que possam proporcionar vantagem ao eleitor, respondendo o infrator, conforme o caso, pela prática de captação ilícita de sufrágio, emprego de processo de propaganda vedada e, se for o caso, pelo abuso de poder (Lei nº 9.504/97, art. 39, §6º, Código Eleitoral, arts. 222 e 237, e Lei Complementar nº 64/90, art. 22).
§4º É proibida a realização de showmício e de evento assemelhado para promoção de candidatos e a apresentação, remunerada ou não, de artistas com a finalidade de animar comício e reunião eleitoral, respondendo o infrator pelo emprego de processo de propaganda vedada e, se for o caso, pelo abuso do poder (Lei nº 9.504/97, art. 39, §7º, Código Eleitoral, arts. 222 e 237, e Lei Complementar nº 64/90, art. 22).
§5º A proibição de que trata o parágrafo anterior não se estende aos candidatos profissionais da classe artística — cantores, atores e apresentadores —, que poderão exercer a profissão durante o período eleitoral, desde que não tenha por finalidade a animação de comício e que não haja nenhuma alusão à candidatura ou à campanha eleitoral, ainda que em caráter subliminar, sem prejuízo da proibição constante do art. 27, inciso V e §1º, desta resolução.
§6º Até as 22 horas do dia que antecede a eleição, serão permitidos distribuição de material gráfico, caminhada, carreata, passeata ou carro de som que transite pela cidade divulgando *jingles* ou mensagens de candidatos, observados os limites impostos pela legislação comum (Lei nº 9.504/97, art. 39, §9º).

Art. 10. Nos bens cujo uso dependa de cessão ou permissão do poder público, ou que a ele pertençam, e nos de uso comum, inclusive postes de iluminação pública e sinalização de tráfego, viadutos, passarelas, pontes, paradas de ônibus e outros equipamentos urbanos, é vedada a veiculação de propaganda de qualquer natureza, inclusive pichação, inscrição a tinta, fixação de placas, estandartes, faixas e assemelhados (Lei nº 9.504/97, art. 37, *caput*).

§1º Quem veicular propaganda em desacordo com o disposto no *caput* será notificado para, no prazo de 48 horas, removê-la e restaurar o bem, sob pena de multa no valor de R$2.000,00 (dois mil reais) a R$8.000,00 (oito mil reais), ou defender-se (Lei nº 9.504/97, art. 37, §1º).

§2º Bens de uso comum, para fins eleitorais, são os assim definidos pelo Código Civil e também aqueles a que a população em geral tem acesso, tais como cinemas, clubes, lojas, centros comerciais, templos, ginásios, estádios, ainda que de propriedade privada (Lei nº 9.504/97, art. 37, §4º).

§3º Nas árvores e nos jardins localizados em áreas públicas, bem como em muros, cercas e tapumes divisórios, não é permitida a colocação de propaganda eleitoral de qualquer natureza, mesmo que não lhes cause dano (Lei nº 9.504/97, art. 37, §5º). (*Parágrafo alterado pela Res. nº 23.377, de 1º.3.2012*).

§4º É permitida a colocação de cavaletes, bonecos, cartazes, mesas para distribuição de material de campanha e bandeiras ao longo das vias públicas, desde que móveis e que não dificultem o bom andamento do trânsito de pessoas e veículos (Lei nº 9.504/97, art. 37, §6º).

§5º A mobilidade referida no parágrafo anterior estará caracterizada com a colocação e a retirada dos meios de propaganda entre as 6 e as 22 horas (Lei nº 9.504/97, art. 37, §7º).

§6º Nas dependências do Poder Legislativo, a veiculação de propaganda eleitoral ficará a critério da Mesa Diretora (Lei nº 9.504/97, art. 37, §3º).

Art. 11. Em bens particulares, independe de obtenção de licença municipal e de autorização da Justiça Eleitoral a veiculação de propaganda eleitoral por meio da fixação de faixas, placas, cartazes, pinturas ou inscrições, desde que não excedam a 4m² e não contrariem a legislação eleitoral, sujeitando-se o infrator às penalidades previstas no §1º do artigo anterior (Lei nº 9.504/97, art. 37, §2º).

Parágrafo único. A veiculação de propaganda eleitoral em bens particulares deve ser espontânea e gratuita, sendo vedado qualquer tipo de pagamento em troca de espaço para esta finalidade (Lei nº 9.504/97, art. 37, §8º).

Art. 12. Independe da obtenção de licença municipal e de autorização da Justiça Eleitoral a veiculação de propaganda eleitoral pela distribuição de folhetos, volantes e outros impressos, os quais devem ser editados sob a responsabilidade do partido político, da coligação ou do candidato (Lei nº 9.504/97, art. 38).

Parágrafo único. Todo material impresso de campanha eleitoral deverá conter o número de inscrição no CNPJ ou o número de inscrição no CPF do responsável pela confecção, bem como de quem a contratou, e a respectiva tiragem, respondendo o infrator pelo emprego de processo de propaganda vedada e, se for o caso, pelo abuso do poder (Lei nº 9.504/97, art. 38, §1º, Código Eleitoral, arts. 222 e 237, e Lei Complementar nº 64/90, art. 22).

Art. 13. Não será tolerada propaganda, respondendo o infrator pelo emprego de processo de propaganda vedada e, se for o caso, pelo abuso de poder (Código Eleitoral, arts. 222, 237 e 243, I a IX, Lei nº 5.700/71 e Lei Complementar nº 64/90, art. 22):

I - de guerra, de processos violentos para subverter o regime, a ordem política e social, ou de preconceitos de raça ou de classes;

II - que provoque animosidade entre as Forças Armadas ou contra elas, ou delas contra as classes e as instituições civis;

III - de incitamento de atentado contra pessoa ou bens;

IV - de instigação à desobediência coletiva ao cumprimento da lei de ordem pública;

V - que implique oferecimento, promessa ou solicitação de dinheiro, dádiva, rifa, sorteio ou vantagem de qualquer natureza;

VI - que perturbe o sossego público, com algazarra ou abuso de instrumentos sonoros ou sinais acústicos;

VII - por meio de impressos ou de objeto que pessoa inexperiente ou rústica possa confundir com moeda;

VIII - que prejudique a higiene e a estética urbana;
IX - que caluniar, difamar ou injuriar qualquer pessoa, bem como atingir órgãos ou entidades que exerçam autoridade pública;
X - que desrespeite os símbolos nacionais.

Art. 14. O ofendido por calúnia, difamação ou injúria, sem prejuízo e independentemente da ação penal competente, poderá demandar, no juízo cível, a reparação do dano moral, respondendo por este o ofensor e, solidariamente, o partido político deste, quando responsável por ação ou omissão, e quem quer que favorecido pelo crime, haja de qualquer modo contribuído para ele (Código Eleitoral, art. 243, §1º).

Art. 15. Aos Juízes Eleitorais designados pelos Tribunais Regionais Eleitorais, nas Capitais e nos Municípios onde houver mais de uma Zona Eleitoral, e aos Juízes Eleitorais, nas demais localidades, competirá julgar as reclamações sobre a localização dos comícios e tomar providências sobre a distribuição equitativa dos locais aos partidos políticos e às coligações (Código Eleitoral, art. 245, §3º).

Art. 16. O candidato cujo registro esteja *sub judice* poderá efetuar todos os atos relativos à sua campanha eleitoral, inclusive utilizar o horário eleitoral gratuito para sua propaganda, no rádio e na televisão (Lei nº 9.504/97, art. 16-A).

CAPÍTULO III
Da Propaganda Eleitoral em *Outdoor*

Art. 17. É vedada a propaganda eleitoral por meio de *outdoors*, independentemente de sua destinação ou exploração comercial, sujeitando-se a empresa responsável, os partidos, as coligações e os candidatos à imediata retirada da propaganda irregular e ao pagamento de multa no valor de R$5.320,50 (cinco mil trezentos e vinte reais e cinquenta centavos) a R$15.961,50 (quinze mil novecentos e sessenta e um reais e cinquenta centavos) (Lei nº 9.504/97, art. 39, §8º).

Parágrafo único. Não caracteriza *outdoor* a placa afixada em propriedade particular, cujo tamanho não exceda a $4m^2$.

CAPÍTULO IV
Da Propaganda Eleitoral na Internet

Art. 18. É permitida a propaganda eleitoral na internet após o dia 5 de julho do ano da eleição (Lei nº 9.504/97, art. 57-A).

Art. 19. A propaganda eleitoral na internet poderá ser realizada nas seguintes formas (Lei nº 9.504/97, art. 57-B, incisos I a IV):
I - em sítio do candidato, com endereço eletrônico comunicado à Justiça Eleitoral e hospedado, direta ou indiretamente, em provedor de serviço de internet estabelecido no País;
II - em sítio do partido ou da coligação, com endereço eletrônico comunicado à Justiça Eleitoral e hospedado, direta ou indiretamente, em provedor de serviço de internet estabelecido no País;
III - por meio de mensagem eletrônica para endereços cadastrados gratuitamente pelo candidato, partido ou coligação;
IV - por meio de *blogs*, redes sociais, sítios de mensagens instantâneas e assemelhados, cujo conteúdo seja gerado ou editado por candidatos, partidos ou coligações ou de iniciativa de qualquer pessoa natural.

Art. 20. Na internet, é vedada a veiculação de qualquer tipo de propaganda eleitoral paga (Lei nº 9.504/97, art. 57-C, *caput*).
§1º É vedada, ainda que gratuitamente, a veiculação de propaganda eleitoral na internet, em sítios (Lei nº 9.504/97, art. 57-C, §1º, I e II):
I - de pessoas jurídicas, com ou sem fins lucrativos;
II - oficiais ou hospedados por órgãos ou entidades da Administração Pública direta ou indireta da União, dos Estados, do Distrito Federal e dos Municípios.
§2º A violação do disposto neste artigo sujeita o responsável pela divulgação da propaganda e, quando comprovado seu prévio conhecimento, o beneficiário à multa no valor de R$5.000,00 (cinco mil reais) a R$30.000,00 (trinta mil reais) (Lei nº 9.504/97, art. 57-C, §2º).

Art. 21. É livre a manifestação do pensamento, vedado o anonimato durante a campanha eleitoral, por meio da rede mundial de computadores – internet, assegurado o direito de resposta, nos termos das alíneas a, b e c do inciso IV do §3º do art. 58 e do art. 58-A da Lei nº 9.504/97, e por outros meios de comunicação interpessoal mediante mensagem eletrônica (Lei nº 9.504/97, art. 57-D, *caput*).
Parágrafo único. A violação do disposto neste artigo sujeitará o responsável pela divulgação da propaganda e, quando comprovado seu prévio conhecimento, o beneficiário à multa no valor de R$5.000,00 (cinco mil reais) a R$30.000,00 (trinta mil reais) (Lei nº 9.504/97, art. 57-D, §2º).

Art. 22. São vedadas às pessoas relacionadas no art. 24 da Lei nº 9.504/97 a utilização, doação ou cessão de cadastro eletrônico de seus clientes, em favor de candidatos, partidos ou coligações (Lei nº 9.504/97, art. 57-E, *caput*).
§1º É proibida a venda de cadastro de endereços eletrônicos (Lei nº 9.504/97, art. 57-E, §1º).
§2º A violação do disposto neste artigo sujeita o responsável pela divulgação da propaganda e, quando comprovado seu prévio conhecimento, o beneficiário à multa no valor de R$5.000,00 (cinco mil reais) a R$30.000,00 (trinta mil reais) (Lei nº 9.504/97, art. 57-E, §2º).

Art. 23. Aplicam-se ao provedor de conteúdo e de serviços multimídia que hospeda a divulgação da propaganda eleitoral de candidato, de partido ou de coligação as penalidades previstas nesta resolução, se, no prazo determinado pela Justiça Eleitoral, contado a partir da notificação de decisão sobre a existência de propaganda irregular, não tomar providências para a cessação dessa divulgação (Lei nº 9.504/97, art. 57-F, *caput*).
§1º O provedor de conteúdo ou de serviços multimídia só será considerado responsável pela divulgação da propaganda se a publicação do material for comprovadamente de seu prévio conhecimento (Lei nº 9.504/97, art. 57-F, parágrafo único).
§2º O prévio conhecimento de que trata o parágrafo anterior poderá, sem prejuízo dos demais meios de prova, ser demonstrado por meio de cópia de notificação, diretamente encaminhada e entregue pelo interessado ao provedor de internet, na qual deverá constar, de forma clara e detalhada, a propaganda por ele considerada irregular.

Art. 24. As mensagens eletrônicas enviadas por candidato, partido ou coligação, por qualquer meio, deverão dispor de mecanismo que permita seu descadastramento pelo destinatário, obrigado o remetente a providenciá-lo no prazo de 48 horas (Lei nº 9.504/97, art. 57-G, *caput*).
Parágrafo único. Mensagens eletrônicas enviadas após o término do prazo previsto no *caput* sujeitam os responsáveis ao pagamento de multa no valor de R$100,00 (cem reais), por mensagem (Lei nº 9.504/97, art. 57-G, parágrafo único).

Art. 25. Sem prejuízo das demais sanções legais cabíveis, será punido, com multa de R$5.000,00 (cinco mil reais) a R$30.000,00 (trinta mil reais), quem realizar propaganda eleitoral na internet, atribuindo indevidamente sua autoria a terceiro, inclusive a candidato, partido ou coligação (Lei nº 9.504/97, art. 57-H).

CAPÍTULO V
Da Propaganda Eleitoral na Imprensa

Art. 26. São permitidas, até a antevéspera das eleições, a divulgação paga, na imprensa escrita, e a reprodução na internet do jornal impresso, de até 10 anúncios de propaganda eleitoral, por veículo, em datas diversas, para cada candidato, no espaço máximo, por edição, de 1/8 (um oitavo) de página de jornal padrão e de 1/4 (um quarto) de página de revista ou tabloide (Lei nº 9.504/97, art. 43, *caput*).
§1º Deverá constar do anúncio, de forma visível, o valor pago pela inserção (Lei nº 9.504/97, art. 43, §1º).
§2º A inobservância do disposto neste artigo sujeita os responsáveis pelos veículos de divulgação e os partidos, coligações ou candidatos beneficiados à multa no valor

de R$1.000,00 (mil reais) a R$10.000,00 (dez mil reais) ou equivalente ao da divulgação da propaganda paga, se este for maior (Lei nº 9.504/97, art. 43, §2º).
§3º Ao jornal de dimensão diversa do padrão e do tabloide, aplica-se a regra do *caput*, de acordo com o tipo de que mais se aproxime.
§4º Não caracterizará propaganda eleitoral a divulgação de opinião favorável a candidato, a partido político ou a coligação pela imprensa escrita, desde que não seja matéria paga, mas os abusos e os excessos, assim como as demais formas de uso indevido do meio de comunicação, serão apurados e punidos nos termos do art. 22 da Lei Complementar nº 64/90.
§5º É autorizada a reprodução virtual das páginas do jornal impresso na internet, desde que seja feita no sítio do próprio jornal, independentemente do seu conteúdo, devendo ser respeitado integralmente o formato gráfico e o conteúdo editorial da versão impressa, atendido, nesta hipótese, o disposto no *caput* deste artigo.
§6º O limite de anúncios previsto no *caput* será verificado de acordo com a imagem ou nome do respectivo candidato, independentemente de quem tenha contratado a divulgação da propaganda.

CAPÍTULO VI
Da Programação Normal e do Noticiário no Rádio e na Televisão

Art. 27. A partir de 1º de julho de 2012, é vedado às emissoras de rádio e televisão, em sua programação normal e noticiário (Lei nº 9.504/97, art. 45, I a VI):
I - transmitir, ainda que sob a forma de entrevista jornalística, imagens de realização de pesquisa ou qualquer outro tipo de consulta popular de natureza eleitoral em que seja possível identificar o entrevistado ou em que haja manipulação de dados;
II - veicular propaganda política;
III - dar tratamento privilegiado a candidato, partido político ou coligação;
IV - veicular ou divulgar filmes, novelas, minisséries ou qualquer outro programa com alusão ou crítica a candidato ou partido político, mesmo que dissimuladamente, exceto programas jornalísticos ou debates políticos;
V - divulgar nome de programa que se refira a candidato escolhido em convenção, ainda quando preexistente, inclusive se coincidente com o nome do candidato ou o nome por ele indicado para uso na urna eletrônica, e, sendo o nome do programa o mesmo que o do candidato, fica proibida a sua divulgação, sob pena de cancelamento do respectivo registro.
§1º A partir do resultado da convenção, é vedado, ainda, às emissoras transmitir programa apresentado ou comentado por candidato escolhido em convenção (Lei nº 9.504/97, art. 45, §1º).
§2º Sem prejuízo do disposto no parágrafo único do art. 45 desta resolução, a inobservância do disposto neste artigo sujeita a emissora ao pagamento de multa no valor de R$21.282,00 (vinte e um mil duzentos e oitenta e dois reais) a R$106.410,00 (cento e seis mil quatrocentos e dez reais), duplicada em caso de reincidência (Lei nº 9.504/97, art. 45, §2º).

Seção I
Dos Debates

Art. 28. Os debates, transmitidos por emissora de rádio ou televisão, serão realizados segundo as regras estabelecidas em acordo celebrado entre os partidos políticos e a pessoa jurídica interessada na realização do evento, dando-se ciência à Justiça Eleitoral (Lei nº 9.504/97, art. 46, §4º).
§1º Para os debates que se realizarem no primeiro turno das eleições, serão consideradas aprovadas as regras que obtiverem a concordância de pelo menos 2/3 (dois terços) dos candidatos aptos no caso de eleição majoritária, e de pelo menos 2/3 (dois terços) dos partidos ou coligações com candidatos aptos, no caso de eleição proporcional (Lei nº 9.504/97, art. 46, §5º).
§2º São considerados aptos, para os fins previstos no parágrafo anterior, os candidatos filiados a partido político com representação na Câmara dos Deputados e que tenham requerido o registro de candidatura na Justiça Eleitoral.
§3º Julgado o registro, permanecem aptos apenas os candidatos com registro deferido ou, se indeferido, que esteja *sub judice*.

Art. 29. Inexistindo acordo, os debates transmitidos por emissora de rádio ou televisão deverão obedecer às seguintes regras (Lei nº 9.504/97, art. 46, I, a e b, II e III):
I - nas eleições majoritárias, a apresentação dos debates poderá ser feita:
a) em conjunto, estando presentes todos os candidatos a um mesmo cargo eletivo;
b) em grupos, estando presentes, no mínimo, 3 candidatos.
II - nas eleições proporcionais, os debates deverão ser organizados de modo que assegurem a presença de número equivalente de candidatos de todos os partidos políticos e coligações a um mesmo cargo eletivo, podendo desdobrar-se em mais de 1 dia;
III - os debates deverão ser parte de programação previamente estabelecida e divulgada pela emissora, fazendo-se mediante sorteio a escolha do dia e da ordem de fala de cada candidato.
§1º Na hipótese deste artigo, é assegurada a participação de candidatos dos partidos políticos com representação na Câmara dos Deputados, facultada a dos demais.
§2º Para efeito do disposto no parágrafo anterior, considera-se a representação de cada partido político na Câmara dos Deputados a resultante da eleição.

Art. 30. Em qualquer hipótese, deverá ser observado o seguinte:
I - é admitida a realização de debate sem a presença de candidato de algum partido político ou de coligação, desde que o veículo de comunicação responsável comprove tê-lo convidado com a antecedência mínima de 72 horas da realização do debate (Lei nº 9.504/97, art. 46, §1º);
II - é vedada a presença de um mesmo candidato a eleição proporcional em mais de um debate da mesma emissora (Lei nº 9.504/97, art. 46, §2º);
III - o horário destinado à realização de debate poderá ser destinado à entrevista de candidato, caso apenas este tenha comparecido ao evento (Acórdão nº 19.433, de 25.6.2002);
IV - no primeiro turno, o debate poderá se estender até as 7 horas do dia 5 de outubro de 2012 e, no caso de segundo turno, não poderá ultrapassar o horário de meia-noite do dia 26 de outubro de 2012 (Resolução nº 23.329/2010).

Art. 31. O descumprimento do disposto nesta Seção sujeita a empresa infratora à suspensão, por 24 horas, da sua programação, com a transmissão, a cada 15 minutos, da informação de que se encontra fora do ar por desobediência à legislação eleitoral; em cada reiteração de conduta, o período de suspensão será duplicado (Lei nº 9.504/97, art. 46, §3º, e art. 56, §1º e §2º).

CAPÍTULO VII
Da Propaganda Eleitoral Gratuita no Rádio e na Televisão

Art. 32. A propaganda eleitoral no rádio e na televisão se restringirá ao horário gratuito, vedada a veiculação de propaganda paga, respondendo o candidato, o partido político e a coligação pelo seu conteúdo (Lei nº 9.504/97, art. 44).
§1º A propaganda eleitoral gratuita na televisão deverá utilizar a Linguagem Brasileira de Sinais (Libras) ou o recurso de legenda, que deverão constar obrigatoriamente do material entregue às emissoras (Lei nº 9.504/97, art. 44, §1º).
§2º No horário reservado para a propaganda eleitoral, não se permitirá utilização comercial ou propaganda realizada com a intenção, ainda que disfarçada ou subliminar, de promover marca ou produto (Lei nº 9.504/97, art. 44, §2º).
§3º Será punida, nos termos do §1º do art. 37 da Lei nº 9.504/97, a emissora que, não autorizada a funcionar pelo poder competente, veicular propaganda eleitoral (Lei nº 9.504/97, art. 44, §3º).

Art. 33. Nos Municípios em que não houver emissora de rádio e televisão, será garantida aos partidos políticos participantes do pleito a veiculação de propaganda eleitoral gratuita nas localidades aptas à realização de segundo turno de eleições e nas quais seja operacionalmente viável realizar a retransmissão, observadas as normas constantes de instrução específica do Tribunal Superior Eleitoral (Lei nº 9.504/97, art. 48, §1º e 2º).

Art. 34. As emissoras de rádio, inclusive as rádios comunitárias, as emissoras de televisão que operam em VHF e UHF e os canais de televisão por assinatura sob a responsabilidade das Câmaras Municipais reservarão, no período de 21 de agosto a 4 de outubro de 2012, horário destinado à divulgação, em rede, da propaganda eleitoral gratuita, a ser feita da seguinte forma (Lei nº 9.504/97, art. 47, §1º, VI, a e b, VII, §2º, e art. 57):

I - nas eleições para Prefeito e Vice-Prefeito, às segundas, quartas e sextas-feiras:

a) das 7h às 7h30 e das 12h às 12h30, no rádio;

b) das 13h às 13h30 e das 20h30 às 21h, na televisão;

II - nas eleições para Vereador, às terças e quintas-feiras e aos sábados, nos mesmos horários previstos no inciso anterior.

Parágrafo único. Na veiculação da propaganda eleitoral gratuita, será considerado o horário de Brasília/DF.

Art. 35. Os Juízes Eleitorais distribuirão os horários reservados à propaganda de cada eleição entre os partidos políticos e as coligações que tenham candidato, observados os seguintes critérios (Lei nº 9.504/97, art. 47, §2º, I e II; Ac.-TSE nº 8.427, de 30.10.86):

I - um terço, igualitariamente;

II - dois terços, proporcionalmente ao número de representantes na Câmara dos Deputados, considerado, no caso de coligação, o resultado da soma do número de representantes de todos os partidos políticos que a integrarem.

§1º Para efeito do disposto neste artigo, a representação de cada partido político na Câmara dos Deputados é a resultante da eleição (Lei nº 9.504/97, art. 47, §3º).

§2º O número de representantes de partido político que tenha resultado de fusão ou a que se tenha incorporado outro corresponderá à soma dos representantes que os partidos políticos de origem possuíam na data mencionada no parágrafo anterior (Lei nº 9.504/97, art. 47, §4º).

§3º Se o candidato a Prefeito deixar de concorrer, em qualquer etapa do pleito, e não havendo substituição, será feita nova distribuição do tempo entre os candidatos remanescentes (Lei nº 9.504/97, art. 47, §5º).

§4º As coligações sempre serão tratadas como um único partido político.

§5º Para fins de divisão do tempo reservado à propaganda, não serão consideradas as frações de segundo, e as sobras que resultarem desse procedimento serão adicionadas no programa de cada dia ao tempo destinado ao último partido político ou coligação.

§6º Aos partidos políticos e às coligações que, após a aplicação dos critérios de distribuição referidos no *caput*, obtiverem direito a parcela do horário eleitoral inferior a 30 segundos será assegurado o direito de acumulá-lo para uso em tempo equivalente (Lei nº 9.504/97, art. 47, §6º).

§7º A Justiça Eleitoral, os representantes das emissoras de rádio e televisão e os representantes dos partidos políticos, por ocasião da elaboração do plano de mídia, compensarão sobras e excessos, respeitando-se o horário reservado para propaganda eleitoral gratuita.

Art. 36. Se houver segundo turno, as emissoras de rádio, inclusive as rádios comunitárias, as emissoras de televisão que operam em VHF e UHF e os canais de televisão por assinatura sob a responsabilidade das Câmaras Municipais reservarão, a partir de 48 horas da divulgação dos resultados do primeiro turno e até 26 de outubro de 2012, horário destinado à divulgação da propaganda eleitoral gratuita, dividido em dois períodos diários de 20 minutos, inclusive aos domingos, iniciando-se às 7h e às 12h, no rádio, e às 13h e às 20h30, na televisão, horário de Brasília/DF (Lei nº 9.504/97, art. 49, *caput*).

Art. 37. Os Juízes Eleitorais efetuarão, até 12 de agosto de 2012, sorteio para a escolha da ordem de veiculação da propaganda de cada partido político ou coligação no primeiro dia do horário eleitoral gratuito; a cada dia que se seguir, a propaganda veiculada por último, na véspera, será a primeira, apresentando-se as demais na ordem do sorteio (Lei nº 9.504/97, art. 50).

Art. 38. Durante os períodos mencionados nos arts. 34 e 36 desta resolução, as emissoras de rádio, inclusive as rádios

comunitárias, as emissoras de televisão que operam em VHF e UHF e os canais de televisão por assinatura sob a responsabilidade das Câmaras Municipais reservarão, ainda, 30 minutos diários, inclusive aos domingos, para a propaganda eleitoral gratuita, a serem usados em inserções de até 60 segundos, a critério do respectivo partido político ou coligação, assinadas obrigatoriamente pelo partido político ou coligação, e distribuídas, ao longo da programação veiculada entre as 8 e as 24 horas, nos termos do art. 35 desta resolução, obedecido o seguinte (Lei nº 9.504/97, art. 51, II, III e IV e art. 57):
I - destinação exclusiva do tempo para a campanha dos candidatos a Prefeito e Vice-Prefeito;
II - a distribuição levará em conta os blocos de audiência entre as 8 e as 12 horas; as 12 e as 18 horas; as 18 e as 21 horas; as 21 e as 24 horas, de modo que o número de inserções seja dividido igualmente entre eles;
III - na veiculação das inserções, são vedadas a utilização de gravações externas, montagens ou trucagens, computação gráfica, desenhos animados e efeitos especiais e a veiculação de mensagens que possam degradar ou ridicularizar candidato, partido político ou coligação.
§1º As inserções no rádio e na televisão serão calculadas à base de 30 segundos e poderão ser divididas em módulos de 15 segundos, ou agrupadas em módulos de 60 segundos, a critério de cada partido político ou coligação; em qualquer caso é obrigatória a identificação do partido político ou da coligação (Resolução nº 20.698/2000).
§2º As emissoras de rádio e televisão deverão evitar a veiculação de inserções idênticas no mesmo intervalo da programação normal.

Art. 39. A partir do dia 8 de julho de 2012, os Juízes Eleitorais convocarão os partidos políticos e a representação das emissoras de televisão e de rádio para elaborarem o plano de mídia, nos termos do artigo anterior, para o uso da parcela do horário eleitoral gratuito a que tenham direito, garantida a todos participação nos horários de maior e menor audiência (Lei nº 9.504/97, art. 52).
Parágrafo único. Caso os representantes dos partidos políticos e das emissoras não cheguem a acordo, a Justiça Eleitoral deverá elaborar o plano de mídia, utilizando o sistema desenvolvido pelo Tribunal Superior Eleitoral (Resolução nº 21.725/2004).

Art. 40. Os partidos políticos e as coligações deverão apresentar mapas de mídia diários ou periódicos às emissoras, observados os seguintes requisitos (Resolução nº 20.329, de 25.8.98):
I - nome do partido político ou da coligação;
II - título ou número do filme a ser veiculado;
III - duração do filme;
IV - dias e faixas de veiculação;
V - nome e assinatura de pessoa credenciada pelos partidos políticos e pelas coligações para a entrega das fitas com os programas que serão veiculados.
§1º Sem prejuízo do prazo para a entrega das fitas, os mapas de mídia deverão ser apresentados até as 14 horas da véspera de sua veiculação.
§2º Para as transmissões previstas para sábados, domingos e segundas-feiras, os mapas deverão ser apresentados até as 14 horas da sexta-feira imediatamente anterior.
§3º As emissoras ficam eximidas de responsabilidade decorrente de transmissão de programa em desacordo com os mapas de mídia apresentados, quando não observado o prazo estabelecido nos §1º e §2º deste artigo.
§4º Os partidos políticos e as coligações deverão comunicar ao Juiz Eleitoral e às emissoras, previamente, as pessoas autorizadas a apresentar o mapa de mídia e as fitas com os programas que serão veiculados, bem como informar o número de telefone em que poderão ser encontradas em caso de necessidade, devendo a substituição das pessoas indicadas ser feita com 24 horas de antecedência.
§5º As emissoras estarão desobrigadas do recebimento de mapas de mídia e material que não forem encaminhados pelas pessoas credenciadas.
§6º As emissoras deverão fornecer à Justiça Eleitoral, aos partidos políticos e às coligações, previamente, a indicação dos

endereços, telefones, números de fac-símile e os nomes das pessoas responsáveis pelo recebimento de fitas e mapas de mídia, após a comunicação de que trata o §4º deste artigo.

Art. 41. Os programas de propaganda eleitoral gratuita deverão ser gravados em meio de armazenamento compatível com as condições técnicas da emissora geradora.

§1º As gravações deverão ser conservadas pelo prazo de 20 dias depois de transmitidas pelas emissoras de até 1 quilowatt e pelo prazo de 30 dias pelas demais (Lei nº 4.117/62, art. 71, §3º, com alterações do Decreto-Lei nº 236, de 28.2.67).

§2º As emissoras e os partidos políticos ou coligações acordarão, sob a supervisão do Juiz Eleitoral, quanto à entrega das gravações, obedecida a antecedência mínima de 4 horas do horário previsto para o início da transmissão de programas divulgados em rede, e de 12 horas do início do primeiro bloco no caso de inserções, sempre no local da geração.

§3º A propaganda eleitoral a ser veiculada no programa de rádio que for ao ar às 7 horas deve ser entregue até as 17 horas do dia anterior.

§4º Em cada fita a ser encaminhada à emissora, o partido político ou a coligação deverá incluir a denominada claquete, na qual deverão estar registradas as informações constantes dos incisos I a IV do *caput* do artigo anterior, que servirão para controle interno da emissora, não devendo ser veiculadas ou computadas no tempo reservado para o programa eleitoral.

§5º A fita para a veiculação da propaganda eleitoral deverá ser entregue à emissora geradora pelo representante legal do partido ou da coligação, ou por pessoa por ele indicada, a quem será dado recibo após a verificação da qualidade técnica da fita.

§6º Caso o material e/ou o mapa de mídia não sejam entregues no prazo ou pelas pessoas credenciadas, as emissoras veicularão o último material por elas exibido, independentemente de consulta prévia ao partido político ou à coligação.

§7º Durante os períodos mencionados no §1º deste artigo, as gravações ficarão no arquivo da emissora, mas à disposição da autoridade eleitoral competente, para servir como prova dos abusos ou dos crimes porventura cometidos.

§8º A inserção cuja duração ultrapasse o estabelecido no plano de mídia terá a sua parte final cortada.

§9º Na propaganda em bloco, as emissoras deverão cortar de sua parte final o que ultrapassar o tempo determinado e, caso a duração seja insuficiente, o tempo será completado pela emissora geradora com a veiculação dos seguintes dizeres: "Horário reservado à propaganda eleitoral gratuita – Lei nº 9.504/97".

Art. 42. Não serão admitidos cortes instantâneos ou qualquer tipo de censura prévia nos programas eleitorais gratuitos (Lei nº 9.504/97, art. 53, *caput*).

§1º É vedada a veiculação de propaganda que possa degradar ou ridicularizar candidatos, sujeitando-se o partido político ou a coligação infratores à perda do direito à veiculação de propaganda no horário eleitoral gratuito do dia seguinte ao da decisão (Lei nº 9.504/97, art. 53, §1º).

§2º Sem prejuízo do disposto no parágrafo anterior, a requerimento de partido político, coligação ou candidato, a Justiça Eleitoral impedirá a reapresentação de propaganda ofensiva à honra de candidato, à moral e aos bons costumes (Lei nº 9.504/97, art. 53, §2º).

§3º A reiteração de conduta que já tenha sido punida pela Justiça Eleitoral poderá ensejar a suspensão temporária do programa.

Art. 43. É vedado aos partidos políticos e às coligações incluir no horário destinado aos candidatos às eleições proporcionais propaganda das candidaturas a eleições majoritárias, ou vice-versa, ressalvada a utilização, durante a exibição do programa, de legendas com referência aos candidatos majoritários, ou, ao fundo, de cartazes ou fotografias desses candidatos (Lei nº 9.504/97, art. 53-A, *caput*).

§1º É facultada a inserção de depoimento de candidatos a eleições proporcionais no horário da propaganda das candidaturas majoritárias e vice-versa, registrados sob

o mesmo partido ou coligação, desde que o depoimento consista exclusivamente em pedido de voto ao candidato que cedeu o tempo (Lei nº 9.504/97, art. 53-A, §1º).
§2º É vedada a utilização da propaganda de candidaturas proporcionais como propaganda de candidaturas majoritárias e vice-versa (Lei nº 9.504/97, art. 53-A, §2º).
§3º O partido político ou a coligação que não observar a regra contida neste artigo perderá, em seu horário de propaganda gratuita, tempo equivalente no horário reservado à propaganda da eleição disputada pelo candidato beneficiado (Lei nº 9.504/97, art. 53-A, §3º).

Art. 44. Dos programas de rádio e televisão destinados à propaganda eleitoral gratuita de cada partido político ou coligação poderá participar, em apoio aos candidatos, qualquer cidadão não filiado a outro partido político ou a partido político integrante de outra coligação, sendo vedada a participação de qualquer pessoa mediante remuneração (Lei nº 9.504/97, art. 54, *caput*).
Parágrafo único. No segundo turno das eleições, não será permitida, nos programas de que trata este artigo, a participação de filiados a partidos políticos que tenham formalizado apoio a outros candidatos (Lei nº 9.504/97, art. 54, parágrafo único).

Art. 45. Na propaganda eleitoral gratuita, aplicam-se ao partido político, coligação ou candidato as seguintes vedações (Lei nº 9.504/97, art. 55, *caput*, c.c. o art. 45, I e II):
I - transmitir, ainda que sob a forma de entrevista jornalística, imagens de realização de pesquisa ou qualquer outro tipo de consulta popular de natureza eleitoral em que seja possível identificar o entrevistado ou em que haja manipulação de dados;
II - usar trucagem, montagem ou outro recurso de áudio ou vídeo que, de alguma forma, degradem ou ridicularizem candidato, partido político ou coligação, ou produzir ou veicular programa com esse efeito.
Parágrafo único. A inobservância do disposto neste artigo sujeita o partido político ou a coligação à perda de tempo equivalente ao dobro do usado na prática do ilícito, no período do horário gratuito subsequente, dobrada a cada reincidência, devendo, no mesmo período, exibir-se a informação de que a não veiculação do programa resulta de infração da Lei nº 9.504/97 (Lei nº 9.504/97, art. 55, parágrafo único).

Art. 46. Durante toda a transmissão pela televisão, em bloco ou em inserções, a propaganda deverá ser identificada pela legenda "propaganda eleitoral gratuita" e pelo Município a que se refere.
Parágrafo único. A identificação de que trata o *caput* é de responsabilidade dos partidos políticos e das coligações.

Art. 47. Competirá aos partidos políticos e às coligações distribuir entre os candidatos registrados os horários que lhes forem destinados pela Justiça Eleitoral.

Art. 48. Na divulgação de pesquisas no horário eleitoral gratuito devem ser informados, com clareza, o período de sua realização e a margem de erro, não sendo obrigatória a menção aos concorrentes, desde que o modo de apresentação dos resultados não induza o eleitor em erro quanto ao desempenho do candidato em relação aos demais.

CAPÍTULO VIII
Das Permissões e Vedações no Dia da Eleição

Art. 49. É permitida, no dia das eleições, a manifestação individual e silenciosa da preferência do eleitor por partido político, coligação ou candidato, revelada exclusivamente pelo uso de bandeiras, broches, dísticos e adesivos (Lei nº 9.504/97, art. 39-A, *caput*).
§1º São vedados, no dia do pleito, até o término do horário de votação, a aglomeração de pessoas portando vestuário padronizado e os instrumentos de propaganda referidos no *caput*, de modo a caracterizar manifestação coletiva, com ou sem utilização de veículos (Lei nº 9.504/97, art. 39-A, §1º).
§2º No recinto das seções eleitorais e juntas apuradoras, é proibido aos servidores

da Justiça Eleitoral, aos mesários e aos escrutinadores o uso de vestuário ou objeto que contenha qualquer propaganda de partido político, de coligação ou de candidato (Lei nº 9.504/97, art. 39-A, §2º).

§3º Aos fiscais partidários, nos trabalhos de votação, só é permitido que, de seus crachás, constem o nome e a sigla do partido político ou coligação a que sirvam, vedada a padronização do vestuário (Lei nº 9.504/97, art. 39-A, §3º).

§4º No dia da eleição, serão afixadas cópias deste artigo em lugares visíveis nas partes interna e externa das seções eleitorais (Lei nº 9.504/97, art. 39-A, §4º).

§5º A violação dos §1º a §3º deste artigo configurará divulgação de propaganda, nos termos do inciso III do §5º do art. 39 da Lei nº 9.504/97.

CAPÍTULO IX
Das Condutas Vedadas aos Agentes Públicos em Campanha Eleitoral

Art. 50. São proibidas aos agentes públicos, servidores ou não, as seguintes condutas tendentes a afetar a igualdade de oportunidades entre candidatos nos pleitos eleitorais (Lei nº 9.504/97, art. 73, I a VIII):

I - ceder ou usar, em benefício de candidato, partido político ou coligação, bens móveis ou imóveis pertencentes à Administração direta ou indireta da União, dos Estados, do Distrito Federal, dos Territórios e dos Municípios, ressalvada a realização de convenção partidária;

II - usar materiais ou serviços, custeados pelos governos ou casas legislativas, que excedam as prerrogativas consignadas nos regimentos e normas dos órgãos que integram;

III - ceder servidor público ou empregado da Administração direta ou indireta federal, estadual ou municipal do Poder Executivo, ou usar de seus serviços, para comitês de campanha eleitoral de candidato, partido político ou coligação, durante o horário de expediente normal, salvo se o servidor ou o empregado estiver licenciado;

IV - fazer ou permitir uso promocional em favor de candidato, partido político ou coligação, de distribuição gratuita de bens e serviços de caráter social custeados ou subvencionados pelo poder público;

V - nomear, contratar ou de qualquer forma admitir, demitir sem justa causa, suprimir ou readaptar vantagens ou por outros meios dificultar ou impedir o exercício funcional e, ainda, *ex officio*, remover, transferir ou exonerar servidor público, na circunscrição do pleito, a partir de 7 de julho de 2012 até a posse dos eleitos, sob pena de nulidade de pleno direito, ressalvadas:

a) a nomeação ou exoneração de cargos em comissão e designação ou dispensa de funções de confiança;

b) a nomeação para cargos do Poder Judiciário, do Ministério Público, dos Tribunais ou conselhos de contas e dos órgãos da Presidência da República;

c) a nomeação dos aprovados em concursos públicos homologados até o início daquele prazo;

d) a nomeação ou contratação necessária à instalação ou ao funcionamento inadiável de serviços públicos essenciais, com prévia e expressa autorização do Chefe do Poder Executivo;

e) a transferência ou remoção *ex officio* de militares, policiais civis e de agentes penitenciários;

VI - a partir de 7 de julho de 2012 até a realização do pleito:

a) realizar transferência voluntária de recursos da União aos Estados e Municípios, e dos Estados aos Municípios, sob pena de nulidade de pleno direito, ressalvados os recursos destinados a cumprir obrigação formal preexistente para a execução de obra ou serviço em andamento e com cronograma prefixado, e os destinados a atender situações de emergência e de calamidade pública;

b) com exceção da propaganda de produtos e serviços que tenham concorrência no mercado, autorizar publicidade institucional dos atos, programas, obras, serviços e campanhas dos órgãos públicos ou das respectivas entidades da Administração indireta, salvo em caso de grave e urgente necessidade pública, assim reconhecida pela Justiça Eleitoral;

c) fazer pronunciamento em cadeia de rádio e televisão fora do horário eleitoral

gratuito, salvo quando, a critério da Justiça Eleitoral, tratar-se de matéria urgente, relevante e característica das funções de governo;
VII - realizar, em ano de eleição, antes do prazo fixado no inciso anterior, despesas com publicidade dos órgãos públicos ou das respectivas entidades da Administração indireta, que excedam a média dos gastos nos 3 últimos anos que antecedem o pleito ou do último ano imediatamente anterior à eleição, prevalecendo o que for menor;
VIII - fazer, na circunscrição do pleito, revisão geral da remuneração dos servidores públicos que exceda a recomposição da perda de seu poder aquisitivo ao longo do ano da eleição, a partir de 10 de abril de 2012 até a posse dos eleitos.
§1º Reputa-se agente público, para os efeitos deste artigo, quem exerce, ainda que transitoriamente ou sem remuneração, por eleição, nomeação, designação, contratação ou qualquer outra forma de investidura ou vínculo, mandato, cargo, emprego ou função nos órgãos ou entidades da Administração Pública direta, indireta ou fundacional (Lei nº 9.504/97, art. 73, §1º).
§2º A vedação do inciso I deste artigo não se aplica ao uso, em campanha, pelos candidatos à reeleição de Prefeito e Vice-Prefeito, de suas residências oficiais, com os serviços inerentes à sua utilização normal, para realização de contatos, encontros e reuniões pertinentes à própria campanha, desde que não tenham caráter de ato público (Lei nº 9.504/97, art. 73, §2º).
§3º As vedações do inciso VI, alíneas b e c deste artigo, aplicam-se apenas aos agentes públicos das esferas administrativas cujos cargos estejam em disputa na eleição (Lei nº 9.504/97, art. 73, §3º).
§4º O descumprimento do disposto neste artigo acarretará a suspensão imediata da conduta vedada, quando for o caso, e sujeitará os agentes responsáveis à multa no valor de R$5.320,50 (cinco mil trezentos e vinte reais e cinquenta centavos) a R$106.410,00 (cento e seis mil quatrocentos e dez reais), sem prejuízo de outras sanções de caráter constitucional, administrativo ou disciplinar fixadas pelas demais leis vigentes (Lei nº 9.504/97, art. 73, §4º, c.c. o art. 78).
§5º Nos casos de descumprimento dos incisos do *caput* e do estabelecido no §9º, sem prejuízo do disposto no §4º deste artigo, o candidato beneficiado, agente público ou não, ficará sujeito à cassação do registro ou do diploma, ressalvadas outras sanções de caráter constitucional, administrativo ou disciplinar fixadas pelas demais leis vigentes (Lei nº 9.504/97, art. 73, §5º, c.c. o art. 78).
§6º As multas de que trata este artigo serão duplicadas a cada reincidência (Lei nº 9.504/97, art. 73, §6º).
§7º As condutas enumeradas no *caput* caracterizam, ainda, atos de improbidade administrativa, a que se refere o art. 11, inciso I, da Lei nº 8.429, de 2 de junho de 1992, e sujeitam-se às disposições daquele diploma legal, em especial às cominações do art. 12, inciso III (Lei nº 9.504/97, art. 73, §7º).
§8º Aplicam-se as sanções do §4º deste artigo aos agentes públicos responsáveis pelas condutas vedadas e aos partidos políticos, às coligações e aos candidatos que delas se beneficiarem (Lei nº 9.504/97, art. 73, §8º).
§9º No ano em que se realizar eleição, fica proibida a distribuição gratuita de bens, valores ou benefícios por parte da Administração Pública, exceto nos casos de calamidade pública, de estado de emergência ou de programas sociais autorizados em lei e já em execução orçamentária no exercício anterior, casos em que o Ministério Público poderá promover o acompanhamento de sua execução financeira e administrativa (Lei nº 9.504/97, art. 73, §10).
§10. Nos anos eleitorais, os programas sociais de que trata o parágrafo anterior não poderão ser executados por entidade nominalmente vinculada a candidato ou por esse mantida (Lei nº 9.504/97, art. 73, §11).

Art. 51. A publicidade dos atos, programas, obras, serviços e campanhas dos órgãos públicos deverá ter caráter educativo, informativo ou de orientação social, dela não podendo constar nomes, símbolos ou imagens que caracterizem promoção pessoal de autoridades ou servidores públicos (Constituição Federal, art. 37, §1º).

Parágrafo único. Configura abuso de autoridade, para os fins do disposto no art. 22 da Lei Complementar no 64/90, a infringência do disposto no *caput*, ficando o responsável, se candidato, sujeito ao cancelamento do registro de sua candidatura ou do diploma (Lei nº 9.504/97, art. 74).

Art. 52. A partir de 7 de julho de 2012, na realização de inaugurações é vedada a contratação de *shows* artísticos pagos com recursos públicos (Lei nº 9.504/97, art. 75).
Parágrafo único. Nos casos de descumprimento do disposto neste artigo, sem prejuízo da suspensão imediata da conduta, o candidato beneficiado, agente público ou não, ficará sujeito à cassação do registro ou do diploma (Lei nº 9.504/97, art. 75, parágrafo único).

Art. 53. É proibido a qualquer candidato comparecer, a partir de 7 de julho de 2012, a inaugurações de obras públicas (Lei nº 9.504/97, art. 77, *caput*).
Parágrafo único. A inobservância do disposto neste artigo sujeita o infrator à cassação do registro ou do diploma (Lei nº 9.504/97, art. 77, parágrafo único).

CAPÍTULO X
Disposições Penais

Art. 54. Constituem crimes, no dia da eleição, puníveis com detenção de 6 meses a 1 ano, com a alternativa de prestação de serviços à comunidade pelo mesmo período, e multa no valor de R$5.320,50 (cinco mil trezentos e vinte reais e cinquenta centavos) a R$15.961,50 (quinze mil novecentos e sessenta e um reais e cinquenta centavos) (Lei nº 9.504/97, art. 39, §5º, I a III):
I - o uso de alto-falantes e amplificadores de som ou a promoção de comício ou carreata;
II - a arregimentação de eleitor ou a propaganda de boca de urna;
III - a divulgação de qualquer espécie de propaganda de partidos políticos ou de seus candidatos.

Art. 55. Constitui crime, punível com detenção de 6 meses a 1 ano, com a alternativa de prestação de serviços à comunidade pelo mesmo período, e multa no valor de R$10.641,00 (dez mil seiscentos e quarenta e um reais) a R$21.282,00 (vinte e um mil duzentos e oitenta e dois reais), o uso, na propaganda eleitoral, de símbolos, frases ou imagens, associadas ou semelhantes às empregadas por órgão de governo, empresa pública ou sociedade de economia mista (Lei nº 9.504/97, art. 40).

Art. 56. Constitui crime, punível com detenção de 2 meses a 1 ano ou pagamento de 120 a 150 dias-multa, divulgar, na propaganda, fatos que se sabem inverídicos, em relação a partidos ou a candidatos, capazes de exercerem influência perante o eleitorado (Código Eleitoral, art. 323, *caput*).
Parágrafo único. A pena é agravada se o crime é cometido pela imprensa, rádio ou televisão (Código Eleitoral, art. 323, parágrafo único).

Art. 57. Constitui crime, punível com detenção de 6 meses a 2 anos e pagamento de 10 a 40 dias-multa, caluniar alguém, na propaganda eleitoral ou para fins de propaganda, imputando-lhe falsamente fato definido como crime (Código Eleitoral, art. 324, *caput*).
§1º Nas mesmas penas incorre quem, sabendo falsa a imputação, a propala ou a divulga (Código Eleitoral, art. 324, §1º).
§2º A prova da verdade do fato imputado exclui o crime, mas não é admitida (Código Eleitoral, art. 324, §2º, I a III):
I - se, constituindo o fato imputado crime de ação privada, o ofendido não foi condenado por sentença irrecorrível;
II - se o fato é imputado ao Presidente da República ou a chefe de governo estrangeiro;
III - se do crime imputado, embora de ação pública, o ofendido foi absolvido por sentença irrecorrível.

Art. 58. Constitui crime, punível com detenção de 3 meses a 1 ano e pagamento de 5 a 30 dias-multa, difamar alguém, na propaganda eleitoral ou para fins de propaganda, imputando-lhe fato ofensivo à sua reputação (Código Eleitoral, art. 325, *caput*).

Parágrafo único. A exceção da verdade somente se admite se o ofendido é funcionário público e a ofensa é relativa ao exercício de suas funções (Código Eleitoral, art. 325, parágrafo único).

Art. 59. Constitui crime, punível com detenção de até 6 meses ou pagamento de 30 a 60 dias-multa, injuriar alguém, na propaganda eleitoral ou visando a fins de propaganda, ofendendo-lhe a dignidade ou o decoro (Código Eleitoral, art. 326, *caput*).
§1º O Juiz pode deixar de aplicar a pena (Código Eleitoral, art. 326, §1º, I e II):
I - se o ofendido, de forma reprovável, provocou diretamente a injúria;
II - no caso de retorsão imediata que consista em outra injúria.
§2º Se a injúria consiste em violência ou em vias de fato, que, por sua natureza ou meio empregado, se considerem aviltantes, a pena será de detenção de 3 meses a 1 ano e pagamento de 5 a 20 dias-multa, além das penas correspondentes à violência prevista no Código Penal (Código Eleitoral, art. 326, §2º).

Art. 60. As penas cominadas nos arts. 57, 58 e 59 desta resolução serão aumentadas em um terço, se qualquer dos crimes for cometido (Código Eleitoral, art. 327, I a III):
I - contra o Presidente da República ou chefe de governo estrangeiro;
II - contra funcionário público, em razão de suas funções;
III - na presença de várias pessoas, ou por meio que facilite a divulgação da ofensa.

Art. 61. Constitui crime, punível com detenção de até 6 meses ou pagamento de 90 a 120 dias-multa, inutilizar, alterar ou perturbar meio de propaganda devidamente empregado (Código Eleitoral, art. 331).

Art. 62. Constitui crime, punível com detenção de até 6 meses e pagamento de 30 a 60 dias-multa, impedir o exercício de propaganda (Código Eleitoral, art. 332).

Art. 63. Constitui crime, punível com detenção de 6 meses a 1 ano e cassação do registro se o responsável for candidato, utilizar organização comercial de vendas, distribuição de mercadorias, prêmios e sorteios para propaganda ou aliciamento de eleitores (Código Eleitoral, art. 334).

Art. 64. Constitui crime, punível com detenção de 3 a 6 meses e pagamento de 30 a 60 dias-multa, fazer propaganda, qualquer que seja a sua forma, em língua estrangeira (Código Eleitoral, art. 335).
Parágrafo único. Além da pena cominada, a infração ao presente artigo importa a apreensão e a perda do material utilizado na propaganda (Código Eleitoral, art. 335, parágrafo único).

Art. 65. Constitui crime, punível com detenção de até 6 meses e pagamento de 90 a 120 dias-multa, participar o estrangeiro ou brasileiro que não estiver no gozo dos seus direitos políticos de atividades partidárias, inclusive comícios e atos de propaganda em recintos fechados ou abertos (Código Eleitoral, art. 337, *caput*).
Parágrafo único. Na mesma pena incorrerá o responsável pelas emissoras de rádio ou televisão que autorizar transmissões de que participem as pessoas mencionadas neste artigo, bem como o diretor de jornal que lhes divulgar os pronunciamentos (Código Eleitoral, art. 337, parágrafo único).

Art. 66. Constitui crime, punível com o pagamento de 30 a 60 dias-multa, não assegurar o funcionário postal a prioridade prevista no art. 239 do Código Eleitoral (Código Eleitoral, art. 338).

Art. 67. Constitui crime, punível com reclusão de até 4 anos e pagamento de 5 a 15 dias-multa, dar, oferecer, prometer, solicitar ou receber, para si ou para outrem, dinheiro, dádiva, ou qualquer outra vantagem, para obter ou dar voto e para conseguir ou prometer abstenção, ainda que a oferta não seja aceita (Código Eleitoral, art. 299).

Art. 68. Aplicam-se aos fatos incriminados no Código Eleitoral e na Lei nº 9.504/97 as regras gerais do Código Penal (Código Eleitoral, art. 287 e Lei nº 9.504/97, art. 90, *caput*).

Art. 69. As infrações penais aludidas nesta resolução são puníveis mediante ação pública, e o processo seguirá o disposto nos arts. 357 e seguintes do Código Eleitoral (Código Eleitoral, art. 355 e Lei nº 9.504/97, art. 90, *caput*).

Art. 70. Na sentença que julgar ação penal pela infração de qualquer dos arts. 56, 57, 58, 59, 61, 62, 63 e 64 desta resolução, deve o Juiz verificar, de acordo com o seu livre convencimento, se o diretório local do partido político, por qualquer dos seus membros, concorreu para a prática de delito, ou dela se beneficiou conscientemente (Código Eleitoral, art. 336, *caput*).
Parágrafo único. Nesse caso, o Juiz imporá ao diretório responsável pena de suspensão de sua atividade eleitoral pelo prazo de 6 a 12 meses, agravada até o dobro nas reincidências (Código Eleitoral, art. 336, parágrafo único).

Art. 71. Todo cidadão que tiver conhecimento de infração penal prevista na legislação eleitoral deverá comunicá-la ao Juiz da Zona Eleitoral onde ela se verificou (Código Eleitoral, art. 356, *caput*).
§1º Quando a comunicação for verbal, mandará a autoridade judicial reduzi-la a termo, assinado pelo comunicante e por duas testemunhas, e remeterá ao órgão do Ministério Público local, que procederá na forma do Código Eleitoral (Código Eleitoral, art. 356, §1º).
§2º Se o Ministério Público julgar necessários maiores esclarecimentos e documentos complementares ou outros elementos de convicção, deverá requisitá-los diretamente de quaisquer autoridades ou funcionários que possam fornecê-los (Código Eleitoral, art. 356, §2º).

Art. 72. Para os efeitos da Lei nº 9.504/97, respondem penalmente pelos partidos políticos e pelas coligações os seus representantes legais (Lei nº 9.504/97, art. 90, §1º).

Art. 73. Nos casos de reincidência no descumprimento dos arts. 54 e 55 desta resolução, as penas pecuniárias serão aplicadas em dobro (Lei nº 9.504/97, art. 90, §2º).

CAPÍTULO XI
Disposições Finais

Art. 74. A representação relativa à propaganda irregular deve ser instruída com prova da autoria ou do prévio conhecimento do beneficiário, caso este não seja por ela responsável (Lei nº 9.504/97, art. 40-B).
§1º A responsabilidade do candidato estará demonstrada se este, intimado da existência da propaganda irregular, não providenciar, no prazo de 48 horas, sua retirada ou regularização e, ainda, se as circunstâncias e as peculiaridades do caso específico revelarem a impossibilidade de o beneficiário não ter tido conhecimento da propaganda (Lei nº 9.504/97, art. 40-B, parágrafo único).
§2º A intimação de que trata o parágrafo anterior poderá ser realizada por candidato, partido político, coligação ou pelo Ministério Público, por meio de comunicação feita diretamente ao responsável ou beneficiário da propaganda, com prova de recebimento, devendo dela constar a precisa identificação da propaganda apontada como irregular.

Art. 75. A comprovação do cumprimento das determinações da Justiça Eleitoral relacionadas a propaganda realizada em desconformidade com o disposto na Lei nº 9.504/97 poderá ser apresentada no Juízo Eleitoral, na hipótese de candidato a Prefeito, Vice-Prefeito e Vereador (Lei nº 9.504/97, art. 36, §5º).

Art. 76. A propaganda exercida nos termos da legislação eleitoral não poderá ser objeto de multa nem cerceada sob alegação do exercício do poder de polícia ou de violação de postura municipal, casos em que se deve proceder na forma prevista no art. 40 da Lei nº 9.504/97 (Lei nº 9.504/97, art. 41, *caput*).
§1º O poder de polícia sobre a propaganda eleitoral será exercido pelos Juízes Eleitorais e pelos Juízes designados pelos Tribunais Regionais Eleitorais (Lei nº 9.504/97, art. 41, §1º).
§2º O poder de polícia se restringe às providências necessárias para inibir práticas ilegais, vedada a censura prévia sobre o

teor dos programas e matérias jornalísticas a serem exibidos na televisão, no rádio, na internet e na imprensa escrita (Lei nº 9.504/97, art. 41, §2º).
§3º No caso de condutas sujeitas a penalidades, o Juiz Eleitoral delas cientificará o Ministério Público, para os fins previstos nesta resolução.

Art. 77. Ressalvado o disposto no art. 26 e incisos da Lei nº 9.504/97, constitui captação ilegal de sufrágio o candidato doar, oferecer, prometer ou entregar ao eleitor, com o fim de obter-lhe o voto, bem ou vantagem pessoal de qualquer natureza, inclusive emprego ou função pública, desde o registro da candidatura até o dia da eleição, inclusive, sob pena de multa de R$1.064,10 (mil e sessenta e quatro reais e dez centavos) a R$53.205,00 (cinquenta e três mil duzentos e cinco reais) e cassação do registro ou do diploma, observado o procedimento previsto nos incisos I a XIII do art. 22 da Lei Complementar nº 64/90 (Lei nº 9.504/97, art. 41-A).
§1º Para a caracterização da conduta ilícita, é desnecessário o pedido explícito de votos, bastando a evidência do dolo, consistente no especial fim de agir (Lei nº 9.504/97, art. 41-A, §1º).
§2º As sanções previstas no *caput* aplicam-se contra quem praticar atos de violência ou grave ameaça a pessoa, com o fim de obter-lhe o voto (Lei nº 9.504/97, art. 41-A, §2º).
§3º A representação prevista no *caput* poderá ser ajuizada até a data da diplomação (Lei nº 9.504/97, art. 41-A, §3º).

Art. 78. Ninguém poderá impedir a propaganda eleitoral nem inutilizar, alterar ou perturbar os meios lícitos nela empregados, bem como realizar propaganda eleitoral vedada por lei ou por esta resolução (Código Eleitoral, art. 248).

Art. 79. A requerimento do interessado, a Justiça Eleitoral adotará as providências necessárias para coibir, no horário eleitoral gratuito, a propaganda que se utilize de criação intelectual sem autorização do respectivo autor ou titular.
Parágrafo único. A indenização pela violação do direito autoral deverá ser pleiteada perante a Justiça Comum.

Art. 80. Aos partidos políticos, coligações e candidatos será vedada a utilização de simulador de urna eletrônica na propaganda eleitoral (Resolução nº 21.161/2002).

Art. 81. As disposições desta resolução aplicam-se às emissoras de rádio e de televisão comunitárias, às emissoras de televisão que operam em VHF e UHF, aos provedores de internet e aos canais de televisão por assinatura sob a responsabilidade do Senado Federal, da Câmara dos Deputados, das Assembleias Legislativas, da Câmara Legislativa do Distrito Federal ou das Câmaras Municipais (Lei nº 9.504/97, art. 57 e art. 57-A).
Parágrafo único. Aos canais de televisão por assinatura não compreendidos no *caput*, será vedada a veiculação de qualquer propaganda eleitoral, salvo a retransmissão integral do horário eleitoral gratuito e a realização de debates, observadas as disposições legais.

Art. 82. As emissoras de rádio e televisão terão direito à compensação fiscal pela cessão do horário gratuito previsto nesta resolução (Lei nº 9.504/97, art. 99).

Art. 83. A requerimento de partido político, coligação, candidato ou do Ministério Público, a Justiça Eleitoral poderá determinar a suspensão, por 24 horas, da programação normal de emissora de rádio ou televisão ou do acesso a todo o conteúdo informativo dos sítios da internet, quando deixarem de cumprir as disposições da Lei nº 9.504/97, observado o rito do art. 96 dessa mesma lei (Lei nº 9.504/97, art. 56 e 57-I).
§1º No período de suspensão, a emissora transmitirá, a cada 15 minutos, a informação de que se encontra fora do ar, e o responsável pelo sítio na internet informará que se encontra temporariamente inoperante, ambos por desobediência à lei eleitoral (Lei nº 9.504/97, art. 56, §1º, e art. 57-I, §2º).
§2º A cada reiteração de conduta, o período de suspensão será duplicado (Lei nº 9.504/97, art. 56, §2º, e art. 57-I, §1º).

Art. 84. O Tribunal Superior Eleitoral poderá requisitar das emissoras de rádio e televisão, no período compreendido entre 31 de julho de 2012 e o dia do pleito, até 10 minutos diários, contínuos ou não, que poderão ser somados e usados em dias espaçados, para a divulgação de seus comunicados, boletins e instruções ao eleitorado (Lei nº 9.504/97, art. 93).
Parágrafo único. O Tribunal Superior Eleitoral, a seu juízo exclusivo, poderá ceder parte do tempo referido no *caput* para utilização por Tribunal Regional Eleitoral.

Art. 85. As autoridades administrativas federais, estaduais e municipais proporcionarão aos partidos políticos e às coligações, em igualdade de condições, as facilidades permitidas para a respectiva propaganda (Código Eleitoral, art. 256).
Parágrafo único. A partir de 6 de julho de 2012, independentemente do critério de prioridade, os serviços telefônicos, oficiais ou concedidos, farão instalar, nas sedes dos diretórios nacionais, regionais e municipais devidamente registrados, telefones necessários, mediante requerimento do respectivo Presidente e pagamento das taxas devidas (Código Eleitoral, art. 256, §1º).

Art. 86. O serviço de qualquer repartição Federal, Estadual ou Municipal, autarquia, fundação pública, sociedade de economia mista, entidade mantida ou subvencionada pelo poder público, ou que realize contrato com este, inclusive o respectivo prédio e suas dependências, não poderá ser utilizado para beneficiar partido político ou coligação (Código Eleitoral, art. 377, *caput*).
Parágrafo único. O disposto no *caput* será tornado efetivo, a qualquer tempo, pelo órgão competente da Justiça Eleitoral, conforme o âmbito nacional, regional ou municipal do órgão infrator, mediante representação fundamentada de autoridade pública, de representante partidário ou de qualquer eleitor (Código Eleitoral, art. 377, parágrafo único).

Art. 87. Aos partidos políticos e às coligações é assegurada a prioridade postal a partir de 8 de agosto de 2012, para a remessa de material de propaganda de seus candidatos (Código Eleitoral, art. 239 e Lei nº 9.504/97, art. 36, *caput*).

Art. 88. No prazo de até 30 dias após a eleição, os candidatos, os partidos políticos e as coligações deverão remover a propaganda eleitoral, com a restauração do bem em que fixada, se for o caso.
Parágrafo único. O descumprimento do que determinado no *caput* sujeitará os responsáveis às consequências previstas na legislação comum aplicável.

Art. 89. O material da propaganda eleitoral gratuita deverá ser retirado das emissoras 60 dias após a respectiva divulgação, sob pena de sua destruição.

Art. 90. Na fixação das multas de natureza não penal, o Juiz Eleitoral deverá considerar a condição econômica do infrator, a gravidade do fato e a repercussão da infração, sempre justificando a aplicação do valor acima do mínimo legal.

Art. 91. Esta resolução entra em vigor na data de sua publicação.

Brasília, 13 de dezembro de 2011.

ÍNDICE DE ASSUNTO

página

ÍNDICE ONOMÁSTICO

Esta obra foi composta em fonte Palatino Linotype, corpo 10
e impressa em papel Offset 75g (miolo) e Supremo 250g (capa)
pela Paulinelli Servicos Gráficos Ltda.
Belo Horizonte/MG, maio de 2012.